Elisabeth Michel-Alder

Länger leben – anders arbeiten

Erwerbstätige im demografischen
und digitalen Wandel

D1725914

Elisabeth Michel-Alder

Länger leben – anders arbeiten

Erwerbstätige im demografischen
und digitalen Wandel

orell füssli Verlag

Orell Füssli Verlag, www.ofv.ch
© 2018 Orell Füssli Sicherheitsdruck AG, Zürich
Alle Rechte vorbehalten

Umschlaggestaltung: Hauptmann & Kompanie Werbeagentur, Zürich
Druck und Bindung: CPI books GmbH, Leck

ISBN 978-3-280-05675-2

Die Deutsche Nationalbibliothek verzeichnet diese Publikation in der Deutschen
Nationalbibliografie; detaillierte bibliografische Daten sind im Internet unter
www.dnb.de abrufbar.

Inhalt

Vorwort: Erwerbstätigkeit zwischen 40 und 80

Immer wieder in neue Schuhe schlüpfen

Wir werden älter und bleiben länger jung. Innerhalb von gut 30 Jahren wurde uns eine Lebensdekade geschenkt. Was machen wir damit? Elias Canetti schrieb: «Was immer ihre Tätigkeit ist: Die Tätigen halten sich besser.» Für Geist und Körper sind anspruchsvolle Arbeiten vorteilhafter als die Sofaecke.

Die Hälfte der Personen, die in unseren Breitengraden 1997 geboren wurde, wird nach Studien des Max-Planck-Instituts für Demografie 101 bis 102 Jahre alt. Das heisst, sie werden wohl gegen 60 Jahre lang, also bis sie etwa 80 sind, arbeiten.

Diese Zukunftsmusik tönt merkwürdig dissonant in aktuellen Arbeitszusammenhängen, die auf Jugend und Innovation setzen und unvorteilhafte Altersbilder im Stil von «Mit 30 ist der Charakter verfestigt, ab 50 ist's aus mit Lernen...» hegen. Gewerkschaften pochen auf die grosse Freiheit ab 65, der Philosoph Ludwig Hasler fordert das Recht auf Vertrottelung, während Jahr für Jahr mehr Ältere sich eine Fortsetzung ihrer Erwerbsbiografie auch im AHV-Alter wünschen oder brauchen und – oft als Selbstständige – tatsächlich realisieren.

Einerseits wandelt sich die Altersstruktur, anderseits bewirkt die vielschichtige Zuwanderung eine wachsende kulturelle Farbigkeit der Erwerbsbevölkerung. Diese Veränderungen spielen sich in einer Szenerie tiefgreifender technologischer Innovationen ab. Während die einen von Arbeitswelt 2.0 reden, schreiben andere von 4.0 und prognostizieren Aufbrüche und Abstürze, was das Zeug hält. Fakt ist: Niemand weiss, was in einem oder fünf Jahren wirklich sein wird. Die Unsicherheit ist fundamental. Zumal sich auch die politische Grosswetterlage substanziell verändert hat und auf die jahrzehntelang stabile transatlantische Zusammenarbeit nur noch begrenzt Verlass ist. Weder Politik und Verwaltung noch Unternehmen sind in der Lage, über die Nasenspitze hinaus zu planen oder sich festzulegen. Agilität ist Mode; der Begriff meint letztlich Rückzug auf ein unerlässliches Minimum von Verbindlichkeiten. Mit wenig Gepäck lässt es sich rascher rennen.

Der demografische Wandel provoziert einen breiten Lernprozess auf unterschiedlichen Plattformen; es schälen sich andere Altersbilder heraus und verfestigen sich; die Arbeitgebenden beginnen zaghaft, auch Personen ü50 einzustellen, viele Arbeitskräfte überlegen sich eine Neuorientierung in der Laufbahnmitte und in den Fünfzigern gleich nochmals; sie mühen sich ab, den Bildungsrucksack für die Phase bis 75 gelegentlich neu zu packen. Fach- und Hochschulen denken an Mid-Career-Programme, Apple und Amazon produzieren digital-globale Weiterbildungsmodule, Berufsverbände fordern Umstiegsunterstützung für Erwerbstätige, die ein weiteres Mal wählen und in andere Schuhe schlüpfen möchten. Und die grossen Versicherer entwickeln neue Produkte, die auch eine kürzere Ruhestands- und Auftankphase zwischendurch ermöglichen.

Die Politik muss sich ernsthaft überlegen, ob sie neben der Grundausbildung auch die Weiterbildung finanziell lastenarm und niederschwellig zugänglich machen will. Noch lokalisiert sie diese im Raum individueller, nicht gesellschaftlicher Interessen.

Meine Fokussierung auf «reifere» Berufstätige spiegelt die Tatsache, dass junge Leute nach Abschluss der Ausbildung heutzutage in eine längere Explorationsphase eintauchen, um zuerst sich selbst, das Erwerbsuniversum und die Welt genauer kennenzulernen und auf dieser Grundlage später berufliche Verbindlichkeiten einzugehen. Sie sind geografisch mobil, hegen hohe Erwartungen, sammeln unterschiedliche Arbeitszeugnisse und legen sich auch privat-familiär gern jenseits von 30 fest. Psychologisch gesehen finden die Menschen von heute zu ihrer unverwechselbaren Identität nach längeren Suchbewegungen erst zu Beginn der fünften Lebensdekade. Vielleicht beeinflusst dieses gereifte Selbstbild ihre Anpassungsbereitschaft, wenn sie nach 50 nochmals den Kompass neu ausrichten (müssen), vielleicht auch nicht. Wir stehen ja mitten in einer Revolution neuer wissenschaftlicher Erkenntnisse über Plastizität und menschliches Potenzial im Grosselternalter.

Das Buch vermittelt Anstösse für den gesellschaftlichen Lernprozess im Zug des demografischen Wandels und dies für verschiedene Akteure und Adressaten. Vor allem möchte es das Um- und Neudenken der Arbeitskräfte (beider Geschlechter) und das Verhalten von steuerungsmächtigen Führungsverantwortlichen in Unternehmen fördern. Politik und Verwaltung sind nachdrücklich eingeladen, Voraussetzungen und Rahmenbedingungen für gelingenden Wandel zu schaffen. Ein Angelpunkt ist im Bildungssystem lokalisiert: Neu wählen kann nur, wer seine Talentbox immer wieder mit «marktfähigen» und die Persönlichkeit fördernden Kompetenzen bepackt; dazu sind kreative Bildungseinrichtungen und -programme gefragt.

Wie ist der Buchinhalt strukturiert?

Dieser Buchtext funktioniert nicht wie eine Eisenbahnlinie, bei der Abschnitt um Abschnitt logisch aufeinander folgen. Er ist zwei Ordnungsprinzipien entlang gewachsen, die nicht nur im linearen Zusammenhang, sondern in ihrer Wechselwirkung die Realität erfassen. Die beiden zentralen Textstränge sind einerseits Prozesse und Entwicklungen im Lebenslauf, anderseits Strukturen und

Kontexte. Systemisch gesehen wirken Umweltbedingungen und Abläufe unablässig aufeinander ein. Organisationen und Institutionen kanalisieren, ermöglichen, betten ein oder verhindern dynamische Bewegungen. Deshalb sind Verweise auf rückbezogene Inhalte und Abschnitte im komplementären Textablauf unverzichtbar; über verwandte Überlegungen sollte sich niemand wundern. Neben den Hauptsträngen beanspruchen sowohl umfangreiche wie schmalere Thematiken Platz im Wahrnehmungsraum. Wichtige, dem Lebenslauf eng benachbarte Überlegungen werden beispielsweise unter den Titeln «Lernen und Weiterbildung» oder «Kollektive und persönliche materielle Ressourcen» formuliert.

Frühling 2018

Elisabeth Michel-Alder

Prozesse: Laufbahnen und Entwicklungspfade im 100 Jahre dauernden Leben

Im Zuge des demografischen Wandels erhöht sich das Durchschnittsalter der Bevölkerung; gegenüber 1908 liegt es heute um 30 Jahre höher. Die körperliche und mentale Verfassung der 70-jährigen Menschen im europäischen Westen entspricht derjenigen von 60-Jährigen im Jahr 1975. Heutige Ü50 erleben eine geschenkte Lebensdekade. Gemäss Modellrechnungen des Max-Planck-Instituts für Demografie erreicht die Hälfte des Jahrgangs 1997 fast die neue Jahrhundertwende und lebt 101 bis 102 Jahre. Jens Spahn, deutscher Gesundheitsminister, verkündet im Deutschen Bundestag: Die Lebenserwartung steigt in Deutschland jeden Tag um 6 Stunden.

Unbewusst lassen sich aber viele in ihren Erwartungen und Handlungen noch durch die Laufbahnmuster ihrer Eltern steuern. Manche 75-Jährige verzichten auf den Versuch, Viertausender zu besteigen und nehmen ihre Ambitionen stillschweigend zurück. Unangemessene, in früheren Zeiten verwurzelte Altersbilder prägen noch zu häufig die Erwartungen jüngerer Generationen und damit auch die Selbstkonzepte von Personen reiferen Alters. Doch diese Vorstellungswelt wird von verschiedener Seite allmählich durchgeschüttelt: beispielsweise von der englischen Organisation «The Age of No Retirement», die für die Abschaffung von Alterskategorien plädiert, weil diese Jungen und Alten Entfaltungschancen wegschneiden.

Im hundertjährigen Leben öffnet sich Platz für sechzig Erwerbsjahre. Niemand denkt an stabile, gleichförmige Arbeitsverhältnisse von jahrzehntelanger Dauer, sondern an eine nicht planbare Kette von Engagements in Projekten, Aufträgen, Anstellungen und selbstständigen Tätigkeiten, die durch Phasen von Weiterbildung, Musse, Nachdenken und Aufladen der Batterien rhythmisiert ist. Die Rede ist von drei bis fünf beruflichen Erwerbskarrieren im Lebenslauf. Grosse Träume von Reisen, neue Hobbys pflegen und Freunde treffen werden nicht verschoben auf die Zeit nach 65, sondern in jede biografische Phase integriert. Die Aufmerksamkeit von Psychologen und Laufbahnberatern, die sehr lange auf die – vermeintlich alles entscheidenden – ersten drei Dekaden fokussiert war, öffnet und verschiebt sich auf spätere Lebensphasen mit weiteren Weichenstellungen. Die zweite Lebenshälfte gewinnt an Dynamik, es gibt Zeit und Gelegenheit – auch Druck – neu zu wählen, sowohl punkto Beruf als auch Partnerschaft, gesellschaftliches Engagement und Familie.

Heute sind fundamentale Spurwechsel in der beruflichen Entwicklung noch schwierig, einsam, kühn und teuer. Dies dürfte sich zügig ändern; immer mehr gut ausgebildete Arbeitskräfte erheben Ansprüche an ihr Umfeld, informieren sich über den digitalen Wandel und warten nicht auf eine Kündigung. Sie halten Umschau und formulieren neue Ziele. Wie die Kunstliebhaberin, Galeristin und Museumsangestellte K. G., die Mitte 40 nebenbei Rechtswissenschaften zu studieren begann, Schwerpunkt Urheberrecht, und mit 52 das Anwaltsexamen bestand. Nun will sie noch ein Vierteljahrhundert lang geistiges Eigentum schützen und verteidigen. Oder Lucy Kellaway, die langjährige, brillante Arbeitswelt-Journalistin der *Financial Times,* die Mitte 50 eine Umschulung zur Mathematiklehrerin absolvierte und Dutzende beruflich arrivierter Männer und Frauen animierte, den gleichen Weg zu gehen und schlummernde eigene Kompetenzen engagiert zu fördern. Die englische Investec kommt nach einer repräsentativen Befragung zum Schluss, dass mehr als die Hälfte der Briten innerhalb der kommenden fünf Jahre ihren beruflichen Weg substanziell umzubauen planen.

Langstreckenlauf, nicht Sprint

Das klassische Lebensmuster unserer Grosseltern war dreiphasig und umfasste: Bildung – Erwerbsarbeit – Freizeit.

Als in der Schweiz 1948 die AHV eingeführt wurde, betrug das Durchschnittsalter der Männer 65,1 Jahre. Kinder, die heute zur Welt kommen, erwartet eine Spanne von über 90 Lebensjahren, womit das tradierte Dreiklang-Lebensmuster ins Rutschen gerät. Die Grundausbildung dehnt sich zeitlich aus, Karrierehöhepunkte werden früher erreicht, es gibt mehrere davon, und die Phase der (zeitlich weniger dominanten) Erwerbsarbeit endet erst kurz vor dem Eintritt ins hohe, von Abhängigkeiten geprägte Alter.

Der demografische Wandel bewirkt zwei augenfällige Veränderungen: Die Bevölkerung altert – erstens – insgesamt; es gibt immer mehr über Achtzigjährige. Ob damit auch die Pflegebedürftigkeit in der Bevölkerung ansteigt, ist keineswegs sicher. Gut möglich, dass sich die Phase der Abhängigkeit von Unterstützung und Betreuung durch Dritte einfach auf später verschiebt und insgesamt nicht verlängert. In hohem Tempo werden technische Hilfsmittel und Apps zur Überwachung des Gesundheitszustandes vor allem für chronisch Kranke entwickelt und vermarktet; sie zögern den Übertritt in eine Betreuungseinrichtung hinaus und stärken den Autonomiespielraum. Im Übrigen ist die Medizin in keinem Feld erfolgreicher als bei der Kompensation von Altersdefiziten: Eingetrübte Augenlinsen sind flugs erneuert, Gelenkersatz stellt ohne sorgfältiges Training zwar nicht stets die alte Beweglichkeit her, wird aber fast immer als nützlich gefeiert, und die ausgeklügelten Hörhilfen lassen wenige Wünsche offen.

Die zweite Veränderung wird am anderen Ende der Alterskategorien manifest, bei den Jugendlichen. Die ins Erwerbsleben eintretenden Jahrgänge schmelzen vor allem in Regionen mit geringer Zuwanderung. 2016 blieben deutlich über tausend ausgeschriebene Lehrstellen allein im Kanton Zürich unbesetzt. Kleinere Betriebe klagen öfter laut über den Mangel an Nachwuchs; wer strebt schon nicht eine ausgewogene Altersstruktur im eigenen Betrieb an? Je knapper sie auftreten, desto mehr werden junge Leute umworben und bejubelt. Sie erhalten einen roten Teppich unter die Füsse.

Speziell für sie löst sich das tradierte dreiphasige Biografiemuster unter aktuellen Bedingungen auf – wobei der demografische Wandel nur einen Faktor darstellt. Die Ressourcen – Kompetenzen, Motivation, Gesundheit usw. – müssen nicht nur für einen raschen Aufstieg, sondern für eine lange Reise gesichert und gemanagt werden. Über Jahrzehnte hinweg werden unterschiedliche Pakete geschnürt mit Engagements in Weiterbildung und Erwerbsarbeit, aber auch Freiräumen und Sabbaticals. Die Basis von Wissen und Können braucht immer wieder neue Stärkung bzw. Erweiterung. Und nur ausnahmsweise verläuft die Laufbahn auf glatten Schienen: Arbeit- und Auftraggeber wechseln sich ab; zwischen den Projekten öffnen sich erwünschte oder unliebsame Pausen; Beschäftigungswünsche und Nachfrage harmonieren manchmal erst nach längeren, holprigen Anpassungsprozessen oder geografischer Verschiebung, und die Frage, wie der Lebensunterhalt dabei verlässlich zu finanzieren ist, inspiriert zu neuen Konzepten – wie beispielsweise das bedingungslose Grundeinkommen.

Die Familienphase(n) verlangen von Männern und Frauen zwischenzeitlich gewisse Abstriche im Beruf; die aktiven Väter werden zahlreicher, weil junge Paare in zunehmender Zahl die Aufgaben umverteilen und gut ausgebildete Mütter mindestens einen Fuss in der Erwerbsarbeit stehen lassen. Zusätzliche Ausbildungen oder Praktika erlauben öfter den Umstieg in andere Tätigkeitsfelder.

Das alte Postulat nach «éducation permanente» kommt allmählich in der Realität an, auch für Personen ü45. Auszeiten sind unerlässlich, um die eigene Entwicklung und den Lebensstil zu reflektieren, die Batterien aufzuladen, neue Kompetenzen aufzubauen und die eigene Identität zu festigen.

Um die Jahrtausendwende etablierte sich die Unterscheidung zwischen «jungem» und «altem» Alter. Zwischen das Ende der Erwerbsphase und den letzten Lebensabschnitt mit gewissen kräftemässigen oder gesundheitlichen Einschränkungen schob sich eine Zeit hoher Aktivität und umfassender Zeitsouveränität. Die jungen Alten gelten als fit, unternehmenslustig und werden von der Werbeindustrie gerne als wohlhabende, konsumfreudige Zielgruppe dargestellt. Dieses eher holzschnittartige Bild erfordert wichtige Differenzierungen. Ein Grossteil der Ü60 kämpft für einen stufenweisen Abbau beruflicher Verpflichtungen und wünscht sich einen sanfteren Übergang von der Erwerbstätigkeit in eine erwerbslose Zeit. Doch die Zahl der Menschen, die ihre Erwerbsphase verlängern, wächst jedes Jahr deutlich (vgl. dazu das Kapitel «Brücke zwischen Erwerb und Alter»).

Das tradierte Dreiphasenmodell zerbröselt oder verflüssigt sich; das Verschieben wichtiger Pläne aufs Rentenalter bewährt sich nicht, man holt die Wuncherfüllung aus der Zukunft besser in die Gegenwart zurück. Zeitliche und aufgabenbezogene Überlastung oder anhaltender Stress in der Mitte des Lebens verlieren an Dringlichkeit, wenn die Erwerbsbiografie sich verlängert. Versuche nach einem Ausgleich zwischen Bildungszeit, Sozialzeit, Lohnarbeit und Freizeit im Hier und Jetzt verursachen zwar viel Reibungsverlust, werden aber zahlreicher und Erfolg versprechender. Künstler, Gewerbetreibende, Nonnen, Philosophen oder Landwirte kennen kein Rentenalter, sie arbeiten, solange es geht; wieso nicht auch Frau Keller und Herr Rutz? Nicht ausgeschlossen, dass das Konzept «Ruhestand» in hundert Jahren nur noch in Geschichtsbüchern oder Erzählungen von Urgrossmüttern auftaucht…

Konzepte einer Biografie ohne Rentenalter sind heute nicht mehrheitsfähig, das erfahre ich sehr wohl, besonders im Kreis von Menschen über 40, bei jüngeren ist die Diskussionsbereitschaft grösser. Im 19. Jahrhundert schälte sich in den Diskussionen der Arbeiterbewegung ein «Recht auf Musse» (Paul Lafargue) und ein Recht auf Befreiung von Leistungszwang und Befehlshierarchie nach langer Fron als kultureller Fortschritt heraus. Das wirkt bis heute nach; die Gewerkschaften halten die Errungenschaft des Ruhestandes hoch. Dabei gerät möglicherweise der Kontext aus dem Blickfeld; die 60 Stunden körperlich anstrengender Maloche pro Woche in lärmigen, stickigen Industriehallen bei einer durchschnittlichen Lebenserwartung von 60 Jahren für Männer nährte andere Wünsche als die heutige Dienstleistungswirtschaft. Die Auseinandersetzung über sinnvolle Forderungen gerade auch im Interesse sozial und bildungsmässig schwächerer Arbeitskräfte ist im Gange. Längere Erwerbstätigkeit darf kein Projekt für Bildungsbürger und Eliten sein. Es bringt für die ganze Gesellschaft deutlich mehr, wenn wir uns für höhere Arbeitsplatzqualität (vielseitige Aufgabenbündel, Entwicklungsperspektiven, Gestaltungsspielraum, beziehungsfähige Führung, Stressarmut) und für eine stimmige Integration ins Erwerbsleben über 65 Jahre hinaus engagieren. Dabei setze ich grundsätzlich gern auf Freiwilligkeit und Überzeugungsarbeit. Wohl um den Preis solcher Liberalität wissend: Beweglicher und offener für Reifere wird der Arbeitsmarkt erst, wenn der Übertritt in den Ruhestand verbindlich auf später im Leben festgesetzt wird als das aktuelle Rentenalter; erst dann werden Ü55 für Auf- und Verträge berechenbarer und attraktiver.

Es wäre unverzeihlich, die fundamentalen Änderungen in den Lebensmustern nur dem demografischen Wandel und seinen Folgen für ein neues hundertjähriges Leben zuzuordnen. Die biografischen Muster ändern sich auch als Folge wachsender Bildungsteilnahme und weil die Rollenbilder von Männern und Frauen sich wandeln.

Arbeitsverträge mit Verfallsdatum

Die Entwicklung in globalen Zusammenhängen, flinke und tiefgreifende technische Innovationen, vor allem die Digitalisierung und Roboterisierung von Produktion und Dienstleistungsprozessen, die raschen strukturellen Veränderungen der Wirtschaft bei fortgeschrittener internationaler Arbeitsteilung und der Verlagerung ökonomischer Treibhausatmosphäre nach Asien erlauben in der Arbeitswelt kaum längerfristige Planung. Zwar sind viele, vor allem staatliche Aktivitäten in Schulen, Krankenhäusern oder Verkehrsbetrieben auf Kontinuität und Regelkonformität ausgerichtet, doch lenken die umworbenen jüngeren Generationen ihre Aufmerksamkeit viel stärker auf begrenztes Verweilen in einer beruflichen Aufgabe. Die Berufstätigen sind zu Ich-AGs geworden, die vor allem im ersten Drittel ihrer Laufbahn alle Energie für die Optimierung der eigenen Interessen und Talente einsetzen. Sie zimmern ihre Biografie in «unternehmerischem» Geist und verlassen ihren Arbeitgeber punktgenau dann, wenn die Lernkurve abflacht, die Lust schwindet, eine besser bezahlte Alternative greifbar wird und das Angebot für zusätzliche Entwicklungsschritte ausbleibt. Dass sie zu geburtenschwachen Jahrgängen gehören und sich damit über einen hohen Marktwert freuen dürfen, verleiht ihren Verhaltensmodellen spezielle Bedeutung.

Die Medien – gefüttert von den grossen internationalen Beratungsunternehmen und den amerikanischen IT-Weltkonzernen – preisen die Digitalisierung sehr vieler Arbeitsvorgänge; prognostiziert werden namhafte Jobverluste, vor allen auf mittleren Qualifikationsstufen. Zu bedenken gilt jedoch: Es werden auch neue Berufe mit neuen Funktionen geschaffen. Generell fällt es sehr viel leichter, Jobs zu nennen, die wahrscheinlich verschwinden als solche, die erst im Entstehen begriffen sind; das stärkt die Pessimisten, die das alte Europa ohnehin auf dem absteigenden Ast sehen. Wann und wie kleine und grosse Brüche oder Umwälzungen eintreffen, weiss niemand genau, weil sehr viele Akteure in unterschiedlichen Konstellationen beteiligt sind. Es handelt sich ja nicht um Wetter, das ungefragt über uns hereinbricht; Technologie an sich steht zur gesellschaftlichen Verfügung; niemand denkt ans Verbieten. Doch wie Politik und Wirtschaft mit ihr umgehen, dazu sind Entscheidungen und Investitionen unumgänglich. Eine Frage lautet beispielsweise: Welche neuen digitalen Bezahlsysteme im öffentlichen Verkehr lohnen sich wann und welche Typen von Bezahlsystemen werden mittelfristig zu bewirtschaften sein, wenn keine relevanten Bevölkerungsgruppen ausmanövriert werden dürfen?

Vermutlich wird die Automatisierung belastende Tätigkeiten ersetzen, in der Krankenpflege zum Beispiel das Heben und Verschieben schwerer Körper. Verschiedene Produktionsprozesse – mit 3D-Druckern zum Beispiel – sind in Bümpliz nicht mehr teurer als in Burma. In der Nähe spart man Transportkosten und nutzt verfügbare Hallen. Wahrscheinlich wird die Hoffnung auf höhere Produktivität im Arbeitsalltag nicht enttäuscht, womit die Gesellschaft vor die Wahl gestellt wird, wie sie die Früchte solcher Fortschritte verteilen soll. Nutzen wir sie, um freie Zeit zu gewinnen? Um die Konsumbudgets zu erhöhen? Um für sozial schlechter Gestellte und Migranten bessere Bedingungen zu schaffen? Mit Anpassungsproblemen vieler Arbeitskräfte an neue Beschäftigungen ist zu rechnen; zur Schliessung von Kompetenzlücken brauchen die Betroffenen angemessene Ressourcen in Form von Lernimpulsen, -bausteinen oder -wegen.

Weitherum herrscht Konsens, dass die Arbeitsverhältnisse künftig punktueller und kurzfristiger werden, dass Teilzeitbeschäftigung, temporäre Einsätze, Projektarbeit, Freelancing und Auftragsarbeit zunehmen und die langjährige monogame Jobbeziehung allmählich verschwindet. In den USA wird bereits rund ein Drittel der Erwerbsarbeit in solch dekonstruierter Form geleistet. Selbst in unbefristeten Jobs sind heute Arbeitsort, Arbeitsmenge und Zeitpunkt der Leistungserbringung ein Stück weit verhandelbar, was zu flexiblen Arrangements führt. Das gilt nicht für Schlüsselpersonen der Organisation, die für kollegiale Diskussionen und Ad-hoc-Entscheide im Zentrum spontan verfügbar (oder online erreichbar) sein müssen.

Die grossen Umbrüche in der Arbeitswelt und die Verselbstständigung von beruflichen Teilaufgaben sowie Laufbahnen führen in den USA bereits dazu, dass die Jungen auf lange Masterstudien verzichten und nur im Hinblick auf einen Job oder ein Projekt einige Module absolvieren und Zertifikate erwerben. Solches Verhalten spiegelt, was Jugendliche heute schon zu tun gewohnt sind: im Internet surfen, Nützliches und rasch Verfügbares sammeln und etwas daraus machen. Solche Muster wirken ansteckend und verändern die Vorstellungen von Professionalität. Niemand weiss, ob sich diese Art von pragmatischem Wissen-Pflücken über Jahrzehnte hinweg fortsetzen lässt oder ob irgendwann systematisches Ordnen, Integrieren und in einen Kontext Einbetten nötig wird, um sinnvolle Leistungen zu erbringen. Oder andersherum formuliert: ob die Anhäufung instrumentellen Wissens ohne rahmendes Orientierungswissen funktioniert.

Wertewandel ist seit Jahrzehnten ein Thema, er bleibt ein bedeutsames Phänomen für viele Entscheidungen, die schliesslich die Gestaltung von Biografien ganzer Generationen prägen. Immer wieder gilt es, eine neue Balance zwischen Individualismus und Egokultur einerseits und sozialem Ausgleich bzw. gemeinschaftlicher Entwicklung anderseits zu finden. Gesellschaftlicher Zusammenhalt ist keine Selbstverständlichkeit. Es lohnt sich, kurz über die Bedingungen des Paradigmenwechsels nachzudenken, der in den (vor allem deutschsprachigen) Arbeitswissenschaften gegen Ende des letzten Jahrhunderts stattgefunden hat. Zentrales Thema ist seit der Industrialisierung die Humanisierung des Arbeitslebens: Früher bedeutete dies Kampf gegen abstumpfende Fliessbandarbeit in der Fabrikhalle, heute geht es um Stress und einseitige Belastung durch den Computer in Büro. Die Experten legten Arbeitnehmervertretern mit guten Argumenten ans Herz, eine «ganzheitliche» Qualität der Arbeitsplätze ins Zentrum ihrer Forderungen zu stellen, um stete Erweiterung und Erneuerung des Kompetenzspektrums zu sichern. Die «Humanisierung» ist tief unter Staubschichten verschwunden und begraben.

Abgelöst wurde das Humanisierungspostulat durch die Ideale Flexibilisierung und Individualisierung. Mit der fast grenzenlosen Mobilität von Kapital, Informationen und Menschen in den 1990er-Jahren verschoben sich rasch Produktionsorte und Arbeitsplätze. Der Planungshorizont von Unternehmen schmolz, Umstrukturierungen folgten in zügigem Rhythmus, Fusionen und Bedeutungsverlust grosser traditioneller Firmennamen an der Börse wurden und bleiben alltäglich. Wer auf dem Arbeitsmarkt Sicherheit sucht, findet sie am ehesten durch Beweglichkeit. Flexibilität wurde für Arbeitskräfte und Organisationen zur zentralen Tugend. Der Wunsch sehr vieler Frauen nach Teilzeitbeschäftigung harmonisierte gut mit dem Bedarf von Unternehmen nach begrenzt einsetzbaren Arbeitskräften ohne Laufbahnvorstellungen. Der umfassende gesellschaftliche Trend zu Individualisierung und zu persönlicher Optimierung verbündete sich reibungslos mit Flexibilisierungsbedürfnissen der Wirtschaft. Das dauert an und relativiert Arbeitstugenden wie Loyalität.

Arbeitskräfte mit hohem Marktwert an der Stellenbörse, sei er real oder bloss vermutet, spielen die Karte Flexibilität mit lockerer Hand. Junge Leute, die nur für sich selbst zu sorgen haben, wechseln ihre Anstellung rasch, wenn sie zu wenig profitieren, und sehen vor allem den Freiheitsaspekt in wenig verbindlichen Arbeitsarrangements. Andere brauchen äusserliche Sicherheit und verlässliche Rahmenbedingungen, um mit komplizierten Kollegen, krankem Kind und eigenen Problemen einigermassen klarzukommen. Nur ein kleiner Prozentsatz der Erwerbstätigen geht – mit guten oder weniger überzeugenden Gründen – davon aus, hoch talentiert oder schwer ersetzbar zu sein oder über seltene Kompetenz zu verfügen. Die grosse Mehrheit könnte so oder anders, bleibt mit den eigenen Wünschen ziemlich nah am Boden, ist anpassungsbereit und hält sich mindestens im Kopf Alternativen offen. Der unablässige Flexibilitätsanspruch, die latente Bereitschaft, in eine andere Richtung loszulaufen oder brüsk zu stoppen und in den Ruhemodus zu wechseln, kann ganz schön erschöpfen.

Mit Stolz und Respekt bewundern wir wirtschaftliche Durchbrüche, heroische Start-up-Erfinder oder Leitfiguren im Internet, die Zehntausende von Fans und Beeinflusste über Jahre in den eigenen Spuren halten können. Dabei geht oft vergessen, auf welchen Strukturen solche medienwürdigen Leistungen basieren. Regelbasierte, verlässliche, meist nur im Störfall wahrgenommene Alltagsarbeit an Infrastrukturen, zum Beispiel im Gesundheits- und Sozialwesen, in Betreuungseinrichtungen, Ämtern und Sicherheitsdiensten gewährleisten das Funktionieren der Gesellschaft und ihrer Traumtänzer. Speziell diese Erwerbsarbeit gilt es so zu gestalten, dass Frauen und Männer sich engagieren, entwickeln und bei der Stange bleiben.

Massive Migrationsströme verstärken Werte- und Kulturunterschiede im Arbeitsleben. Verständigung und Verständnis setzen Aufwand, Reflexion und guten Willen voraus. Regionale und Betriebskulturen, ja auch das Klima in verschiedenen Abteilungen ergeben sich nicht einfach wie das helle Tageslicht am Morgen, sie erfordern Pflege, Überbrückung von Gräben, Beseitigung von Störungen und das Abschleifen von Kanten. Integration geschieht und gelingt am ehesten im Arbeits- und Schulalltag. Arbeitsorganisationen sind soziale Einrichtungen, Plattformen für Begegnung und zentrale Orte von Sozialisation. Mit der Schwächung traditioneller Bindungen zum Beispiel an Kirche, Herkunft, Parteien oder soziale Milieus wächst ihr Stellenwert. Zugleich drängen in ihrem Rahmen eine Fülle verschiedener Optionen gleichzeitig zur Realisierung. Ohne Reibung geht das nicht.

Verschiedene Gesichter von Arbeit

Karl Marx hat bei seinem Nachdenken über Lohnarbeit und Entfremdung des Produzenten von Ergebnis, Produktionsmitteln und -prozess zwischen zwei Lebensbereichen unterschieden: dem der Notwendigkeit und demjenigen der Freiheit. Er hat Erwerbstätigkeit damit nachhaltig negativ eingefärbt, was im gewerkschaftlichen Kampf für ein frühes Rentenalter noch heute einen Niederschlag findet.

Selbstverständlich ist die grosse Mehrheit der Bevölkerung auf *Erwerbseinkommen* angewiesen, steckt also gewissermassen in einer Zwangssituation. Der sich selbst versorgende Landwirt erlebt analog dazu die existenzielle Notwendigkeit zu pflanzen, zu hegen und zu verarbeiten, was ihn ernährt und kleidet. Doch er tut dies in eigener Regie, produziert die persönliche Nahrung und würde wahrscheinlich weniger von «Entfremdung» sprechen als die in der Industrie Beschäftigten.

Arbeit und Erwerbstätigkeit weisen den Erwachsenen einen Platz in der Gesellschaft zu und schaffen damit wesentliche soziale Kontaktnetze; vor allem aber vermitteln sie eine Positionierung im Rang- und Wertgefüge, das durch entsprechende materielle Verdienstmöglichkeiten zusätzlich gestützt wird. Wer etwas gelten will, schafft Voraussetzungen für den Aufstieg auf der Karriereleiter, sei es mittels berufspraktischer Leistungen, Ausbildungsbausteinen, Selbstdarstellung oder Beziehungen. Überall, wo Personen auftreten – Konzerte, Partys, Golfplatz, Vorträge, Hotel, Flughafen – arrangiert sich die Umgebung flugs anhand der (bekannten) beruflichen Kenndaten. Nähe und Distanz werden stimmig reguliert, und die Kommunikationsmuster, auch Blickkontakte, erfahren eine subtile Anpassung. Entsprechend dramatisch kann sich der Verlust der beruflichen Position auswirken. Exponierte Personen auf den Teppichetagen der Geschäftswelt, die eher unfreiwillig ihren Platz räumen, berichten von peinvollem Spiessrutenlaufen zum Beispiel im Opernfoyer und auf dem Golfplatz. Aber auch viele eher unauffällige Beschäftigte erzählen von harten Umstellungsproblemen nach der Pensionierung, wenn es nicht mehr um ihr Wirken und ihre Rolle im Job, sondern nur noch um sie als Privatperson geht. Ernste Erkrankungen (als Krisensymptom) im ersten und zweiten Rentenjahr sind häufig.

Die christliche Überlieferung, aber auch Psychiater wie Sigmund Freud erkennen in der Arbeit (und Liebe) zentrale Modalitäten für den Menschen, zu sich selbst zu finden. Beim Arbeiten kommt die Person mit eigenen Möglichkeiten in Kontakt, die ihr sonst verborgen blieben. Sie findet in (von Drittpersonen) gestellten Aufgaben und im Umgang mit nicht selbst gewählten Personen Entwicklungsmöglichkeiten, die sie bereichern und reifen lassen.

Ein zentraler Begriff ist in diesem Zusammenhang die Selbstwirksamkeit (Albert Bandura). Sie ist für das menschliche Selbstverständnis, das Selbstbewusstsein und das Vertrauen in eigene Handlungsmöglichkeiten entscheidend. Passende berufliche Aufgaben sichern dem Individuum zuverlässig wiederkehrende Erfahrungen von Selbstwirksamkeit in weiteren sozialen Zusammenhängen. Die Person hinterlässt unverwechselbare Spuren und erfährt entsprechende Resonanz. Und dies in hoch komplexen wie in relativ einfachen, von vielen bevölkerten Aufgabenfeldern. Ich denke beispielsweise an den gestandenen Sanitärmonteur, der – gerufen, weil eine Wand sich über Tage hinweg immer stärker einnässte – nach stundenlangem Suchen, Pröbeln und Klopfen zwei Stockwerke höher ein leckes Ventil fand und ersetzen konnte. Er kam aus dem Strahlen nicht mehr heraus. Oder die Lehrperson, die nie um einen humorvollen Einfall verlegen ist, wenn besonders begriffsstutzige Kinder einen Weg aus der Lern-Klemme suchen. Klar, auch im familiären Kontext oder im Ehrenamt sind gleichwertige Erfahrungen von Selbstwirksamkeit möglich. In einem verbindlichen, wenig selbstbestimmten Rahmen mit hohen Ansprüchen und kühl objektiver Beurteilung zählt die Bewährung womöglich eher mehr.

Erwerbsarbeit löst sich, sobald sie als Werk und Wirkung verstanden wird, aus dem Vorstellungsfeld von «Fron» und wird zur Ressource. Gerade in einer fraktionierten, individualisierten Gesellschaft mit lockeren familiären Banden wird Berufstätigkeit auch zum Ort sozialer Verbundenheit. Frisch Pensionierte beklagen das Fehlen von Kolleginnen und Kollegen denn zunächst fast noch schmerzlicher als den Mangel an zielorientierter Tätigkeit und Anerkennung dafür. Je besser die Neurowissenschaftler das Funktionieren des Gehirns verstehen, desto deutlicher treten die Erwerbsarbeit, der Kolleginnenkreis und selbst ihre zuweilen unzulängliche organisatorische Umgebung als nützlicher Trainingsplatz für die mentale Fitness zutage. Es kann menschlichen Wesen nichts Besseres widerfahren, als sich unausweichlich in komplexen Situationen bewähren zu müssen. Denn freiwillig beisst sich kaum jemand die Zähne an Knacknüssen aus; im Freundeskreis stossen wir auf wenig Widerspruch. Emotional und mental beweglich bleiben Personen vor allem dank Engagements ausserhalb der Komfortzone.

Langstreckenläufe, so berichten Könner, verschaffen (hormonell bedingte) Glückserlebnisse. Wenn das Modell hier als Metapher für die über 50 Jahre dauernde Berufslaufbahn genutzt wird, darf ein Hinweis auf Voraussetzungen fürs Gelingen nicht fehlen. Ohne im Lauf der Entwicklung immer wieder erneuerte, realistische Einschätzung von persönlichen Fähigkeiten und Ressourcen kann man in Situationen von Über- oder Unterforderung mit vielfältig destruktiven Folgen geraten. Sowohl fehlgeleitete, überrissene Ambitionen wie Bequemlichkeit und Leerlauf können in Jobs münden, die erschöpfen oder in Misserfolg und tiefer Frustration enden.

Die Rahmenbedingungen der Arbeitswelt wechseln in der weltweiten Arbeitsteilung rasch; man muss im richtigen Zeitpunkt bremsen und loslassen – und die Unsicherheit bis zur nächsten stabilen Landung überstehen können. Erkunden, erproben und weiterlernen helfen beim Aufspüren neuer Erfahrungen beglückender Selbstwirksamkeit.

Immer wieder Bälle und Plätze wechseln

Der Anthroposoph Rudolf Steiner plädierte bereits im letzten Jahrhundert für eine Etappierung des Lebensweges und meinte, alle sieben Jahre wäre eine Häutung fällig, weil symbolisch bedeutsam. Er dachte vielleicht auch an Brüche, im Vordergrund standen ihm aber organische Wechsel von Hierarchiestufe, Umgebung und Arbeitsschwerpunkt. Dazu gehört auf der einen Seite Lernen im Sinn von Anpassung, wie wir das bei neuen Versionen der Software, personellen Wechseln im Team oder bei Umstrukturierungen zu tun gewohnt sind. Adaptives, weiterführendes Lernen in Kursen oder mit kollegialer Unterstützung erweitert das Kompetenzspektrum stetig und fast unbemerkt, was im Rahmen einer langen Laufbahn sehr wichtig ist. Zur Anpassung wären heute auch der technologische Wandel und der Einzug von künstlicher Intelligenz in den Arbeitsalltag zu zählen. Wenn Chirurgen die enge Kooperation mit Robotern im Operationssaal trainieren, bleibt im Kern die Aufgabe zwar gleich, doch ihre Erfüllung setzt deutlich andere Methoden voraus.

Dass grundlegende Häutungen und Ballwechsel zu einer gelingenden Erwerbsbiografie gehören, wird in der Personalentwicklung seit Jahrzehnten akzeptiert. Routine unterspült Qualifikation, gleichförmige Tätigkeit mindert Ansprüche und Geschicklichkeit, der immergleiche Blickwinkel ermüdet, und wer sich über lange Zeit hinweg keine neuen Inhalte und Denkfiguren aneignen muss, rutscht aus dem Lernprozess und verliert den Anschluss. Schon vor 20 Jahren lernte ich in Holland die Prinzipien einer damals erfolgreichen Bank (Amro) kennen, die von allen Mitarbeitenden, auch den obersten Chefs, alle sechs Jahre einen Jobwechsel forderte, plante und begleitete. Nicht, dass alle begeistert mitmachten. Wer sich optimal platziert und rundum leistungsfähig erlebte, wehrte sich gegen jeglichen Wechsel. Persönlich in Frage gestellt fühlte sich niemand, da die Regel für alle galt. In einzelnen Fällen kam es zweifellos – kurz- oder mittelfristig – zu minderen Leistungen oder brachliegendem Potenzial und damit zu Nachteilen auch fürs Unternehmen. Im grossen Ganzen aber hat die Firma (bis zur Finanzkrise) von der generellen internen Personal-Mobilisierung profitiert. Durch den Wechsel in andere Funktionen und die Bewährung in unvertrauten Umgebungen entstanden enorme Weiterbildungseffekte bei gleichzeitiger Verdichtung firmeninterner Beziehungsnetze. Dem abwechslungsarmen Berufsalltag war der Garaus gemacht – und als Folge davon auch die Dequalifizierung der Mitarbeitenden minimiert. Kein Wunder, dass Unternehmen wie der grosse Rentenversicherer Swiss Life dabei sind, ähnliche, noch differenziertere Konzepte von laufbahnlanger Mitarbeitenden-Aktivierung zu realisieren.

Wir unterscheiden also zwei Arten von Ballwechsel: Spiel mit anderen Exemplaren derselben Sorte und Spiel mit ganz anders beschaffenen Balltypen. Eine zweite Unterscheidung ist mir wichtig: Berufspersonen wechseln ihre Bälle entweder aufgrund eigener Entscheidung oder unfreiwillig, wenn ihr Arbeitgeber oder der Arbeitsmarkt ihnen keine andere Wahl offen lassen. Push oder pull. Dazwischen gibt es noch freundliche Stupser.

Je wilder die wirtschaftlich/technische Dynamik, desto rascher folgen sich betriebliche Massnahmen und Neuordnungen. All das ist hilfreich als Gegengift zu schädlicher Routine. Die Bewegung wird «von aussen» ausgelöst, wird eingefordert und ist im Interesse des Unternehmens; sie belebt die individuelle Entwicklung vor allem in diesem Rahmen. Doch nachhinkendes Lernen kann immer auch überschiessende Effekte zeitigen. Interessant und wegweisend ist in diesem Zusammenhang die kolportierte Regel bei Google, dass vollzeitlich Beschäftigte nur an vier Tagen pro Woche wertschöpfende Leistungen nach Vorgaben der Firma zu erbringen haben, während sie am fünften Tag an eigenen Projekten, allein oder in einer selbst organisierten Gruppe, herumtüfteln sollen. Was möglicherweise – aber nicht ganz sicher – Googles direkte Interessen übersteigt. Schaden hat ein Unternehmen mit solcher Politik kaum zu befürchten. Es gewinnt bei raren Fachkräften an Attraktivität.

Die Schweizer Post, die im Zuge ihrer Verwandlung in einen fast privatwirtschaftlichen Betrieb gewisse Auflagen im Umgang mit ihrem Personal zu erfüllen hat, glänzt immer wieder mit vorbildlichen Konzepten zur Mobilisierung und Qualifizierung von Mitarbeitenden. Im Intranet werden beispielsweise (bei Mutterschaftsurlauben, längeren Krankheitsabsenzen, Kündigungen, Sabbaticals usw.) Möglichkeiten angeboten, auf Probe einen unvertrauten Arbeitsplatz in ferneren Geschäftsfeldern einzunehmen und auf seine Attraktivität für einen Wechsel zu testen. Ohne Risiko, weil die Rückkehr ins vertraute Tätigkeitsfeld umstandslos möglich ist – doch mit substanziellen Entwicklungschancen. Die Mehrheit der temporären Erprober und Erproberinnen wechselt definitiv. Praxislernen ist für Ü30 eine weitgehend unausgeschöpfte Form von Weiterentwicklung, während junge Erwachsene aus eigenem Antrieb oder zur Anreicherung ihres CV solche Möglichkeiten intensiv praktizieren. Wo bleiben Agenturen, die zum Beispiel während Sabbaticals, unbezahlten Urlauben oder Phasen zwischen vertraglichen Verpflichtungen konkrete qualifizierende Einsätze (mit Auswertung) im In- und Ausland vermitteln? Wir kennen den Typus des «Seitenwechsels», also sorgfältig begleitetes und ausgewertetes Lernen in anderen Lebenswelten, womit oft soziale Einrichtungen beispielsweise für Behinderte, Benachteiligte und Migranten gemeint sind. Solche Programme zur Förderung sozialen Lernens richten sich vorwiegend an Führungskräfte in profitorientierten Firmen oder junge Menschen in Ausbildung. Wieso wird dieses Modell nicht auch auf unterschiedliche Branchen und staatliche Tätigkeiten im In- und Ausland übertragen?

Ein weiterer Abbau von Mauern tut Not: die Verflüssigung der Grenze zwischen Fachlaufbahn und Führungslaufkarriere. In Technikunternehmen oder im Bankenbereich, aber auch in der Medizin trennte oder trennt sie Welten und ein Wechsel von der einen zur anderen ist rar. Erklärbar ist die Trennung durch ausgeprägte Spezialisierung und rasches Lerntempo in manchen Feldern; Expertinnen und Experten müssen sich auf Fachliches konzentrieren, brauchen ohnehin einen hohen Prozentsatz ihrer wöchentlichen Einsatzzeit zur Verarbeitung unverzichtbarer Zusatzinformation, um an der Spitze zu bleiben. Sie können und wollen ihre Zeit nicht in Organisationsfragen und Personenführung investieren. Anderseits fehlt es Männern und Frauen nach jahrelangem Einsatz auf Geschäfts- oder Abteilungsleitungsstufe zuweilen an zukunftsorientiertem Know-how, etwa um als Fachkräfte ins Marketing zu wechseln. Eine Vielfalt von Passerellen ist nötig.

Doch die Zukunft der Organisationen lässt bei dieser Thematik Entspannung erwarten. Klassische Hierarchien trifft man seltener, Teams von Expertinnen und Experten tragen die Verantwortung für Geschäftsbereiche gemeinsam und konstituieren sich selbst, der Lead wechselt. Der Glanz des «General Management» verblasst. In Projekten ist die Austauschbarkeit von Steuerung und fachlichem Beitrag ohnehin leichter realisierbar.

Firmen, die sich um Verfügbarkeit und Potenzial ihrer künftigen humanen Ressourcen sorgen, liegt die Entwicklung ihrer Arbeitskräfte besonders am Herzen. Ihre Impulse sind auf verschiedenen Ebenen lokalisiert. Attraktiv und wirksam sind muntere Bewegungen auf dem internen Arbeitsmarkt; was selbstverständlich eine gewisse Organisationsgrösse – oder einen Verbund mit Schwesterunternehmen – voraussetzt. Durch Aufbau und Bewirtschaftung von Intranet-Plattformen, die über Einsatzmöglichkeiten in weiteren Zweigen der Firma, Projektmitarbeit, temporäre Einsätze, Urlaubsvertretungen oder Spezialaufträge informieren, machen sie vielfältige Möglichkeiten für Praxislernen und berufliche Entwicklung zugänglich. Verbunden sind solche Qualifizierungs- und Selbstentdeckungs-Chancen mit der Möglichkeit zur Anpassung des Beschäftigungspensums, temporär oder langfristig.

Aus Elementen und Episoden werden Entwicklungsmuster

Tief in den Vorstellungen vieler Arbeitskräfte verankert ist als Orientierungsmuster für einen Berufsweg die Karriereleiter. Mann oder Frau startet unten und steigt allmählich in bedeutsamere und verantwortungsvollere Aufgaben oder Positionen auf. Es kann sich um wenige und flache oder steilere Stufen handeln, je nach Herkunft, Vorbildung, Ambition, Talent oder Lebensideal – und abhängig von der Organisation, in der die Leiter steht.

Grossräumige Trends haben in den vergangenen dreissig Jahren das Leiter-Modell transformiert. Während die Grossvätergeneration noch kurz vor der Pensionierung die oberste Hierarchiestufe erreichte, sehen und erleben heutzutage die meisten Berufsleute schon Mitte 40 die gläserne Decke, die ihren Aufstieg stoppt. Dafür sind die Veränderungen zwischen 28 und 40 deutlich dynamischer als früher; Chefs und Chefinnen sind im Durchschnitt jünger. Auch aufstiegslustige und erfolgreiche Erwerbstätige absolvieren heutzutage im Normalfall eine Bogenkarriere; sie landen oft deutlich vor 60 in Spezialfunktionen für VEP (very experienced people) und geben die Führungsaufgabe in jüngere Hände.

Das Konzept eines «Berufs», den man erlernt, sozusagen ein Leben lang ausübt, und der – wie eine zweite Haut – Identität stiftet, gehört seit mindestens einem halben Jahrhundert zur Geschichte. Seit Jahrzehnten zerkrümeln die klaren Berufsbilder, und sehr viele Leute wechseln ihr Berufsfeld und die Branche mehrmals im Lauf der Jahrzehnte. Gelernte Kaufleute wurden Reiseleiter in Asien, Gästebetreuer im Ferienresort, später Strassenbahnschaffner und zuletzt Disponenten und Fahrer beim Behindertentaxi. Wechsel sind normal, vor allem in der ersten Hälfte des Berufsweges. Selbst bei Ärztinnen und Pfarrern, die zu den klassischen Professionen zählen, ist die Vielfalt von Beschäftigungen und Arbeitsorten unüberschaubar geworden.

Die aktuelle Arbeitswelt verlangt Spezialisierung; man erbringt komplexe Leistungen hoch arbeitsteilig und bewegt sich auf schmalem Terrain in die Tiefe. Denn einfache Produkte werden automatisch hergestellt. Spezialistentum erschwert Wechsel und beschleunigt die allgemeine De-Qualifizierung. Bereits etwas nachhaltiger und sowohl für Arbeitgeber wie für Mitarbeitende interessant ist das Konzept der «flexiblen Spezialisierung», das – in Kurzform – eine Rotation zwischen oder zumindest eine Stellvertretung in verwandten Expertise-Feldern vorsieht.

Enges Spezialistentum macht viele auf Dauer unzufrieden, substanzielle Innovationen werden eher gebremst als vorangetrieben und Unternehmen befürchten einen schädlichen Mangel an Personal, das komplexe Probleme anpackt und löst. Deshalb verbreiten sich neue Laufbahnmuster in Fachgesprächen, der Beratung und allmählich in der Praxis. Neben der seit Längerem propagierten Portfolio-Karriere lohnt sich ein Blick auf das Mosaik-Prinzip (Etikett von Nick Lovegrove, der zahllose Personen mit hohem Arbeitsmarktwert interviewt hat), welches Erfolgspotenzial in erster Linie in übertragbaren und ausbaufähigen Skills identifiziert und dabei keine Sekunde in Gefahr gerät, irgendwelchem Dilettantismus das Wort zu reden.

Mosaik-Laufbahnen mäandern zwischen «Kontinenten» und Regionen der Arbeitswelt, also z. B. zwischen Privatwirtschaft, staatlichen Behörden und NGO (Non-Governmental Organizations). Sie beruhen auf Hüpfern zwischen Organisationen, Aufträgen und Freelancing. Mittels Perspektivenwechsel und veränderten Handlungslogiken erzielen Arbeitskräfte substanziellen, arbeitsmarktrelevanten Kompetenzgewinn. Das Mosaik setzt sich aus Steinen in sechs Farben zusammen. Starten wir mit dem Thematischen, bzw. dem Fachlich/Intellektuellen. Dazu kommen Leitwerte, bzw. der ethische Kompass; übertragbare Skills wie Projektmanagement, Verhandlungsgeschick oder schriftliche Formulierungsfähigkeit; Investition in solide Kenntnisse des grösseren Umfeldes und politischer Zusammenhänge; Aufbau, bzw. Pflege eines ausgedehnten persönlichen Netzwerks und ein wacher, vorausschauender, optimistischer Geist.

Bewährte Führungskräfte demonstrieren das Potenzial des Mosaikmodells längst, wenn sie vom operativen Geschäft in Aufsichtsräte, Beraterjobs und Funktionen in internationalen Organisationen, politischen oder humanitären, wechseln. Jüngere Fachkräfte, zum Beispiel eine Umweltrechtsexpertin, kann aus einer privaten Anwaltskanzlei in die Industrie, später in eine staatliche Regulierungsbehörde und zuletzt zu Greenpeace oder zum WWF wechseln. Junge Berufseinsteigende, welche gern einen Bogen um Grossbetriebe schlagen und eine eigene Odyssee in der Gig-Ökonomie und als Freelancer anpeilen, werden sich zweifellos vom Mosaik-Modell inspirieren lassen.

Ähnliche Überlegungen stecken im Konzept des *Patchwork-Lebens*. Mann oder Frau startet in einem Tätigkeitsfeld, lernt und wirkt und verlässt es aus bestimmten Gründen. Die nächste berufliche Etappe mag – um im Bild zu bleiben – andere Farben und Webfäden aufweisen, doch das Feld schliesst meist in gewisser Dimension oder Hinsicht an die frühere Erfahrung an. Man nimmt Wissen, Können oder persönliche Verbindungen ins nächste Aufgabenfeld mit. Dem zweiten schliesst sich ein drittes Feld an; zuweilen sind Rückgriffe zu beobachten. Ehrenamtliches Engagement fügt sich an und bereichert das Bild. Über Jahrzehnte hinweg entwickelt sich aus Beschäftigungsfeldern ein grossflächiges Muster, das sehr viel mit der arbeitenden Person und ihren Lebensthemen zu tun hat und deshalb bezüglich Farben und Gewebe der einzelnen Elemente, der Patches, nicht zufällig oder beliebig ausfällt. Der aufgeweckte Paul, der schon als Kind seine jüngeren Geschwister bei den Hausaufgaben assistierte, wählt die Pädagogische Hochschule, wird dort Redaktor der Studierendenzeitung, heuert bei einem Online-Medium an, bewirbt sich später erfolgreich beim Radio, übernimmt zehn Jahre nach Studienabschluss die Verantwortung für eine Sekundarschulklasse, wird Teilzeit-Hausmann, wechselt später in ein Projekt zur Unterrichtsentwicklung, schreibt zusammen mit Kollegen ein Lehrbuch, dessen Einführung er wieder als Lehrperson begleitet und evaluiert, um schliesslich während einer kurzen Phase Luft in der staatlichen Bildungsverwaltung zu schnuppern, erneut im gehobenen Journalismus zu landen und nebenamtlich an der Fachhochschule als Dozent zu wirken. Vermittlung ist offenbar sein Thema. Im Ruhestand schliesslich, mit 75 Jahren, betreibt er im Internet ein Seniorenportal und veröffentlicht dort selbst praxisorientierte Texte über Lernen.

Wer öfter Einblick in Curriculi Vitae erhält, begegnet anstelle von solchen kunstvollen, irgendwie sinnfälligen Erprobungsmustern auch eigenartigen Sammlungen beruflicher Episoden, die zufällig verkettet scheinen und Suchbewegungen ohne Ankommen dokumentieren. Vielfältig Begabte, Personen ohne Interessensschwerpunkte und solche, denen eine Festlegung sehr schwer fällt, halten sich gern Optionen offen und geraten vielleicht gerade deshalb vor Türen, die frisch in eine Wand geschlagen wurden oder sich neu öffnen.

Erfahrung als Schatz und als Last

Alter und Weisheit entwickeln sich keineswegs im Gleichschritt. Reifere Jahrgänge schreiben sich gern Erfahrung als Pluspunkt zu. Was ist genau gemeint? Gelebtes Leben kann sich in neuen Situationen in wertvolles Wissen und Können umsetzen – Voraussetzung ist allerdings reflexive Verarbeitung. Erfahrung führt aber, speziell im Zuge dynamischen Wandels, auch zu Blindheit und Verblendung, wenn man eines Tages meint, sicher Bescheid zu wissen.

Viele Menschen ü50 packen gern ihre blumigen Geschichten aus, heldische oder empörende Erinnerungen, und reagieren gekränkt, wenn ihre (jüngere) Umgebung nicht die Ohren spitzt. Wissen und Erfahrung weisen in unserer sich rasch wandelnden

Welt ein kurzes Verfallsdatum auf. Industriearbeiter und -arbeite-
rinnen wissen davon seit Langem ein Lied zu singen und werden
zahlenmässig immer weniger. Berufe sterben aus, neue entstehen
und ihre Prestigeskala durchlebt Revolutionen.

Am Arbeitsplatz ist Langjährigkeit das grössere Problem als das
Alter. Wer über längere Zeit hinweg spezielle Funktionen ausgeübt
hat, verliert Kompetenzen im nicht aktiv beackerten Feld und reduziert unmerklich seine Lernfähigkeit. (vgl. Kapitel «Lernen und
Weiterbildung»). Das nährt auch die Angst, grossen Veränderungen nicht mehr gewachsen zu sein und untergräbt die berufliche
Beweglichkeit. Langjährig bewährte Arbeitskräfte mit viel auf Aus-
schnitte konzentrierter Erfahrung sind, wenn sie den Job wechseln
wollen oder müssen, nur sehr schwer neu zu platzieren.

Wertbeständige Erfahrung, die sich leichter transferieren lässt,
steckt hinter dem Etikett «zwischenmenschliche Fähigkeiten». Lö-
sungsorientiertes Konfliktverhalten, Umgang mit Anfeindungen,
ermutigende Haltung, Beurteilung komplexer sozialer Situationen,
Überblick gewinnen im emotionalen Chaos einer Krise usw. lassen
sich lernen, verbessern, beobachten und in neuen Zusammenhängen überzeugend anwenden. Damit eng verbunden sind offensichtlich Fähigkeiten zum Selbstmanagement, die generell steigen;
man lässt sich weniger rasch ins Bockshorn jagen, gewinnt an Distanz zu sich selbst, wird empathischer und oft geschickter im Umgang mit schwierigen anderen Personen.

Vom Erlebnis zu Erfahrung – ein paar Thesen

1. Die Frage, wie Menschen aus Erlebtem und Wahrgenomme-
   nem Erfahrung «machen», ist ein Grundthema der Psychologie.
   Prägende Kindheitserlebnisse beeinflussen – bewusst oder
   unbewusst – persönliches Verhalten und Haltungen, sowohl
   positiv (z. B. bestärkend, Risikofreude steigernd) wie negativ
   (z. B. verunsichernd, Vermeidung fördernd).

2. In der Auseinandersetzung mit sich selbst und mit anderen Personen, mit Problemen, der Umwelt und beruflichen Fragestellungen werden Haltungen und Verhalten transformiert und das Wissen über Sachverhalte, Problemlösungen, Methoden und Techniken, wirksame Prozesse usw. erweitert. All dies lässt sich unter dem Dach des Begriffs «Erfahrung» platzieren und in die Unterkategorien «implizit» und «explizit» einteilen.

3. Manche Erfahrung wird ungefragt offeriert: Im Lauf ihrer Lebensspanne werden die meisten Personen kompetenter im Umgang mit sich selbst, mit eigenen Mängeln und Stärken, und sie lernen, sich zu akzeptieren. Das spiegelt sich in wachsendem Geschick im Umgang mit anderen und mit schwierigen zwischenmenschlichen Situationen.

4. Persönliche Erfahrung ist im Berufsfeld in drei unterschiedlichen Arten beobachtbar:
   a) direkt in die jeweilige Funktion eingebracht (implizit) (vgl. These 5).
   b) im «Lernen am Modell» gezeigt (sowohl implizit wie explizit).
   c) gezielt (explizit) als Wissen und Können transferiert (vgl. These 6).

5. Reifere Erwerbstätige bringen mit ihrem impliziten und expliziten Erfahrungsschatz Gesichtspunkte (Wissen, Einschätzungen, Kenntnis von Methoden und Instrumenten, Erlebnisse usw.) in den Arbeitsprozess ein, die andere Beiträge ergänzen und damit potenziell die Qualität von Resultaten steigern. Vielfältige Perspektiven sind für sehr viele Fragestellungen und Problemlösungen in der Arbeitswelt eine produktive Ressource.

6. Kompetenz (Verhaltensmuster, Wissen, technisches und funktionales Können usw.) kann nur dann gezielt weitergegeben und von Dritten abgeholt werden, wenn ...

a) sie konkret, präzis und für andere verständlich, bzw. nachvollziehbar beschrieben ist.

b) sie übertragbar und beobachtbar ist (sofern sie denn eingesetzt wird).

c) ihre Wirkung wahrnehmbar oder gar messbar ist.

d) Weiterentwicklung mittels zusätzlicher Übung, mit Training oder Coaching möglich ist.

e) sie in verschiedene Kontexte übertragen werden und sich variantenreich bewähren kann.

7. Neue wissenschaftliche Untersuchungen zeigen generell eine klare Tendenz von Personen zur Überschätzung der eigenen Fähigkeiten und Erfahrungen, bei Männern noch deutlicher ausgeprägt als bei Frauen. Überdurchschnittlicher Optimismus korreliert deutlich mit Selbstüberschätzung. Ist die praktische Nutzung der Kompetenz situativ durch Dritte gut kontrolliert, sorgt hohe Selbstaufmerksamkeit der Betroffenen aber für eine Korrektur und im Endeffekt kommt ein recht realistisches Ergebnis zustande.

Arbeitsmarkt-Fitness und neue Wahlmöglichkeiten

Federt das Sprungbrett noch so, dass ich jederzeit abspringen und gut neu landen könnte? Immer schon war es eine schöne Versuchung für Berufsleute, den eigenen Marktwert zu prüfen und sich im Sinn eines Tests heimlich für andere Jobs zu bewerben. Im Lauf der letzten Jahrzehnte hat sich das Loyalitätsverhältnis zwischen Unternehmen und Mitarbeitenden deutlich gelockert und ent-emotionalisiert. Kaum jemand spricht mehr von einer grossen Firmenfamilie; man hält den Nutzen des Vertragsverhältnisses im Fokus. Oder den Spass an der Freud. Je feinmaschiger die Prozesse der Leistungserbringung definiert und die Qualität des Resultates normiert werden, desto austauschbarer sind Arbeitsplätze. Da kann ein leicht höherer Lohn bereits ein Motiv zum Wechsel werden. Wer sich nur widerspenstig nach Reorganisationen ins neue Team einfügt, wird ohne grosse Skrupel zum Aussteigen ermuntert. Die gelockerte Verbindlichkeit, eine zeitliche Distanz zum letzten Diplom und die Angst vor bösen Überraschungen hat bei Personalentwicklerinnen und Arbeitskräften zur Denkfigur oder zum Selbstanspruch der *Employability* geführt; die (austauschbare) Marktgerechtigkeit nicht nur von Waren, auch von Personen. Freundlicher formuliert geht es um Wechselchancen und Wahlmöglichkeiten. Das Interesse von Arbeitgebenden, für jedes Knopfloch genau den passenden Knopf zu suchen und lange Einarbeitungszeiten zu vermeiden, wirkt durchaus vernünftig und ist in einem liberalen Arbeitsmarkt weitgehend auch durchsetzbar. An diese Feststellung knüpft sich die Frage, wer (Mit-)Verantwortung für das Bemühen der Arbeitskräfte um Passung übernimmt. Im Führerstand bewegt sich die betroffene Person oder Gruppe; Selbstkritik und Reflexion gehören zu den wichtigsten Kompetenzen, Feedback macht hellhörig, Dazulernen ist normal. In jüngeren Jahren, sagen wir bis 35, 40, sammeln Fachkräfte denn auch eifrig neue Bildungspatente in Form von CAS, Diplomen, MAS und MBA.

Und später? Unternehmen anerkennen ihre Zuständigkeit im Weiterqualifizieren für die Ausübung des aktuellen Jobs heute und in naher Zukunft. Darüber hinaus verneinen viele eine Verpflichtung. Es müsste sich rechnen und kommt am ehesten in Frage, wenn Führungskräfte und Spezialtalente ans Haus zu binden sind. Eine andere Variante propagierte jüngst der CEO eines globalen Industrieunternehmens, der seinen Konzern umbauen muss, weil eine Sparte unter Absatzproblemen leidet. Statt Hunderte mit anständiger finanzieller Abfindung zu entlassen, haben Personalentwickler projektmässig versucht, die Mitarbeiter für anspruchsvolle Jobs in anderen Geschäftsfeldern des Konzerns oder bei Mitbewerbern neu fit zu machen. Durchaus mit Erfolg und hoher Motivation der Beteiligten. Solche grossflächigen Umschulungen rechneten sich, beteuert der Topmanager. Nicht nur in Berufsfeldern mit Fachkräftemangel und aufwendigen Rekrutierungsanstrengungen im eigenen Haus, doch bei Eigenbedarf in verwandten Fachgebieten ganz besonders. Die Kosten für gut konzipierte und sorgfältig begleitete Lehrgänge sind im Prinzip mit dem Aufwand für umfassende Sozialpläne zu vergleichen. Nicht alle Arbeitgeber orientieren sich unablässig und eng am ökonomischen Rechenschieber; für manche gehören Requalifizierungsmassnahmen zur sozialen Verantwortung.

Denken und Handeln zur Sicherung der *Employability* werden in verbreiteten betriebswirtschaftlichen Konzepten und der öffentlichen Diskussion unter dem sympathischen Schlagwort «Selbstverantwortung» in den Zuständigkeitsbereich der Individuen verschoben. Dem Grundsatz folgend, dass schliesslich alles in Butter ist, wenn jeder gut für sich sorgt. Es sind aber Vorgesetzte, HR-Verantwortliche und Politiker, die von Selbstverantwortung schwärmen und nicht Angestellte. Das Konzept ist prima auf weisse Männer mittleren Alters zugeschnitten; wer in ein Geflecht von Fürsorge und Versorgung eingebettet ist, hat keine zwei Hände frei und urteilt anders. Und bei Lichte betrachtet, ist ein grosser Teil der Bevölkerung mit der Sicherung seiner *Employability* über annähernd 50 Jahre Erwerbsbiografie hinweg rundum überfordert.

Employability ist ja keine fixe Formel und zeigt in unterschiedlichen Kontexten ein anderes Gesicht. Technische oder instrumentelle *Skills* sind häufig nur in ganz bestimmten Produktionsumgebungen von Wert; sie lassen sich weniger leicht anhäufen und andernorts nutzen als beispielsweise zwischenmenschliche Fähigkeiten und Fertigkeiten. Ganz auf branchenspezifische Eigenentwicklungen ausgerichtete Informatiker bekunden trotz allgemeinem Mangel an Fachkräften ihrer Art zuweilen grosse Mühe, einen neuen Job zu finden. Was sie können, ist nur ganz begrenzt übertragbar. Grundlegende Kenntnisse von Betriebswirtschaft, Projektmanagement, IT-Programmieren und Sprachen sind Bauelemente für neue Etappen auf dem beruflichen Weg. Das Nachholen früher verpasster oder abgebrochener Bildung ist uneingeschränkt positiv und beweist Lernwillen und -disziplin. Den Ausschlag, dass andere einem Jobwechsler die Tür zu neuen Chancen öffnen, geben fast immer persönliche Haltungen, Interaktionsmuster und Verhalten. Was traut man einem Menschen an Entwicklung zu? Welche Befürchtungen weckt er? Wie angenehm oder anstrengend könnte ein geteilter Arbeitsalltag ausfallen?

Für Frauen und Männer mit Betreuungsverantwortung gegenüber betagten Eltern, Geschwistern und Kindern ist *Employability*, es wurde oben angesprochen, ein besonderes Kreuz. Sie haben alle Hände voll zu tun und dies meist verbindlich und geregelt, nicht flexibel. Die europäische Agentur *Eurofound* hat Zahlen aus unserem Kontinent publiziert: 58 Prozent aller Erwachsenen mit aktiver Pflegeverantwortung sind im Erwerbsalter und unter Arbeitsvertrag. In den USA gehen Statistiker von einem Sechstel aller Beschäftigten in der Rolle von *Carer* aus. Sorge für kleine Kinder ist anstrengend, keine Frage, doch die Betreuung alter Menschen mit ihrer natürlichen Verschlechterungsperspektive absorbiert im Alltag meist noch mehr Kraft und Energie. Je nach Unternehmen und Vorgesetzten vertuschen *Carers* ihre Verpflichtungen, weil diese einem Laufbahnschub im Weg stehen. Immer wieder kommt es, weil die Grenzen des Tragbaren erreicht sind, zu Kündigungen. Manche Arbeitgeber haben in den letzten Jahren dazugelernt, vor allem wenn Personen im oberen Management betroffen waren. Sie offerieren Unterstützung, etwa in Form flexibler Arbeits-Arrangements, speziellen Wiedereinstiegscoachings nach einem Unterbruch oder mit Hilfe eines Fachleute-Pools, aus dem kurzfristig in Krisenlagen Pflegehilfe abrufbar ist. Geschätzt wird auch die Ausstattung mit einem Care-Pass, einem Firmendokument, das die Sorgeverpflichtung und die Umstände des Jobarrangements erklärt und sowohl Kollegen, Kooperationspartnerinnen und Kontaktpersonen bei Begegnungen vorgelegt wird, um Verständnis zu wecken und Erwartungen zu kanalisieren.

Nicht selten bewegen sich Arbeitssuchende auf dem Arbeitsmarkt, die über die Jahre weitab von formellen Ausbildungsgängen in praktischen Tätigkeiten Erfahrungswissen erworben haben. Es gibt bewährte anspruchsvolle Verfahren, um durch Tun und Machen Gelerntes zu erfassen und in die Form von übertragbaren oder gar diplomierbaren (zum Beispiel Berufslehrabschluss) Kompetenzen umzugiessen. Es lässt sich zum Beispiel recht genau beschreiben, von der aktiven Person selbst oder von Beobachtern, wie Herr oder Frau X konkrete Bewährungssituationen gemeistert hat. Das lässt realistische Schlüsse auf verfügbare Handlungsmuster und Talente zu. Diese wiederum sind in anderen Zusammenhängen wertvoll, gesucht und weiter entwicklungsfähig. Noch einfacher ist das Erschliessen von persönlicher Kompetenz, wenn entsprechende Ergebnisse, Erzeugnisse oder Produkte vorliegen, was zum Beispiel in handwerklichen oder künstlerischen Tätigkeitsfeldern oder nach erfolgreichem Abschluss einer grösseren, im Alleingang organisierten Veranstaltung der Fall ist.

Kompetenzbilanzen machen sichtbar, was in Kopf und Werkzeugkasten von Arbeitskräften nach einer Reihe von Lehr- und Wanderjahren verfügbar ist. Aussagen über ungenutzte Potenziale machen sie nicht; sie bemühen sich methodisch auch nicht um diese Dimensionen. Und reflektieren damit verbreitete Vorstellungen und Praktiken im Arbeitsmarkt für Reifere: Wer die 40 hinter sich hat, wird (leider) als beschriebenes Blatt be- und gehandelt, nicht als Knospe voller Überraschungsmomente.

Validierung

Verwandt mit Kompetenzenbilanzen ist die Formalisierung von Gelerntem, das Transformieren von informell oder autodidaktisch erworbenem Wissen und Können in staatlich anerkannte Diplome und Abschlüsse, in der Schweiz als «Validation des Aquis d'Expéri-ence» oder einfach Validierung bekannt. Vor allem in Mangel-berufen des Gesundheitsbereichs hat das Bundesamt für Bildung und Wissenschaft zusammen mit einigen im Thema federführen-den Kantonen ausgeklügelte Prüfungs- und Bewertungsverfahren entwickelt, die erfahrene Personen absolvieren können, um später im Leben einen Lehrabschluss oder einen Fachausweis zu erwer-ben. In Ländern wie Frankreich oder Kanada zum Beispiel sind Nachfrage und Bedeutung solcher Validierungen deutlich grösser als in der Schweiz oder in Deutschland.

Praktisches Vorgehen:
Eine Kompetenzenbilanz ausarbeiten

Karin Kunz hat nach einer kaufmännischen Ausbildung 12 Jahre in Asien gelebt und dort in der Firma ihres Mannes immer wieder interne und öffentliche Veranstaltungen organisiert. Zurück in Europa, möchte sie im Bereich Event-Management Fuss fassen und ihr Arbeitsvermögen im Hinblick auf eine Bewerbung erfassen, beschreiben, überprüfen und bezeugen lassen.

Ihre Kompetenzbilanzierung ist ein begleiteter Beratungsprozess, bei dem ein grosser Teil der Arbeit durch die Teilnehmenden selbst zu leisten ist. Sie reicht vom Nachdenken über verschiedene Themen, Dokumentation früherer Leistungen und Resultate, interpersonellen Austausch, Lösen realitätsnaher Aufgaben bis zu Tests oder Assessments. Ziel ist eine verlässliche Beschreibung verfügbaren Wissens und Könnens, aber auch von Reflexions- und Lernfähigkeit, Einsatzbereitschaft sowie Kenntnis von Arbeits-kontexten. Trotz der «objektiven» eingesetzten Instrumente und der Beteiligung/Beurteilung von mehreren Fachpersonen mit unterschiedlichem Blickwinkel ist eine solche Kompetenzbilan-zierung ein qualitatives, kein objektiv wissenschaftliches Verfahren. Der Prozess lässt sich in vier Phasen gliedern:

Phase 1: Einführung ins Verfahren und Erfassen erbrachter Leistungen

Betrachtung der eigenen persönlichen, schulischen und beruflichen Biografie. Es wird ein umfassendes Lebensprofil mit den wesentlichen Weichenstellungen erstellt. Man trägt Zeugnisse, Arbeitsnachweise und transportierbare oder dokumentierte Ergebnisse eigener Tätigkeiten in Beruf und Freizeit (Ehrenämtern!) zusammen.

Phase 2: Tätigkeiten unter der Lupe

Die Biografie wird nun auf Tätigkeiten, Aktivitäten und Ereignisse hin analysiert. Dabei wird herausgeschält, was im jeweiligen Lebensabschnitt oder in der Bewährungssituation getan und was in verschiedenen Zusammenhängen gelernt wurde. Spezielles Augenmerk gilt Handlungen im Zusammenhang mit der angepeilten künftigen Tätigkeit. Diese Phase schafft die Basis für die dritte Phase der Bilanzierung.

Phase 3: Herauskristallisieren der Kompetenzen

Mittels Analyse der Tätigkeiten werden in kleinen Schritten Fähigkeiten, Verhaltensmuster und Fertigkeiten identifiziert, die zum Einsatz kamen. Ihre Niveau- und Kontexteinstufung führt anschliessend zu konkret beschreibbaren Kompetenzen, die situativ nochmals überprüft und in einer Arbeitsmarkt relevanten Bilanz dokumentiert werden. Mögliche Abschnitte eines solchen Dokumentes sind: Fachkompetenz, Methodenkompetenz, Sozialkompetenz, technische und Medienkompetenz, politisch-gesellschaftliche Kompetenz, Selbstkompetenz.

Für jede wichtige Kompetenz, die Frau Kunz sich selbst zuschreibt, muss sie einen Nachweis erbringen. Sie fragt sich, wer sie in welcher Situation beobachtet und erlebt hat und in welcher Form/Formulierung die Person ihr diese Fähigkeit bestätigen könnte. Wesentliche Zeugnisse, Resultate oder Bestätigungen finden ihren Platz im Dossier «Kompetenzenbilanz».

Phase 4: Zukunftsperspektiven

In weiteren Schritten von fachlicher Analyse, Nachdenken und Austausch werden einerseits die Vorstellungen von Frau Kunz über ihre berufliche Zukunft überprüft, revidiert und nach Möglichkeit erweitert. Zentral ist in dieser Phase das Identifizieren allfälliger Lücken im Kompetenz-Portfolio. Und die Entwicklung von Strategien, um diese Leerstellen zu überwinden. Es kann um formale Weiterbildung gehen, um das Organisieren von Praxiseinsätzen, ums Sammeln von Erfahrung oder um selbstorganisiertes Lernen. Alle Ergebnisse sind erneut von Dritten zu attestieren.

Die unruhige Lebensmitte

Mit «Laufbahnmitte» wähle ich bewusst einen zeitlich unpräzisen Begriff, der individuell zu definieren ist. Erwerbstätige erreichen diese Phase, nachdem die Aufbrüche des Anfangs und vertiefte Erkundungen in der Arbeitswelt hinter ihnen liegen. Aus Frauen sind Mütter geworden. Vielleicht sind sie Mitte 30, vielleicht Mitte 50. Studien zur Lebenszufriedenheit zeigen, dass im Durchschnitt quer durch die Bevölkerung heute um 40 die Zufriedenheitskurve steil abfällt und sich erst ein paar Jahre später wieder stabil erholt. Jenseits von 50 breitet sich eine positive Zuversicht und recht hohes Einverständnis mit sich selbst und der Welt aus (das selbstverständlich durch individuelle Krisen und Katastrophen temporär schwer gestört sein kann).

Doch in der Mitte, die sich im demografischen Wandel zeitlich nach hinten verschiebt, ist es für viele schwierig; Ende des letzten Jahrhunderts sprach man gern von der Midlife-Crisis. Der deutsch-amerikanische Psychoanalytiker und Forscher Erik H. Erikson hat ein Konzept mit acht Stufen der Identitätsentwicklung im Leben ausgearbeitet. Ich verzichte hier auf die Schilderung der zeitlich zügig durchlebten kindlichen Stufen. Und fokussiere den Übergang zwischen der Stufe der «Intimität» (der Schaffung verbind-licher erwachsener Beziehungen, der Familiengründung und der Einbettung in solidarische Gemeinschaften) und derjenigen der «Generativität» (des Weitergebens von Wissen, Können und Zu-neigung an andere, die Befähigung kommender Generationen und die Sorge um nachhaltige Entwicklungen). Erikson beschrieb diese Transformation des Selbstverständnisses aufgrund vielfältiger Beobachtungen – ohne Vernachlässigung der Selbstfürsorge – als höchst anspruchsvoll und risikoreich. Solche Wandlungsprozesse, die in eine neue Wahrnehmung der Umwelt und der eigenen Per-son münden, erzeugen Unsicherheit und Reibung. Ihr Gelingen ist stets fragil und fraglich.

C. G. Jung hat die «Individuation», das faktische Zu-sich-selbst-Kommen an den Anfang der fünften Lebensdekade gestellt. Erst dann tanzen wir – ohne an den Marionettenfäden wichtiger Be-zugspersonen zu hängen und bewegt zu werden – zu den selbst komponierten Melodien die eigenen Schrittkombinationen. Viele elterliche Pflichten sind dann in der Regel erledigt, etliche Beweise eigener Tatkraft erbracht, und in der Mitte des Lebens geben sich viele Menschen die Chance, nochmals Weichen zu stellen und zu wählen. Im privaten wie im beruflichen Leben.

Unabhängig, aber nicht im Widerspruch zu solchen Modellen, lässt sich beobachten, dass Erwerbstätige rund um 40 von Idealvor-stellungen Abschied zu nehmen gezwungen sind – bezogen auf sich selbst und die eigenen Potenziale, aber auch bezogen auf die Ar-beitswelt, konkrete Unternehmungen, die Politik usw. Sie haben einige Jobs bekleidet, verschiedene Bewährungssituationen bestan-den, gewisse Grenzen, aber auch eigene Talente kennengelernt, ihre Träume der Realität angenähert und können die für sie erreich-baren Sprossen der Aufstiegsleiter einigermassen beurteilen. Der Abschied vom Ich-Ideal und von den hohen Erwartungen an sich selbst tut weh; wiederkehrende Auseinandersetzungen mit – aus eigener Sicht – unzulänglichen Vorgesetzten zermürben, organisatorische Umstrukturierungen und erzwungene Jobwechsel reduzieren die frühere Karriere-Begeisterung und führen zu gewisser Distanzierung und gelegentlich zu sanftem Zynismus. War das wirklich schon alles?, lautet die unbequeme Frage. Früher beschlossen Mütter, die vom Nachwuchs weniger in Beschlag genommen wurden, einen beruflichen Wiedereinstieg. Heute versuchen viele, die das Jobengagement nur im Umfang reduziert, nie an den Nagel gehängt haben, einen Neustart mit mehr Zeiteinsatz, höherer Ambition und grösserer Verantwortung.

Die erwähnte Delle in der Zufriedenheitskurve kann sich über Jahre erstrecken, kann milde oder heftig ausfallen, doch Erholung ist hoch wahrscheinlich. Passivität oder Kopf-in-den-Sand-Stecken sind keine verheissungsvollen Rezepte, um eine frisch aufsteigende Welle in der Zufriedenheitskurve zu erwischen und weitere erfreuliche Jahrzehnte im Arbeitsleben zu gestalten. Denkbar, wünschbar und machbar sind zum Beispiel:

- Veränderungen an der eigenen Haltung und den Ansprüchen,
- Suche nach beruflichen Positionen in einem neuen Umfeld,
- realistische Bilanzierung des bisherigen Weges, Situationsanalyse und Entwicklung alternativer Zukunftsperspektiven,
- Wechsel in eine Weiterbildungsetappe, die neue berufliche Optionen eröffnet,
- Verlagerung von Engagement und Energie aus dem beruflichen in ein anderes, zum Beispiel ehrenamtliches oder privates Aktionsfeld.

Dass der Arbeitsmarkt genau in dieser biografisch kritischen Phase für – sagen wir ü45 – sehr zähflüssig wird, zeitigt gelegentlich dramatische Auswirkungen. Das Bedürfnis zu substanziellem Wechsel, zu neuer Wahl, stösst auf nur wenige offene Türen. Das Zusammentreffen der zwei Entwicklungen, der persönlichen und der arbeitsmarktlichen, trifft tatsächlich viele Betroffene überaus hart. Was sich im grossen Echo auf schwierige individuelle Schicksale und lauten politischen Initiativen rund um reifere Arbeitskräfte spiegelt. Mittvierzigern traut der Arbeitsmarkt keine Neuanfänge wie einer Mittzwanzigerin zu; sie werden immer wieder an ihre früheren Tätigkeiten (Erfahrungswerte!) zurückgebunden und an diesen gemessen.

Im sich ausdehnenden, bald 50 und mehr Jahre dauernden Erwerbsparcours muss, auch wenn stets Weiterbildungstage zum Jahresablauf gehörten, der Rucksack gelegentlich mit substanziell neuen Kompetenzen und Motivationen gepackt werden. Voraussetzungen dazu sind verfügbare Zeit, Finanzen und passende Angebote. In der Schweiz gibt es zahllose Kurse im Bereich Management, zur Erweiterung von IT-Skills, Karrierebausteine für Hochschulabsolventen, Einführung in Sozialberufe und viel Schöngeistiges zu buchen. Attraktive und auf die Zielgruppe reiferer Personen zugeschnittene Umstiegsmöglichkeiten existieren vereinzelt im Zusammenhang mit Mangelberufen wie Lehrer, Pfarrer und Krankenpflege. Wer sich beispielsweise in Logistik bewähren, ins Rechtssystem, Ingenieurwesen oder in andere anspruchsvolle Tätigkeiten wechseln möchte, muss zusammen mit frisch Maturierten wieder ganz vorn in einen Betrieb einsteigen, der in jeder Hinsicht auf Zwanzigjährige zugeschnitten ist. Da wären Mid-Career-Programme, wie sie im Ausland praktiziert werden, eine passendere Ressource (vgl. dazu das Kapitel «Lernen und Weiterbildung» mit der Vorstellung eines konkreten Projektes).

Standort bestimmen: Neue Blüten setzen starke Wurzeln voraus

Während ein Employability-Test die Arbeitsmarktchancen eines Individuums auslotet, lenkt eine Standortbestimmung den Blick mehr auch nach innen, auf die persönliche Entwicklung, das Beziehungsnetz und die Wechselwirkungen zwischen Person, sozialer Umgebung bzw. Verpflichtungen, Erwerbsarbeit und ausserberuflichen Lebensinvestitionen wie musischem oder politischem Engagement. Je zahlreicher die gesellschaftlichen Optionen, je dichter gepackt die Agenden sind, je komplexer die Gestaltung einer Biografie, desto bedeutsamer wird Reflexivität für das Individuum. Es muss sich selbst Orientierung und Massstäbe verschaffen.

Klug wählen und Weichen stellen können wir selten mitten im Trubel bei vollem Terminkalender. Wir brauchen ein Stück Distanz zu uns selbst; unabhängige Personen mit einer Aussenperspektive stellen oft Fragen, die Gewohnheiten und Denkmuster in ein neues Licht rücken. Mit 35 sind wir andere Persönlichkeiten als mit 20, als wir den ersten Ausbildungsweg und eine Branche wählten. Andere Lebensthemen absorbieren Energie; manche Entdeckungsreisen sind abgehakt und brauchen keine weitere Auflage; Erfahrungsfelder zum Beispiel im Familienrahmen wecken neue Interessen und aktualisieren schlummernde Seiten des Individuums. Der frühere Traumberuf hat vielleicht an Prestige verloren (ältere Piloten wissen davon ein Lied zu singen) oder im täglichen Vollzug an Attraktivität eingebüsst; gewisse Ambitionen rücken, indem man sich ihnen nähert, in weite Ferne (zum Beispiel in Wissenschaft und Forschung). Mann oder Frau möchten nach einer Familienphase mit kleinem Erwerbspensum anders durchstarten usw. Kurz: Es steht eine neue oder weitere berufliche Wahl für die nächste biografische Phase an. Oder – nach reiflicher Prüfung und Überwindung von Zweifeln – eine Fortsetzung des bisherigen Weges mit frisch aufgeladenen Batterien.

Einen zeitlichen Rhythmus für solche grundsätzlichen Standortbestimmungen vorzuschlagen, wäre unklug; zu unterschiedlich entwickeln sich Erwerbsbiografien. Gewerkschaftliche Kreise denken an einen umfassenden Bilanzierungsgutschein für alle, der zwischen 45 und 55 einzulösen wäre. Wer auf den anthroposophischen 7-Jahre-Zyklus schwört, plädiert für sechs oder sieben solcher Orientierungsdenkpausen. Das Marktangebot umfasst ganz verschiedene Formate und Philosophien. Zu finden sind Konzepte für Einzelpersonen und Gruppen; zu haben sind Online-Programme oder Klausuren; manche stützen sich ganz auf intellektuelle Aktivitäten, während andere auch kreative Elemente, das Gestalten mit Tönen, Farben und Bewegung, nutzen und mit Meditation und Visualisierung andere persönliche Quellen als nur das Denken anzapfen.

Auch der zeitliche Aufwand variiert: Ich kenne ein- oder mehrtägige Seminare zur Standortbestimmung oder eine strukturierte Folge von Sitzungen, einmaliges Coaching oder mehrtägigen Rückzug auf ein Boot (was auch symbolische Dimensionen bestens bedient).

Die Vielfalt ist erwünscht, man kann neues Licht in ganz unterschiedlicher Art und Weise auf die eigene Entwicklung, das Profil und veränderte Kompetenzen lenken. Manchmal sind zusätzliche Assessments oder Tests von Nutzen oder Bewerbungstraining, weil die Rekrutierungspraxis sich rasch ändert. Persönlich bin ich eine überzeugte Befürworterin von Standortbestimmungen im Kreis mehrerer Personen, selbstverständlich unter kundiger Leitung. Erster Grund dafür sind die vielfältigen Anregungen und die Fülle von Informationen, die jede beteiligte Person beim Zuhören und Miterleben der Kollegengeschichten erhält; das weckt produktive Assoziationen und regt ungewohntes Nachdenken über das eigene Verhalten (Kenne ich das auch? Hätte ich das anders gemacht? Wie würde ich reagieren?) an. Zweiter Grund: Man lernt einander gut kennen und wird befähigt, sich wechselseitig wohlwollend und kritisch zu unterstützen. Es gibt Lernpartnerschaften unabhängig von Expertinnen und Experten und diese erweisen sich beim Erproben neuer Flügel immer wieder als nährend und hilfreich.

Standortbestimmungen werden – mit firmeninternem Personal – im Rahmen des Unternehmens oder extern mit unabhängigen Fachleuten durchgeführt. Offenbar mit kaum vergleichbaren Resultaten. Einflussgrössen wie Vertraulichkeit, Datenschutz, Interessenbindung, eingeschliffene Denkmuster und limitierter Horizont für zukunftsgerichtete Vorstellungen bestimmen Prozess und Ergebnis mit.

Praktisches Beispiel: «Neue Flügel wachsen lassen»

Standortbestimmung und Aufbruch

Resultat: Handlungsplan für Veränderungen (mehrere Optionen!) in der nächsten Berufsetappe oder Bestätigung und Motivation für Weiterentwicklung des Bisherigen.

Setting: Zwei Tage Klausur, 4, 8 oder 12 Teilnehmende; ein Folgetag rund zwei Monate später.

Methoden: Gedankliche und kreative Einzelarbeit, angeleitete Visualisierungen, Austausch und Feedback in Duos wie in Viererformation und informative Impulse im Plenum.

Vorbereitung: Jede/r Workshop-Teilnehmende holt aus 360 Grad seiner beruflichen Umgebung persönliches Feedback ein (Instrument mit zielführenden Fragen wird zur Verfügung gestellt).

Programmpunkte (in variabler Reihenfolge):

1. Einstimmung: Kennenlernen, Spielregeln festlegen.
2. Aus einer Fülle von Werten die eigenen leitenden auswählen.
3. Konkrete Situationen von Erfolg und Misserfolg vergegenwärtigen, erzählen und auf zentrale Muster hin analysieren.
4. Aktuelle Situation und Befindlichkeit (angeregt durch assoziative Fragen) ganzheitlich darstellen und mittels Farben, Tönen, Pantomime, Bild u.a.m. gestalten.
5. Lebensweg unter den zwei wesentlichen Aspekten Liebe (Herkunfts- und aktuelle Familie, Freundschaften, Zugehörigkeiten) und Arbeit (Schule, Ausbildung, Erwerbsetappen) aufzeichnen mit Fokussierung auf Weichenstellungen und Richtungswechsel. Anschliessend Konklusionen für bislang verkannte, vergessene und ungenutzte Ressourcen formulieren.

6. Mittels Tests eigenen Präferenzen für berufliche Situationen und Rollen auf die Spur kommen; beispielsweise «Karriere-anker» von Edgar Schein.

7. Fahndung nach Erweiterungsperspektiven:

   a. Alternative Informationen/Geschichten in der eigenen Biografie: im Familienclan, Selbstbilder und Träume als Kind und Jugendliche, einst abgewählte Varianten oder Optionen in Schul- und Ausbildungsbiografie usw. aufspüren.

   b. Im eingeholten Feedback und demjenigen der Gruppen-mitglieder, aber auch in deren Fantasien und Projektionen.

   c. In Aktivitäten ausserhalb der Erwerbsarbeit usw.

8. Im Austausch (Viergruppe) neue Zukunftsbilder auftauchen lassen:

   a. Dynamisierung der Zustandsbilder (Punkt 4).

   b. Entwickeln verschiedener Zukunftsszenarien (wie ist es in 10, in 5 Jahren, wenn alles gut läuft?).

9. Reflexion über Voraussetzungen und Ressourcen, um Verände-rungen in der biografischen Entwicklung zu bewirken.

10. Umfeldkenntnisse: Informationen zum Arbeitsmarkt integrie-ren.

11. Leben als Improvisationsprojekt: Entwicklung von Prioritäten, Erkundungen und Aktionen als Antwort auf folgende Fragen:

    a. Welche Ideen und Vorstellungen wecken Energie?

    b. Welche Informationen brauche ich, um neue Weichen zu stellen?

    c. Was möchte ich ausprobieren, erkunden?

    d. Wer kann mich unterstützen? Türen öffnen? Begleiten?

    e. Welchen Zeitrahmen setze ich für welche Aktivitäten? usw.

Ein Nachfolgetag dient der Überprüfung der Optionen aus zeitlicher Distanz – auch aufgrund erster Realitätsprüfungen –, der Korrektur von Entwicklungsvorstellungen (Abstriche und Neuzugänge), der Revision von Handlungsplänen sowie der wechselseitigen Ermutigung.

Traditionelle und andere Mitarbeitergespräche

Wir alle sind in allen Funktionen auf Rückmeldungen aus unterschiedlichen Richtungen angewiesen, um zu wissen, wie wir wirken und inwiefern wir die Erwartungen erfüllen oder verpassen. Und wir möchten andere wissen lassen, was uns an ihrem Tun und Lassen überzeugt, welche Stärken wir schätzen, was uns begeistert und wo wir anderes Verhalten wünschen oder brauchen. Feedback, in sozialverträglicher Form gestaltet, vermittelt Selbstgefühl, Lernimpulse und Ermutigung. Damit gehört das vertiefte Mitarbeitergespräch (MAG) in die Nachbarschaft von Kompetenzenbilanz und Standortbestimmung und für mich generell zu den (mindestens jährlichen) Fixpunkten des Erwerbslebens wie der Nationalfeiertag.

In Fachkreisen geniessen bestimmte Formen des MAG auch als Teil des *Performance Management* grundsätzlich einen guten Ruf, Vorgesetzte äussern sich deutlich distanzierter, beklagen den Aufwand und sehen es eher als Pflichtübung, Betroffene schätzen es als Orientierungshilfe und gute Begegnung mit Chef oder Chefin oder ärgern sich über schludrige Durchführung. Tatsächlich verkommt es oft zum widerwillig absolvierten Ritual. Und immer häufiger wird es interaktiv und unpersönlich am Computer erledigt und beschränkt sich auf eine Leistungsbilanz. Eine «Schule» vertritt denn auch mit respektablen Argumenten die Konzentration auf Leistungseinschätzung und Beurteilung im Rahmen des MAG, auf das Messen der Zielerreichung. Meine Erfahrungen mit dem Konzept «achtsame, respektvolle persönliche Begegnung» führten mich in die Reihen der anderen «Schule» mit der Absicht, Stärken zu bestätigen und Vertrauen zu festigen. Zumal mich auch Vorstellungen von (oben definierten) Zielvorgaben und -erfüllung *(Management by Objectives)* in dynamischen Kontexten nicht überzeugen. Wertvolle Mitarbeitende engagieren sich mit ihrem Arbeitsvermögen – gemeinsam mit anderen –, um Themen, Produkte, Prozesse und Projekte voranzubringen; sie sind zu eigenen Situationseinschätzungen und Zielvorstellungen fähig. Sie fragen nicht nach Jobbeschreibung, smarten Vorgaben, bonusrelevanten Jahreszielen und Rankings, bevor sie zupacken.

Als bessere Alternative zum MAG wird ein steter Austausch von Feedback zwischen Vorgesetzten und Mitarbeiter propagiert. Nichts spricht dagegen, wenn neben situativen, ermutigenden wie kritischen Rückmeldungen auch grundsätzlichere Überlegungen und der Austausch über Entwicklungsperspektiven von Personen und Organisation Platz haben. Wichtig sind mir ganz bestimmte Ergebnisse und Wirkungen einer Kette von Mitarbeitendengesprächen im Lauf der ausgedehnten Erwerbsbiografie und konsequent bis zum Ende von Vertragsverhältnissen in unterschiedlichen Umgebungen. Zu den Erfolgsmerkmalen solcher Kommunikation gehören:

- Ganzheitliche Wahrnehmung des arbeitenden Individuums (jeden Alters, auf jeder Stufe von Entwicklung und Reifung in der jeweiligen Rolle).
- Rückmeldung darüber, wie Mitarbeitende und Vorgesetzte einander erfahren.
- Stärkung der Beziehung zwischen Vorgesetzten und Mitarbeitenden; Reflexion der Arbeitssituation; gemeinsame Verantwortung für Problemlösungen; Rückmeldung über Personalselektion und -förderung im Haus; Hinweise auf nötige organisatorische Reformen.
- Koordination individueller Wünsche mit den Erfordernissen von Team und Organisation.
- Umbau des Aufgabenbündels und von Zuständigkeiten auch im Team; Stärkung der Kooperation.
- Potenzialeinschätzung; Aushandeln von Entwicklungsperspektiven individuell und des Teams.
- Motivierung; Stärkung der Offenheit für Innovationen und Veränderung.

- Entwicklung der Kommunikations- und Kooperationskultur innerhalb der Organisation.
- Allenfalls: genaue Beschreibung von Mängeln bei Leistung und Verhalten und Einleitung eines Verbesserungsprogramms mit regelmässiger Evaluation der Fortschritte und neuen Impulsen.

Die Liste hoher Ansprüche lässt sich verlängern. Ich verbiete mir weiteres Bejubeln des Potenzials, das ich in diesen Gesprächen sehe – im Wissen um praktische Unzulänglichkeiten und Hinterfragung. Ins Grübeln brachten mich vor einigen Monaten wissenschaftliche Studien, die belegten, wie reifere Mitarbeitende im wahrsten Wortsinn bei solchen Gesprächen zu kurz kommen. Die Begegnungen werden seltener arrangiert, fallen zeitlich knapper aus, sind weniger grundsätzlich und die Ergebnisse unverbindlicher. Über Motive der Vorgesetzten und wirkmächtige Stereotype liesse sich an dieser Stelle trefflich spekulieren. Ich verzichte. Erlebt wird dieser Sachverhalt von den Betroffenen als Abwertung, Mangel an Interesse seitens des Arbeitgebers an Person und Leistung, Fehlen von Entwicklungsperspektiven und Lockerung der Loyalitätsbindung.

Unerlässlich als Ergänzung zum Vieraugengespräch ist für mich der strukturierte, gut moderierte Austausch über Leistungen, Verhalten, Stärken, Kooperation und künftige Entwicklung im *Team*. Veränderungen in den Aufgabenportfolios, Wechsel in der Zusammensetzung, aber auch Lohn und Belohnungen sind Themen, die gemeinsam klüger und erfolgreicher beraten und geregelt werden als von Vorgesetzten im Alleingang. Das institutionalisierte Mitarbeitendengespräch ersetzt, wie gesagt, spontanes, angemessenes Feedback im Alltag natürlich nicht – und umgekehrt. Beide Formen der respektvollen Rückmeldung haben ihre je spezifischen Bedeutungen und Konsequenzen.

Noch ein paar Worte zur Form von Mitarbeitendengesprächen: Richtschnur inhaltlich sind die Erweiterung der Vertrauensbasis und die Bestätigung der Stärken. Was zu diesem Resultat führt, ist okay. Bedeutsam bleibt darüber hinaus, dass alle latenten Themen tatsächlich auf den Tisch kommen und sich persönlich und organisationell neue Perspektiven öffnen. Strukturierung kann da helfen. Formulare und Kästchen sind nicht immer inspirierend, freiere Konzepte und Varianten finden speziell bei Ü50 mehr Anklang. Ernst zu nehmen ist vor allem *eine* Regel, die vor Defensivspiralen schützt: Selbsteinschätzungen *vor* Fremdurteil. Es entfaltet sich ein deutlich produktiverer Austausch, wenn sich Herr Zwahlen zuerst selbst positioniert (es ist grossmehrheitlich mit hoher Selbstkritik zu rechnen) und seine Gruppenleiterin das Bild anschliessend ergänzt und ihre Wahrnehmung einbringt, als nach einem Auftakt mit hierarchischer Urteilsverkündigung.

Organisationen verflüssigen sich aktuell und Hierarchien verflachen: Mehr und mehr schätzen selbstgesteuerte Teams die gemeinsame wie die individuell erbrachte Leistung und die Kooperation in eigener Regie ein. Die Erfahrung löst positives Echo aus. In grossen Unternehmen halten persönliche Leistungseinschätzungen am Computer Einzug; der Mitarbeiter, die Mitarbeiterin formulieren ihre Eingaben nach Programm und Template. Die abschliessende Bilanz wird umgehend elektronisch geliefert. Ob das eine Kultur des Vertrauens stärkt?

Kontrovers diskutiert wird, ob das Standortgespräch mit der Festlegung des Leistungslohnes oder des Bonus – so es sie gibt – zu verknüpfen ist. Die Wahrscheinlichkeit ist hoch, wie Studien zeigen, dass sich durch eine Verklammerung Verlauf und Klima des Gesprächs ändern. Der Austausch verliert an Substanz, Offenheit und Selbstreflexion, wenn das Resultat aufs Bankkonto umschlägt. Ich plädiere für eine Trennung; zwei Gespräche pro Jahr zwischen direktem Vorgesetzen und Mitarbeiter/in, eines für die persönliche Standortbestimmung und Förderung und ein kürzeres zur Einstufung und Lohn- bzw. Bonusfestlegung. Auf die wichtige Frage, ob der Hase mit geschwenkten Karotten vor der

Nase besser läuft, also die Aussicht auf finanzielle Belohnungen den Einsatz stimuliert, wird an anderer Stelle dieses Textes eine Antwort gesucht.

Drei Bruchstellen: Chefwechsel, Umstrukturierung, Reorganisation

Zu den einschneidenden Ereignissen im Arbeitsalltag gehören Vorgesetzten-Wechsel; oft führen sie zu Wendepunkten und Weggabelungen auf dem Erwerbsweg von Mitarbeitenden. Bei ärztlichen Klinikteams oder im Investment Banking lässt sich gut beobachten, wie die bisherige Belegschaft auf Führungswechsel reagiert: Es gibt über Monate hinweg Unruhe, Sesselrücken, Austritte und überraschende Zuzüge oder Beförderungen. Solch personelle Wirbel sind gelegentlich heilsam und inspirierend, gelegentlich aber lösen sie anhaltende Krisen aus.

Was passiert, wenn eine neue Führungskraft ein Team oder sogar eine ganze Abteilung übernimmt? Natürlich prüft sie mit scharfen Augen alles, was sie vorfindet. Die Mitarbeitenden halten es nicht viel anders: Sie beobachten und fantasieren, ob die Zusammenarbeit mit der oder dem frisch Rekrutierten oder Beförderten wohl eher auf Flügeln schweben oder harzen wird. Manche sputen sich, ihre beste Seite zu zeigen oder sie lassen ihren Blick hin zu neuen Ufern schweifen, sofern sie über realistische Optionen in Richtung Wechsel verfügen (oder sich eine Alternative vorstellen können) und der Arbeitsmarkt ihnen Türen offenhält. Wer kaum formale Bildung oder unersetzliches Talent nachweisen kann, querköpfig oder älter ist, wittert dagegen bei solchen Veränderungen im Betrieb eine Abschiebegefahr. Wandel wie beispielsweise die Neubesetzung einer Schlüsselrolle muss nicht Brüche für viele Mitarbeitenden nach sich ziehen; Firmen können sie auch konstruktiv und verlustarm gestalten.

Erzwungene Kündigungen, Rückzug, unfreiwillige Reduktion des Aufgabenfeldes und unerwünschter Umbau von Zuständigkeiten bei Mitarbeitenden über 54 erfolgen in den meisten Fällen im Zusammenhang mit einem Vorgesetztenwechsel. Ältere, langjährige Mitarbeiterinnen und Mitarbeiter stehen bei neuen und jüngeren Vorgesetzten oft nicht hoch im Kurs. Tatsächlich erweisen sich die Reiferen als anspruchsvoll. Ihr Karriereplafond ist erreicht, weder Beförderung noch Lohnerhöhung stehen in Aussicht, daher zählt für sie am Arbeitsplatz vor allem die Alltagsqualität. Heisst: spannende und sinnvolle Aufgaben, wertschätzendes Klima, Anerkennung und kompetente Führung. Zugleich sind ältere Mitarbeitende häufig gut vernetzt, finden Resonanz im Unternehmen, pflegen die Mikropolitik und stellen ihre Vorgesetzten auch ab und zu auf die Probe. Da silberne Füchse oft einige Zusammenhänge besser kennen, im Hintergrund vielleicht eigene frustrierte Ambitionen abstrampeln, fühlen sich Vorgesetzte von ihnen auch gelegentlich genervt, gehemmt oder befangen. Die Führungsbeziehung zu eingesessenen Mitarbeitenden kann, wenn es spontan nicht klappt, für Einsteigende zum Problem werden.

Wer eine Chefposition von aussen antritt, muss in einem eingespielten Team häufig ein bisschen zappeln, bis seine/ihre Füsse stabil auf dem Boden landen. Sind Erwartungs- und Leistungsdruck hoch, das zeigen Beobachtungen, orientiert sich der Blick rasch an den potenziell loyalen Mitarbeitenden. Und die finden sich meist bei selbstähnlichen Personen; so sind Menschen eben gestrickt. Komfortabel ist der Einstieg, wenn neue Führungskräfte gleich den Stellvertreter, eine enge Mitarbeiterin oder einen bewährten Kumpel mit anstellen können. Eine solche Crew gewährleistet Flankenschutz und Sicherheit.

Wird der Kapitän ausgewechselt, steht auch das trickreiche Konzept zur Wahl, alle Verträge zu kündigen und die Stellen generell neu auszuschreiben, wobei alle Bisherigen selbstverständlich zur Bewerbung eingeladen sind. Die Situation lässt sich fair handhaben, wenn sich das Fairnessprinzip streng auf Kompetenz und Arbeitsvermögen bezieht. Doch wir alle wissen, wie schlecht sich Leistung vom Leistungsträger separieren lässt; unausgesprochene Fragen wie «Ist die Person leicht zu führen?» oder «Wie entwickelt der oder die sich wohl in den nächsten sechs Jahren?» wiegen stets schwer auf der Entscheidungswaage. Bei den Selbstähnlichen entdecken wir meist besondere Vorzüge und Talente. Mich erstaunt es nicht, dass gerade ältere Jahrgänge sich in solchen Reorientierungen selbst aus dem Rennen nehmen und zurückziehen. Lieber Täter als Opfer sind. Ob jemand kämpft oder klein beigibt, hängt vom Selbstvertrauen, von früheren Erfahrungen, persönlicher Unterstützung und der Lagebeurteilung ab.

Expertenvorschlag fürs Vorgehen bei Chefwechsel

Angenommen, ein Mittdreissiger tritt seine neue Aufgabe als Abteilungsleiter an. Er übernimmt ein direkt unterstelltes Team von zwei gut 30-Jährigen und drei Bereichsleitern über 50. Welche Vorkehrungen sind ratsam? Welche Unterstützung, welche Art Ressourcen sind seitens der Unternehmung anzubieten, um unerwünschte Abgänge und damit einen Know-how-Verlust zu verhindern?

Erste Antwort

Verantwortlich für die Einstellung ist der/die Linienvorgesetzte, der vorbereitet, einführt, strategisch berät, beobachtet und Feedback gibt. Die involvierten HR-Fachleute üben lediglich beratende Funktionen aus. Solange sich Stellenwechsel in einem «normalen» Rahmen halten, regt sich niemand (auf). Erst im Fall von dicker Luft, Krise und Drama sind spezielle Interventionen angezeigt.

Zweite Antwort

Sollte eine der Bereichsleiterinnen sich ebenfalls um die Abteilungsleitung beworben haben, muss das Faktum thematisiert werden, moderiert vom hierarchisch höher platzierten Vorgesetzten. In der Regel wird erstmals beförderten Führungskräften unterstützend ein Crash-Kurs oder individuelles Coaching für den Funktionswechsel angeboten; Personen mit Führungserfahrung schreibt man die erforderliche Kompetenz zu. Mit guten Gründen? Je höher die Hierarchiestufe, desto seltener wird solcher Wechsel fachlich begleitet. Gut bewähren sich vom Unternehmen offerierte freiwillige Coaching-, Mentoring- und Kursangebote für alle Reifegrade, denn Zeitinseln für Reflexion und vertraulichen Austausch stärken die Kompetenz.

Dritte Antwort

Tritt eine jüngere Führungskraft neu ihre Funktion in einem Team mit teilweise älteren Mitarbeiterinnen und Mitarbeitern an, fallen verschiedene Massnahmen in Betracht: persönliches Einführungscoaching, Impulsveranstaltung mit dem ganzem System (Abteilung, Bereich, Team), enge Begleitung durch den/die Vorgesetzte oder einen gleichgestellten Kollegen, Teamentwicklung als Impuls für alle, Neupositionierung des Teams einschliesslich Rollenwechsel der Mitglieder sowie Entwicklung von Exit-Strategien (interner oder externer Wechsel, Case-Management, Outplacement, Zusatzqualifizierung) für Personen, die in der neuen Konstellation kaum verheissungsvolle Perspektiven erkennen.

Vierte Antwort (aus veränderter Perspektive)

Was brauchen Mitarbeiterinnen und Mitarbeiter, wenn eine neue Bootsführung das Ruder übernimmt? Jenseits von möglichen Generationenproblemen empfiehlt sich ein bilanzierender Blick auf das verfügbare Arbeitsvermögen, Potenziale und speziell auf Personen mit schwacher Verankerung im Team und/oder ohne rosige Arbeitsmarktperspektiven. Weitblickende Arbeitgebende und HR-Fachleute können bei dieser Gelegenheit besondere Impulse setzen: persönliche Standortbestimmungen empfehlen, Teamroutine durcheinanderwirbeln, Aufgabenfelder neu zuschneiden, interne Wechselmöglichkeiten schmackhaft machen, gezielt zu Weiterbildung oder einer zeitlich begrenzten Jobrotation einladen u.a.m.

Gegenüber verordneten Coachings oder Lerneinheiten herrscht oft beträchtliche Skepsis. Viele denken, lernen sei bloss auf freiwilliger Basis möglich. Selbstverständlich ist es für Kursleitende, Moderatorinnen und Coaches einfacher, manifestierten Lerndurst zu löschen. Zwischen den Schattierungen eines Nein oder gewissen Vorbehalten einen Anschluss zu finden, aus einem kleinen Funken ein Feuer zu blasen und konstruktive neue Verhaltensmuster entwickeln zu helfen, ist aber nicht selten erfolgreich. Für radikale Neinsager kann immer noch der Weg über Verzicht offenbleiben.

Umbauten in Unternehmen – aus äusseren oder internen Gründen – gehören seit einigen Jahren zur Normalität. Und das wird sich nicht so schnell ändern. Stellt die Versicherung den Vertrieb von Brokern und Agenturen auf ein Internet-Portal um, ist innert kurzer Zeit weniger und anderes Personal gefragt. Ein Industriebetrieb verlagert einen Grossteil seiner Geräteproduktion nach Osteuropa und legt Werkhallen still. Detailhändler im Modebereich verlieren Besucherinnen im Laden, schliessen Verkaufsstellen und wachsen gleichzeitig bei Bestellungen und Versand im Internet. Neuerungen werten oft die Fähigkeiten der schon länger Beschäftigten «automatisch» ab. Es entspricht einer sehr alten Tradition, bei Umstrukturierungen, Abbau, Produktionsverlagerungen und organisatorischen Eingriffen, die eine Reduktion der personellen Ressourcen nach sich ziehen, zuerst an kollektive Frühpensionierungen zu denken. Mit finanziell grosszügig gestalteten Rentenlösungen verabschieden sich Erwerbstätige in die Freiheit oder die erwerbslose Zeit. Arbeitgeber stehlen damit, wie sie denken, kaum Zukunft. Das stimmt heute aufgrund unseres Wissens über gesunde mentale Entwicklung im längeren Leben nicht mehr. Erwerbsstrukturen sind auch soziale Institutionen; wer jahrzehntelang im Abseits bleibt, muss nicht, kann aber Schaden nehmen. Privilegiert ist nicht, wer auf dem Ruhebänklein platziert, sondern wer gebraucht und gefordert wird. Deshalb und weil es um eine Diskriminierung aufgrund von Merkmalen geht, die Betroffene nicht beeinflussen können, sind gruppenweise vorzeitige Verrentungen in vielen Ländern gesetzlich verboten.

Ich gehe davon aus, dass Unternehmen rechnen können und wissen, was sie tun. Sie sehen unter ihrem Dach für die betroffenen Fachleute keine Zukunft, brauchen weniger Manpower und halten Umqualifizierungen für Ü55 für riskanter als die Rekrutierung frischer Kräfte. Know-how, Beziehungskapital und Engagement der in Ehre Verabschiedeten fallen dagegen leichter in die Waagschale. Mit wachsenden Schwierigkeiten, das – aus demografischen Gründen – kleinere Reservoir an Arbeitskräften anzuzapfen, revidieren manche Arbeitgebende ihre Überlegungen. Wir erfahren häufiger von Projekten zur Zusatzqualifizierung von Angestellten, speziell auch von formal gering ausgebildeten, im Zuge von Unternehmensreorganisationen. Ist namhafter Personalabbau unerlässlich, werden Jobcenter eingerichtet, die bei der Stellensuche oder der Verarbeitung eines Schocks mit Rat und Tat weiterhelfen. Arbeitsämter kommen ins Spiel, wenn eine bestimmte Anzahl Personen aufs Mal betroffen ist, und unterstützen die Suche nach neuen Lösungen – für Arbeitslose, nicht die finanziell einigermassen abgesicherten Frührentnerinnen und -rentner.

Vorzeitige Beförderung ins Rentnerdasein wirkt sich unterschiedlich aus. Neben einer Direktionsassistentin, die nach der Auflösung ihres Vertrags die Form wahrt, jeden Werktag stilvoll gekleidet morgens zeitig aus dem Haus in die Bibliothek geht, um stundenlang in Periodika zu blättern und still zu versteinern, erlebe ich den frühpensionierten IT-Manager, der deutlich vor 60 von seiner Firma verabschiedet die Leitung eines Alterszentrums in seiner Nachbarschaft übernahm und regelrecht aufblüht.

Erwerbsarbeit unbegrenzt ab 45, 50

Erwerbsbiografien verlaufen heute anders als in den 1970er-Jahren, als unsere Väter und gelegentlich Mütter Erfolge und Rückschläge erlebten. Auf dem Nenner «Beschleunigung» liesse sich vieles zusammenfassen. Karrierehöhepunkte sind schon deutlich vor 40 zu feiern und jenseits von 50 sind – ausser in der Politik – grosse Schritte auf der Leiter nach oben rar.

Jenseits der kritischen Jahre zwischen 40 und 50 wächst die Vielfalt der Existenzformen im Berufsleben deutlich. Heutige und künftige reifere Erwerbspersonen bilden eine heterogene Gruppe auf bunten Wegen und mit vielfältigen Präferenzen. Ü55 gleicht kein Profil und kein CV dem anderen. Klar, das Konzept der langjährigen monogamen Berufsbeziehung schwebt noch in den Köpfen. Daneben gewinnt aber die Vorstellung von individuell stimmig organisierten Aufgabenportfolios rasch an Boden. Qualitativ und quantitativ stimmig. Realität ist es erst für eine beschränkte Zahl von Personen, vor allem im Management und in Expertenrollen, und unterstützt wird es erst von Pionierunternehmen. Mit der erwarteten Dekonstruktion von Arbeitsverhältnissen im Zuge der Digitalisierung dürften vielfältige, auch kleinere Arbeitszuschnitte (Aufträge, Mandate, Projekte usw.) entstehen, die sich von Leistungslustigen und Fähigen jeden Alters zu attraktiven Aufgabenbündeln kombinieren lassen.

Seit 2010 steigt die Zahl der Männer und Frauen, die sich um das offizielle Rentenalter keinen Deut scheren und weiterarbeiten. Die Gründe sind unterschiedlich. Die einen wollen nicht zum alten Eisen gehören, manche schätzen die zwischenmenschliche

Vernetzung, die persönliche Weiterentwicklung im Rahmen neuer Anforderungen, die verbindliche tägliche oder wöchentliche Zeitstruktur, die Möglichkeit, für Drittpersonen sinnvolle Leistungen zu erbringen, die eigene Selbstwirksamkeit – und immer öfter: Weil ein zusätzliches Einkommen willkommen ist, da die Renten als Folge der Finanzmarkt-Turbulenzen schmelzen.

Dabei sinkt das Einverständnis mit manchen Lebenszwängen: Wie Umfragen zeigen, möchten Arbeitskräfte ab Mitte 50 am liebsten nur noch Aufgaben übernehmen, die ihnen Erfolgserfahrung vermitteln und solche mit mehr Frustrationspotenzial an Jüngere weiterreichen. Die Arbeitsbündel wie das Umfeld müssen für diese Zielgruppe stimmen; tiefere Löhne und ein kleineres Büro werden – von Frauen leichter als von Männern – in Kauf genommen. Neben reduzierten Pensen und weniger belastender Verantwortung möchte eine grosse Gruppe Raum für alternative Erfahrungen freischaufeln, sei es für Enkelkinder, musisches Gestalten, freiwillige Einsätze, Politik oder philosophische Studien. Speziell von Frauen wird beträchtlicher Pflege- und Betreuungseinsatz erwartet, wenn die Eltern gebrechlicher werden. *Care* ist ein grosses Thema für Arbeitskräfte, die dem Rentenalter entgegensteuern. Und jenseits des magischen Alters von 65 meldet sich ein Nachholbedarf im Bereich der bislang unerreichbaren Erlebnisse dringlicher.

Viele Reifere identifizieren sich (noch) und stärker als Junge mit ihrem Unternehmen, sie lenken ihre Schritte nach gewissen Anpassungsproblemen mehrheitlich vergnügt zum Arbeitsort – wenn sie nicht ihren Heimarbeitstag einschalten und persönliche Pendenzen abtragen. Die Arbeitslosigkeit von Ü55 ist in der Schweiz überschaubar, die Mehrheit ist integriert, nur wer den Job verliert, hat schlechte Karten. Viele haben operative Verantwortung abgegeben, Spezialaufgaben übernommen – freuen sich allerdings über anhaltende Nachfrage nach ihrer Expertise in der Firma. Auch nach 65. Halbes Pensum für Betreuung wichtiger Kunden, Mentoring eines

Nachwuchstalents, dann kleinere Mandate, alles innerhalb von dreieinhalb Wochentagen – so kann das Programm einer Sechzigjährigen heute und einer Siebzigjährigen morgen aussehen.

Die hohe Nachfrage nach Fachkräften beschleunigt das Umdenken; während vielerorts private, vor allem kleinere und mittlere Unternehmen – aber auch ein Weltkonzern wie Novartis – und öffentliche Verwaltungen in wachsender Zahl die Arbeitsverträge auch nach 64/65 weiterlaufen lassen und neue Beschäftigungsstrukturen definieren, halten andere an der traditionellen Zäsur fest und beschäftigen wertvolle Fachkräfte nach der Pensionierung nur als beauftragte Selbstständige oder sie offerieren ihnen einen Platz im Reservepool und mobilisieren sie bei punktuellem Bedarf. Als Echo oder parallel zur Bildung solcher Gruppen Ehemaliger durch Firmen oder Institutionen organisieren sich fitte Rentnerinnen und Rentner mit ein paar Aufträgen im Portfolio zu Bürogemeinschaften oder Vereinigungen, pflegen alte Netzwerke und halten sich zur Verfügung, falls es irgendwo brennt. Es gibt Jobportale im Internet, die sich auf die Vermittlung von Ü65 spezialisieren, doch während die Vielfalt der Arbeitsuchenden rasch wächst, fehlt es an Nachfrage. *Rent a Rentner*, ein Portal zur Vermittlung von kostenlosen Aufgaben und Einsätzen, stösst derzeit noch auf sehr viel stärkere Resonanz bei Auftraggebenden. In den europäischen Ländern wächst die Zahl der Selbstständigen ab 50 Jahren deutlich.

Kernstrategie: Arbeitsplatzqualität im Tausch für längeres Engagement

Die Identifikation mit dem Unternehmen und dem Produkt, Freude an der Aufgabenlösung, Gewissheit eigener Kompetenz, förderliche Impulse und anspruchsvolle Handlungsspielräume nähren die Bereitschaft zum Weiterarbeiten. Die Arbeitsgestaltung speziell in grossen Organisationen mit präzis definierten Prozessen und standardisierten Qualitätskriterien wirkt oft entmutigend und stressig, bei geringer Autonomie fällt viel «Sekundärarbeit», also Papierkram an.

Die Arbeitsverdichtung (weniger Stellen bei mehr Arbeit) und veränderte Berufsbilder machen reiferen Arbeitskräften zu schaffen. Vorgesetzten bleibt die Aufgabe, durch «Fortschritt» unrealistisch gewordene Erwartungen zu transformieren, neu zu rahmen und damit Zukunftsperspektiven zu öffnen. Zusätzliche Impulse tun not. Erforderlich sind dafür nicht nur das bestärkende Gespräch – die Beziehungsebene –, sondern Austausch-Platt-formen auf und für sämtliche Hierarchiestufen, um über zusätzlich nötige Kompetenzen, Lernschritte, andere berufliche Einsatzmög-lichkeiten, längere Erwerbsarbeit und realitätsnahe Vorstellungen zum Älterwerden zu informieren und Auseinandersetzung zu provozieren – also die Sachebene.

Alle und jede Altersgruppe sind in (laufend neu aufgelegte) Potenzialentwicklungsprogramme einzuschliessen; Bewegung zählt, Mobilität auch ohne hierarchischen Aufstieg, immer wieder in andere Schuhe schlüpfen und Appetit auf Neues sichern Arbeitsmarktfähigkeit bis in die 70er.

In jeder Dekade der Berufsbiografie braucht es neben der Arbeit Phasen für Bildung und Freiheit. Damit können sich Mitarbeitende immer wieder neu orientieren und positionieren sowie frische Energie tanken.

Bitte nicht vor der Endstation aussteigen

Der demografische Wandel manifestiert sich deutlich in zahlen-mässig schwachen Jahrgängen beim Eintritt ins Erwerbsleben. Nachwuchsprobleme hinterlassen Lücken zunächst bei vielen Lehrberufen, ausgeprägt in der Pflege. Längst rechnen Ökonomen vor, welches Fachkräftepotenzial in der Bevölkerung ü50 brach-liegt, wenn die *Silver Agers* weniger als 42 Stunden pro Woche jobben. Die Zahl teurer Frühpensionierungen schwindet zwar von Jahr zu Jahr. Doch rund ein Drittel der Erwerbstätigen hängt den Job vor dem gesetzlichen Rentenalter an den Nagel, Frauen etwas häufiger als Männer. Wie ist dieser Brache beizukommen? Nicht im Visier hier sind Personen mit gesundheitlichen Einschränkungen, die der Arbeitswelt erleichtert den Rücken kehren und die Befreiung von Zwängen im Job feiern; sie sind Thema im Kapitel «Brücke zwischen Erwerb und Rente».

Wer Arbeitskräfte länger bei der Stange halten will, muss die Passung zwischen beruflichen Aufgaben, persönlichem Engagement und aktuellen Talenten der Reiferen prüfen, finden und neu austarieren. Darüber liest man in Standardwerken zum HR-Management noch wenig. Oft wird versucht, die Zeit anzuhalten und mittels Computer- und Sprachkursen die 50-Jährigen auf die Fitness von 40-Jährigen zu trimmen. *Fifty is the new thirty!* Doch häufig weisen Ü50 ein anderes Profil auf als mit 30; Interessen und Fähigkeiten verschieben sich oder treten neu zutage. Diese reiferen Talente und Motivationen oder präzise Betriebskenntnisse gezielt zu nutzen, ist sowohl menschlich wie ökonomisch klug. Margrit Stamms Studie TalentScout 60+ zeigt das beeindruckende Potenzial von Personen in der siebten Lebensdekade, das sich durch emsige Nutzung weiter mehrt. Wie? Systemisch gesehen bedingen Impulse, Aktivitäten und kreative Lösungen einander wechselseitig und sie verstärken einander. Von Outplacement-Kunden und unfreiwillig Selbstständigen ü50 können Unternehmen lernen, welche Art von Tätigkeiten begehrt und welche Rahmenbedingungen geschätzt sind.

Gefordert ist ein genauer und unvoreingenommener Blick, gereinigt von Vorurteilen. Längst nicht jeder junge Grossvater ist weiser und gelassener als ein 25-Jähriger. Es gilt die Profile langjährig Beschäftigter individuell zu prüfen, zu befragen, aktuelle Muster zu entdecken und sowohl Berufs- wie Persönlichkeitsentwicklung zu würdigen. Welches Arbeitskleid wäre für den reiferen Menschen schön und passend? Welche Lernimpulse – meist *on a job* – könnten auch über 60 neue Türen öffnen? Um langjährigen Mitarbeitenden neuen Schub zu verleihen, stehen die Varianten «ziehen» oder «drücken» zur Verfügung. Unternehmen können also erstens mit attraktiven neuen Angeboten locken oder zweitens zum begleiteten Aufbruch verpflichten. (Was manche tun, wenn sie die Regel verankern, dass ungefähr alle sieben Jahre die Position zu wechseln ist.)

Praktisch kann Variante eins («ziehen») heissen: Eine Gruppe mittelständischer Maschinenbaufirmen bietet ihren sturmerprobten über 50-jährigen weltweit eingesetzten Servicemonteuren eine Weiterbildung im Bereich Logistik mit verschiedenen Vertiefungsrichtungen an, offeriert entsprechende Stellen und unterstützt allenfalls die Suche nach neuen Beschäftigungsmöglichkeiten im Umfeld durch Aktivierung ihrer Netzwerke.

Um Variante zwei («drücken») handelt es sich, wenn ein grosses Ingenieurunternehmen jeden Mitarbeiter und jede Mitarbeiterin zwischen 48 und 52 zu einem mehrstufigen Career-Check bei externen Spezialisten verpflichtet und hinterher neu platziert oder zum (unterstützten) Wechsel ermutigt. Konzerne wie ABB oder Robert Bosch gliedern seit vielen Jahren das obere Kader ab Mitte 50 in eine Consulting-Gesellschaft um und sichern dem Nachwuchs damit Karriereperspektiven. Der kleine Beraterkreis bewirbt sich erfolgreich um interne wie externe Aufträge; wer bestimmte Umsatzzahlen nicht erreicht, scheidet aus. Solche Pools sind auch für andere Berufe und Hierarchieebenen denkbar, aber nach Auskunft eines HR-Fachmanns für Firmen kaum rentabel zu betreiben. Doch selbst organisiert? Restlos überzeugen mich solche Auslagerungen nicht, handelt es sich doch eher um Abstellgeleise für Ältere als um Aufbrüche oder eine Integration in neue Aufgabenfelder in Unternehmen. Wer die Kooperation von vier

Generationen wünscht und im Auge hat, nimmt solche Fach-leute-Pools als ausschliessende und nicht als inklusive Lösungs-variante wahr.

Verbindliche Regeln erzeugen Druck (zweite Variante) und steuern Verhalten: Verlangt eine Firma beispielweise von allen Mit-arbeitenden zwischen 55 und 60 eine Standortbestimmung und droht bei Verweigerung die Entlassung mit 60 an, wird diese Spra-che durchaus verstanden – wenn auch mit Murren. Ein solcher Druck führt dazu, dass die Reiferen auf verschiedenen internen und externen Informationsplattformen nach anderen passenden Aufgaben sperbern. Wenig sympathisch, aber in der Wirkung klar ein positiver Impuls. Die Geschubsten entwickeln auch unkonven-tionelle Ideen und machen Vorschläge – abseits vom ausgetretenen Pfad in Richtung Beratung und Coaching.

Viele Organisationen kennen eine Altersbegrenzung fürs Aus-üben wichtiger hierarchischer Funktionen; Stiftungs- und Verwal-tungsräte, aber auch Richterämter dürfen oft nur bis 70 ausgeübt werden. Dafür gibt es Gründe. Organisationen können von Machtwechsel und der Integration neuer und auch junger Sicht-weisen profitieren. Meine klare Überzeugung lautet: Nichts spricht gegen zeitlich limitierte Gestaltungsverantwortung, aber fast alles gegen Bindungen an ein Lebensalter. Familienunternehmen ha-ben dies längst bewiesen; Paul Sacher war noch in seinen achtziger Jahren einflussreicher und respektierter Verwaltungsrat bei Roche in Basel.

Wechseln Führungskräfte in namhafter Zahl jedes Jahr aus der Linie in eine Stabsfunktion oder ins Ausland, hat dies Signalwir-kung und animiert zur Nachahmung. Anspruchsvolle Aufgaben, die solide Betriebs- und Branchenkenntnisse voraussetzen, wären vorzugsweise mit eigenen VEP zu besetzen und nicht extern auszu-schreiben – das könnte Silberfüchse zum Bleiben ermutigen.

Jobs für Very Experienced People (VEP)

Der erfolgreiche langjährige Handwerker oder die erfahrene Büromanagerin werden Prüfungsexpertinnen beim Lehrabschluss, betreuen Azubis und Trainees, oder sie vertreten ihr Unternehmen oder ihre Berufsgruppe in Fachverbänden oder staatlichen Gremien und Organen. Solche Ernennungen, Spezialfunktionen und Delegationen haben in der Schweiz Tradition; daran ist anzuknüpfen beim Strukturieren von Jobs oder Aufgabenportfolios für langjährige Mitarbeitende, die durstig sind auf neue Herausforderungen, deren Laufbahn zugleich aber einen Plafond erreicht hat. Für den Obersten aller Diätköche im Spital und die Leiterin Rechtsdienst im Pharmaunternehmen ist keine weitere Sprosse auf der Leiter in Sicht. Sie machen ihre Sache glänzend, niemand möchte sie missen; kommen sie nach einem halben Jahr Jobtausch mit dem Kollegen einer ähnlichen Organisation zurück, leuchtet das Freudenfeuer in allen Farben. Für diese Zielgruppe gilt es, eigentliche VEP-Jobs zu zimmern und im ganzen Beschäftigungsfeld Aufgaben mit VEP-Qualität zu identifizieren.

In Wirtschaft und Verwaltung finden sich Tätigkeitsbündel, die sowohl 25-Jährige wie auch 60-Jährige begeistern; aber auch Jobs, die sich für den Einstieg ins Erwerbsleben oder als krönender Abschluss besonders gut eignen. Es gibt gleichförmige Jobs und Wundertüten voll täglicher Überraschungen. Manche Erwerbstätige gehören zum Typ «Ackerbauern», andere zu den «Nomaden». Der ganzen Vielfalt gilt es beim Komponieren von VEP-Jobs gerecht zu werden. Bewährte Fachleute blühen auf, wenn sie gerade aufgrund ihrer profunden Vertrautheit mit der Organisation oder der Branche gebraucht und geschätzt werden. Es geht um die wertschöpfende Funktion, nicht einfach um Zusatzaufgaben, Sonderprojekte und Nebentätigkeiten.

Eigentliche VEP-Jobs schaffen Mehrwert aus Betriebs- und Berufswissen einen Schritt abseits von Produktionsprozessen. Da geht es um Vermittlung von Know-how an neu Rekrutierte, Lehrlinge und Praktikantinnen. Weitere Beispiele sind: Mentoring für Mitarbeitende mit Ambitionen oder Leistungsdefiziten, Programme für Migranten und Migrantinnen, Aufbau von Konfliktlotsen-Teams, die in Spannungsfeldern auf Abruf neutrale Moderation anbieten, Qualitätskontrolle, Ombudsfunktionen, die Evaluation neuer Programme oder Sicherstellung von Regelkonformität (Compliance). Bei solchen Tätigkeiten profitieren alle davon, wenn jemandem mit breiten Kenntnissen und Überblick Hand anlegt. Gut definierte Prozesse in Organisationen ziehen stets Extraprozesse nach sich, weil sprichwörtlich keine Regel ohne Ausnahme bleibt. Ihnen gerecht zu werden, liegt am besten in erfahrenen Händen. Die Betreuung wichtiger Kunden, der Umgang mit Reklamationen oder Themen wie Gesundheitsförderung haben mit zwischenmenschlichem Vertrauen zu tun – genau das, was Langjährige bestens schaffen können.

Wer die VEP-Talente anzapfen und in Position hieven will, muss die Arbeitsprozesse und Arbeitszuschnitte ebenso wie die Pensen im Betrieb – zusammen mit Betroffenen – ein Stück weit neu definieren. Die Jobs dürfen anspruchsvoll ausfallen und sollen Gestaltungsspielräume aufweisen, was zweifellos der Motivation dient. Ganz allgemein und etwas abstrakter formuliert eignen sich folgende Tätigkeiten bestens – auch in Teilzeitpensen – für VEP: disponieren, planen, Qualität steigern, koordinieren, Fehler ausbügeln, Brücken bauen. Aber auch periodisch anfallende Aufgaben wie Office-Dienst, Statistiken erstellen, Patente und Lizenzen aufspüren, die Start-up-Szene beobachten, Bericht erstatten, Betriebsfeste und -exkursionen organisieren usw. Trouble-Shooting erledigen erprobte, gelassene Personen mit solider interner Vernetzung und Unternehmenskenntnis kompetenter als neu Rekrutierte. Auch sekundäre Dienstleistungen (zum Beispiel Betriebsführungen, Kulturprogramm für Mitarbeitende, Organisation von Kinderbetreuung) passen gut zum Interessenshorizont älterer Füchse.

Übertragbares Modell: Die Senior-Professur

Ordentliche Professuren an Universitäten sind heiss begehrt. Wenige berufliche Positionen gewährleisten vergleichbar viel Unabhängigkeit, Freiheit zur Gestaltung von Inhalten und Abläufen sowie Einfluss auf die nächste Generation. Weil die Beschleunigung auch akademische Karrieren erfasst hat und die Weichen früh gestellt werden, besetzen viele 65-Jährige ihre Position bereits seit 20 bis 30 Jahren. Einerseits ist Erneuerung und Beförderung jüngerer Talente dringlich, anderseits wäre der totale Verzicht auf umfassende Kompetenz durch Verrentung für die Institution unverzeihlich. Schliesslich gehören viele Professorinnen und Professoren zum Prototyp der stetigen Selbstentwickler, lernen sie doch laufend Neues von ihren Studierenden und Kollegen.

Seit ein paar Jahren richten verschiedene Hochschulen – ganz im Sinn von VEP-Jobs – Senior-Professuren ein. Die Verträge variieren. Generell beinhalten sie in reduziertem Pensum die Durchführung von Lehrveranstaltungen, die Betreuung von Master- und Doktorarbeiten und die Abnahme von Prüfungen. Letzteres lässt zwar als Aufgabe kaum die Herzen höher schlagen, ist aber unverzichtbar bei der Vergabe von ETCS-Punkten und damit auch als Sanktionsmöglichkeit. In der akademischen Selbstverwaltung, der Fakultät, verlieren Seniorprofessorinnen ihre Stimme, da nehmen ihre Nachfolger das Heft in die Hand. Unterschiedlich ist auch die Honorierung geregelt; manche Universitäten addieren den Lohn zu Ruhegehalt und Rente, andere zahlen Rente plus Seniorprofessorenlohn und schieben den Bezug des Ruhegehalts hinaus.

Eine weitere Variante besteht in der Auszahlung von Ruhegehalt, Rente und einem namhaften Betrag, der an Forschungsmitarbeitende weiterzureichen ist.

Das Modell solcher Senior-Funktionen liesse sich auch auf Entwicklungsabteilungen in Firmen, Unterhalt von Anlagen, Marketing, Controlling, ärztliche und therapeutische Dienste, Schulen, Projektmanagement usw. übertragen.

Wiedereinstieg heisst öfter: umsteigen

Bis spät im 20. Jahrhundert war es für sozial einigermassen solid gebettete Frauen selbstverständlich, nach der Geburt von Kindern der Arbeitswelt den Rücken zu kehren und sich ausschliesslich in Haus, Nachbarschaft und Familie zu engagieren. Ehrenämter in Schule, Kirche und Quartier ergänzten die private Tätigkeitspalette. Allmählich wandelte sich nach 1968 das Rollenverständnis. Waren die Kinder flügge, zogen viele Frauen einen beruflichen Wiedereinstieg mit begrenztem Pensum in Betracht. Vielbeschäftigten Ehepartnern kam das entgegen, die traditionelle innerfamiliäre Machtbalance blieb intakt. Die Erfahrungen im Beruf halfen den «emanzipierten» Müttern, hohe Erwartungen ans Erleben im privaten Raum zu reduzieren und ihren Selbstwert ausserhäuslich zu nähren.

Verschiedene Entwicklungen flossen Ende der 1980er-Jahre zusammen und führten zu vielfältigen Initiativen und Programmen öffentlicher und privater Akteure und Institutionen zur Förderung des beruflichen Wiedereinstiegs. Der Arbeitsmarkt war ausgetrocknet und das Rekrutieren im Ausland vor Etablierung der europäischen Personenfreizügigkeit administrativ sehr aufwendig, was den Blick auf einheimisches Schaffen lenkte. Innert zweier Jahrzehnte hatten Mädchen und junge Frauen ihren Bildungsehrgeiz massiv gesteigert und waren immer weniger bereit, die erworbenen Kompetenzen auf Eis zu legen. Eigenständigkeit und Unabhängigkeit wurden Teil des zeitgemässen Frauenideals; dazu gehörten auch selbst verdientes Geld und ausserhäusliche Rollen. Als ab Mitte der 1960er-Jahre die Scheidungsraten stark anstiegen, gewann der Fuss im Erwerbsleben auch einen Sicherheits- und Vorsorgeaspekt. Immer öfter und für immer breitere gesellschaftliche Kreise liess sich der gewünschte Lebensstandard nur mit zwei Einkommen pro Familie realisieren.

Inzwischen haben sich die Lebensmuster weiter gewandelt: Mütter behalten mehrheitlich eine Rolle oder Funktion im Erwerbsleben und jonglieren Ehe, Kinder und Teilzeitjob gleichzeitig, unterstützt von mehreren Dienstleisterinnen, immerhin ein Stück weit und zunehmend in Arbeitsteilung mit ihren männlichen Partnern. Ich bin am Wiedereinstiegsprogramm «Women Back to Business» (WBB) der Universität St. Gallen beteiligt. In diesem Rahmen bilden die klassischen Wiedereinsteigerinnen (Frauen Mitte 40, mehrere Jahre ohne Erwerbstätigkeit) eher die Minderheit. Es nehmen vielmehr Umstieg Suchende am Programm teil, bei denen sich die Interessen verschoben haben, beispielsweise nachdem die Kinder ausgezogen sind und plötzlich neue Talente virulent wurden, die sich mit dem einst gewählten Tätigkeitsfeld nicht vereinbaren lassen. Nach längerem Dümpeln in kleinen Arbeitspensen wollen sie nochmals durchstarten. Viele gut qualifizierte Zugewanderte tun sich schwer im schweizerischen Arbeitsmarkt, suchen Lotsen und Verständnis für geltende Verhältnisse, also eine Art Doping in Form von Impulsen, persönlicher Begleitung, Hintergrundinformation und Training. Eine typische Untergruppe besteht aus Partnerinnen von Expats, die nach Lehr- und Wanderjahren auf verschiedenen Kontinenten schliesslich in der Schweiz landen und sich in den Kopf setzen, endlich einen eigenen Berufsweg aufzubauen.

Je höher die Lebenserwartung und je länger sich das Erwerbsleben ausdehnt, umso näher liegt der Entscheid zum Wiedereinstieg. Vor einer 45-Jährigen liegen noch etliche, potenziell erfüllte Jahrzehnte. Ihr Wunsch, schlummerndes Potenzial zu realisieren und auch ausserhalb der Familie Spuren zu hinterlassen, ist rundum positiv, erfüllt sich aber nicht ganz hürdenfrei. Schon eine dreijährige Lücke in der Erwerbsbiografie ist für Arbeitgebende auf der Qualifikationsebene schwer zu interpretieren; ein direkter Anschluss an den früheren Job kommt kaum mehr infrage, weil Arbeitsmittel, Methoden und Fragestellungen nicht mehr dieselben sind. Spezialwissen für einen Umstieg ist schwierig zu erwerben, solange keine Mid-Career-Programme im Angebot unserer Bildungsinstitutionen figurieren. Eine Ausnahme bilden Mangelberufe, zum Beispiel im Gesundheits- oder Sozialbereich, in der Kinder- und Altersbetreuung; da gibt es Lehrgänge für Spätberufene im dualen System von Theorie und Praxis, die direkt in Stellen und Anstellungen führen. Auch zum oben erwähnten Zertifikatskurs an der Hochschule St. Gallen gehören mehrwöchige Praxiseinsätze: als Bewährungs- und Erprobungssituationen, zum Kennenlernen und mit dem Resultat einer aktuellen, informativen Arbeitsbestätigung, die für potenzielle spätere Jobanbieter das Risiko eines Vertragsabschlusses einschätzbar macht. Betriebswirtschaftliche Grundkenntnisse fördern das Verständnis der Kursteilnehmerinnen für arbeitsteilige Organisationen und neue Denkmodelle. Vor allem bezeugen sie Bereitschaft und Fähigkeit, neues Wissen zu erwerben. Der gemeinsame, mehrmonatige Prozess des Suchens und Entdeckens einer neuen beruflichen Identität innerhalb einer Gruppe von Gleichgesinnten mit viel wechselseitiger Ermutigung erweist sich als unvergleichliche Chance. Ähnliche Programme auf verschiedenen Bildungsniveaus, mit thematisch anderen Schwerpunkten und in unterschiedlicher Preislage – speziell auch für Umsteigende und Durchstartende – sind ein wichtiges Desiderat.

Türen zum Arbeitsmarkt finden Wiedereinsteigerinnen ganz ähnlich wie Ü45 generell dank Standfestigkeit, Einsatz und Geduld. Die grossen globalen Firmen interessieren sich kaum für späte Talente, ausser sie erfahren Rechtfertigungsdruck im Genderthema oder haben für bestimmte Funktionen gute Erfahrungen mit reiferen weiblichen Angestellten gemacht. Schweizer Grossbanken zum Beispiel organisieren trotz laufendem Personalabbau Wiedereinstiegsprogramme für frühere Bankerinnen mit kürzerer Lücke in der Erwerbsbiografe. KMU und die öffentliche Verwaltung mit sehr verschiedenen Tätigkeitsbereichen gelten in den Wirtschaftsmedien als weniger glamourös, offerieren aber oft Erwerbschancen in noch wenig etablierten, sinnstiftenden Berufsfeldern und in Anstellungsverhältnissen jenseits eines Vollpensums. Günstig sind berufliche Rollen, in welchen Reife die Akzeptanz erhöht und die für 24-Jährige nicht infrage kommen. Positiv ist ein Fächer von wenig spezialisierten Aufgaben oder Projektarbeit mit viel Kontakt zu Personen ü50. Case Managerin im Spital wird die Wiedereinsteigerin eher nicht, dahin führen genau definierte und zertifizierte Wege. Doch als Organisatorin der ganzen Freiwilligeneinsätze und der Sterbebegleitung im gleichen Haus kann sie sich entfalten. Meist drängen die qualifizierten Neustarterinnen allerdings auf ein reduziertes Wochenpensum, was der weiteren professionellen Entwicklung unweigerlich Grenzen setzt. Als Faustregel gilt: Wer eine einigermassen vielfältige, herausfordernde Tätigkeit anstrebt, kommt kaum ohne Engagement unter drei Tagen pro Woche weg.

Das hier skizzierte Modell «Lehrgang mit Zertifikat» setzt auf Kombination von Theorie und betrieblicher Praxis, stärkt die Persönlichkeit und vermittelt Wissen und Können zu Bewerbungsverfahren und Selbstvermarktung. Dieser umfassende Weg ist selbstverständlich nur einer von vielen. Andere Wiedereinstiegsuchende machen sich allein auf den Weg, schreiben Dutzende von Bewerbungen, lassen sich über Wochen nicht entmutigen, selbst wenn es nie zu einem Vorstellungsgespräch reicht, bleiben am Ball, durchkämmen das Internet und mobilisieren ihre persönlichen Netzwerke, um an geeigneter Stelle empfohlen zu werden. Der Arbeitsmarkt ist ausgesprochen undurchsichtig; zuweilen tauchen überraschende Chancen auf, auch im Zusammenhang mit Ehrenämtern oder im Anschluss an Freizeitaktivitäten.

Wer den Weg nicht allein unter die Füsse nehmen will, zugleich aber ein verbindliches Programm scheut, wählt persönliches Coaching. Solch professioneller Austausch verhilft in individuell gesteuertem Umfang und Qualität zu Informationen, Know-how, Bestärkung und persönlicher Begleitung.

Selbstständigkeit und Ehrenamt

Weltweit steigt die Zahl von selbstständig Erwerbenden und Unternehmensgründerinnen. Von den jungen Freelancern auf Gig-Plattformen und den Start-up-Gründern und -Gründerinnen brauche ich hier nicht zu erzählen, sie bewegen sich im medialen Rampenlicht. Ob sie dauerhaft, punktuell oder vorübergehend am institutionellen Stellenmarkt vorbeisegeln, weiss niemand, denn die Wirtschafts- und Arbeitsstrukturen sind nicht prognostizierbar. In Europa sind die jungen Selbstständigen gegenüber den reiferen Gründern heute aber noch deutlich in der Minderzahl.

Richten wir den Scheinwerfer also auf den wirtschaftlich bedeutsamen Gründungseifer reiferer Semester ab 50 Jahren. Zu unterscheiden sind zwei Gruppen: Männer und Frauen, die mit Zuversicht und einer fundierten Geschäftsidee ihre Chance wahrnehmen wollen und solche, die für sich keine andere Wahl zur Existenzsicherung sehen, weil sie keine Anstellung finden. Viele erfolgreiche Managerinnen und Manager, Hoteliers, Treuhänderinnen, Umweltforschende, Sportfunktionäre oder Politikerinnen gehören zur ersten Gruppe. Sie beenden ihre Firmen-Karriere deutlich vor dem Rentenalter und gestalten ein Portfolio-Leben; sie üben ein paar Mandate aus, beraten, unterrichten, coachen und übernehmen Aufgaben in Kultur und Zivilgesellschaft. Sie nutzen ihre Kernkompetenzen, haben Spass dabei und halten sich Freiräume offen. Manchmal schliessen sie sich zu kleinen Gruppen zusammen, sind gut vernetzt und verfügen über das nötige unternehmerische Know-how und Kapital.

Anders die Welt des Kleinunternehmertums für die zweite Gruppe, die sich in die Selbstständigkeit gedrängt sieht. Es sind langjährige Assistentinnen, Führungskräfte, Telecom-Fachleute der ersten Stunde, Bankangestellte, Buchhalterinnen, Handwerker oder Krankenpflegerinnen, die in ihren Fünfzigern aus einer festen Anstellung rutschten und trotz eifrigem Bemühen bei keinem Arbeitgeber Ver- und Zutrauen fanden. Auf eigene Rechnung Dienste oder Produkte anzubieten, auch in reduziertem Zeitumfang, ist für sie ein Ausweg, zuweilen auch mit positiven Überraschungen. Erst vor ein paar Wochen hat mich unser Postbote kontaktiert mit der Frage, ob unsere Hausgemeinschaft keinen Hauswart beschäftigen möchte. Er sei dabei, im Quartier Aufträge zu sammeln; ein gutes Dutzend habe er bereits unter Dach und Fach.

In vielen Unternehmen, öffentlichen und privaten, treten die Arbeitsverträge mit dem 64. oder 65. Geburtstag automatisch ausser Kraft. Für eine steigende Zahl fitter Ü60 bleibt da nur die berufliche Selbstständigkeit. Die Europäische Union hat schon vor Jahren Initiativen zugunsten von *Best Agers* als Kleinunternehmer gestartet mit dem Ziel, Lebensqualität zu steigern (und unausgesprochen wohl auch, um den Fachkräftemangel zu mildern). Positiv ist einerseits, dass Erwerbsaktivität auch in reiferen Jahren eine Integration in gesellschaftliche Zusammenhänge sichert, Isolation verhindert sowie die Rente aufbessert. Kleinunternehmerinnen und -unternehmer ü55 wollen nur ausnahmsweise wachsen und Drittpersonen anstellen. Meist ist ihr Finanzbedarf für Investitionen überschaubar; wichtiges «Kapital» ist ihr altersbedingt ausgedehnter Bekanntenkreis. Die EU-Programme schreiben Erfolgsgeschichte; es gibt Kurse, speziell auch für Frauen (die deutlich seltener gründen als Männer); Netzwerke für Erfahrungsaustausch und Ermutigung; Mentoring während Aufbau und in Krisen; Kredite und Unterstützung bei der Vermarktung. Pfiffig finde ich die Idee spezieller Teams in der staatlichen Verwaltung, die ältere Kleingewerbler im Auge haben, ansprechen und Brücken zu *Golden Agers* bauen, um Kauf und Übernahmen einzufädeln und zu realisieren. Firmenübertragung von alten Alten zu jungen Alten, die sich lieber in ein gemachtes Nest setzen als selbst zu gründen. Eine andere Projektschiene mobilisiert erfahrene weibliche und männliche Unternehmer als *Business Angels* für Neugründende Ü55, auch dies ein prima Konzept mit grosser Resonanz. Die Bewerbungen um solche Engel-Funktionen übersteigen offenbar den Bedarf; es tut den Ruheständlern nach eigener Aussage gut, gebraucht zu werden.

Thema dieses Buches ist Erwerbsarbeit; selbstverständlich sehe ich sie dennoch nicht als einzigen Königs- und Kaiserinnenweg zum späten Glück. Ich beobachte und bewundere viele Ü60, die – neben Enkel- oder Verwandtenbetreuung – ihre künstlerischen Talente ausleben oder wichtige und anspruchsvolle Freiwilligenarbeit leisten. Tagesschulen, Mentoringprogramme für Lehrlinge in Schwierigkeiten, Gewaltprävention, Kulturvermittlung, Kirchgemeinden, Flüchtlingsbetreuung, Vorhaben der «Berghilfe», Stiftungen usw. entfalten ihre Wirksamkeit nicht zuletzt dank dem Einsatz von Ehrenamtlichen, die beruflich etwas kürzer treten.

... und bis zum Umzug ins Asyl

Ein Ende der beruflichen Laufbahn ist mit 80 keineswegs zwingend. In ehemals sowjetischen Ländern wie Georgien gibt es keine offizielle Altersvorsorge, da arbeitet die Archäologin auch mit 83 noch im Institut bei der Einordnung von Fundstücken. In den USA existiert eine Vereinigung von Erwerbstätigen ü100. Zu ihren Mitgliedern gehören eine Psychotherapeutin und der Verantwortliche einer Postagentur. Sie erinnern uns, dass das Rentenalter eine historisch relativ junge Erfindung ist. Und dass das Beherrschen mancher Programmiersprachen zügig veraltet, während das Verfallsdatum von Menschenkenntnis, poetischer Kreativität, Beherrschung exotischer Sprachen oder von Care-Work weit in der Zukunft liegt.

Arbeitskontext: Strukturen und Kultur

Arbeitsumgebungen und Entwicklungsprozesse sind fast wie zwei Seiten einer Medaille; sie gehören zusammen. Menschen als soziale Wesen können ungefähr so viel brillantes Arbeitsvermögen realisieren, wie ihre Umgebung erwartet, fördert und zulässt. Leistung ist, systemisch gesehen, Resonanz auf ein entsprechendes Umfeld und viel weniger an persönliche Eigenschaften gebunden, als wir oft annehmen. Stars, die nach einem Kontextwechsel zu Normalos schrumpfen, belegen diese Bedingtheit häufig genug. Lernlust beruht auf positiven Erfahrungen und einer Umwelt, die Lernschritte mit Freude quittiert, Weiterdenken und Experimente fördert und Handlungsspielräume sichert. Fehlt es Erwerbstätigen an Entwicklungsinteresse, kann dies auch eine stabile Arbeitssituation, hohe Zufriedenheit mit dem Status quo oder ein Treten an Ort spiegeln. Vorgesetzte, die ihren Mitarbeitenden viel zutrauen, steigern das Arbeitsvermögen ihres Teams deutlich – vgl. dazu Basisinfo Juhani Ilmarinen.

Berufslaufbahnen begreife ich als Lern- und Entwicklungspfade. Unternehmen produzieren nicht nur Waren und Dienstleistungen, sie fördern auch Mitarbeitende, die sich tagtäglich mit Folgen für ihre Wertsetzungen und Verhaltensmuster in die Arbeitsorganisation eingliedern. Meist heuern sie bei Institutionen an, die ihnen Anpassung leicht machen; andernfalls brauchen sie hohe Aufmerksamkeit, um die Anzahl offener Konflikte und das Risiko, ausgeschwitzt zu werden, zu limitieren. Arbeitskräfte schliessen aufgrund ihrer Kompetenzausstattung oder Kultur Arbeitsverträge ab und schlüpfen in Jobs. Ein paar Jahre später weisen sie andere Kompetenzprofile auf; sie haben in etlichen Bereichen dazugelernt, während andere Fähigkeiten verkümmerten. Es hängt von der Umgebung ab, ob und in welchem Tempo Potenziale in erfolgreiches Handeln münden, ob Berufsleute sich an Ort bewegen oder – in Routine gefangen – allmählich ihre Ansprüche reduzieren. Der technologische und der wirtschaftlich-strukturelle Wandel zwingen zu Beweglichkeit; wer eine gute Nase hat, bildet sich rechtzeitig weiter und stellt sich strategisch geschickt mit neuen Perspektiven auf.

Halten wir uns zunächst an den konzeptuellen Rahmen des ETH-Arbeitswissenschafters Eberhard Ulich, der seit Langem persönlichkeitsfördernde Arbeitsverhältnisse zur Richtschnur macht. Zwei Gründe führt er dafür ins Feld: erstens die Fürsorgepflicht des Arbeitgebers, wie sie in allen europäischen Ländern gesetzlich verankert ist. Und zweitens das wohlverstandene Eigeninteresse von Unternehmen wie von Mitarbeitenden, wenn sie nachhaltig denken und von Verträgen profitieren wollen. In zweiter Linie halte ich mich ans «Haus der Arbeitsfähigkeit» von Ilmarinen und Tempel, das die gegenseitige Abhängigkeit persönlicher, betrieblicher und gesellschaftlicher Qualitäten veranschaulicht. Es steht in einer Landschaft, welche die gesellschaftliche Realität repräsentiert und in einem Garten, der für Familie, Freunde und soziale Vernetzung steht. Das Dach zieht sich über vier Stockwerke:

1. Im Grundgeschoss finden sich Gesundheit und eine allgemeine Funktionsfähigkeit, die den Alltag bewältigen hilft.
2. Im ersten Stock geht es um fachliche und soziale Kompetenz in solider Qualität und Menge, um die lebenslange Wahrnehmung von Erwerbsaufgaben. Derzeit erleben wir einen Ausbauschub im ersten Stock.
3. Im zweiten Stock finden sich Einstellungen, Motivationen und soziale wie ethische Werte; sie wirken sich auf den zwischenmenschlichen Umgang, die Bindung an die Aufgaben und die Lernbereitschaft aus.

4. Im dritten Stockwerk sind alle Aspekte des Arbeitsinhalts und seiner Anforderungen (die passen müssen), die gebaute, möblierte und technische Arbeitsumgebung sowie die Organisation (Strukturen, Abläufe, Arbeitszeiten) untergebracht. Von besonderer Bedeutung ist das Management, weil Verhalten und Erwartungen – der übertragene «Kredit» – von Vorgesetzten und Auftraggebenden das Arbeitsvermögen wesentlich mitdefinieren.

Persönlichkeitsfördernde Aufgabengestaltung und Arbeitsplätze

Einerseits geht es um Vermeidung und Reduktion von Schädigungen, anderseits um Sicherung langfristiger Fachkompetenz bzw. die Verhinderung vorzeitigen Qualifikationsabbaus. Ganz präzis: um die Erweiterung menschlicher Möglichkeiten.

Starten wir mit *destruktiven Beeinträchtigungen* in «dull, damaging und dirty jobs», also mit Sicherheit und Schutz vor lang anhaltenden einseitigen Belastungen (etwa Kontrolle von Gerät, Dokumenten oder Gepäck am Bildschirm am Flughafen), vor Gift, Gestank und Strahlen oder ungesunden Körperhaltungen sowie Licht- und Bewegungsmangel oder dem Schleppen von schweren Lasten. In der Dienstleistungsgesellschaft gibt körperlicher Verschleiss weniger zu klagen. Dafür drohen aktuell und zunehmend schädigende psychosoziale Belastungen, mit einem Wort: Stress. Dieser kann in Zeitdruck, Unübersichtlichkeit, Unterforderung, widersprüchlichen Zielvorgaben oder spannungsreichen Beziehungen wurzeln, wobei Klienten, Kollegen und Vorgesetzte meist wichtige Rollen spielen. Befragungen und Erfahrungen von Krankenversicherern stärken die Annahme, dass hierzulande mindestens 50 Prozent der Beschäftigten mehr oder weniger ausgeprägt unter Stressfolgen leiden. Abhilfe ist kaum nur durch Yoga, Tiefatmung und Mentaltraining zu bewirken; notwendig sind menschenfreundlichere Umstände.

Zu den *förderlichen Elementen* am Arbeitsplatz gehören hohe, aber nicht überfordernde Ansprüche. Der vorbildliche Arbeitsplatz ist «ganzheitlich» und umfasst vielfältige Tätigkeitselemente, welche verschiedene Kompetenzen mobilisieren. Gewisse Handlungsspielräume sind Voraussetzung, etwa die Möglichkeit, die Aufgaben zeitlich und inhaltlich zu gestalten und sich mit Lösungen zu identifizieren – was bei eng definierten und kontrollierten EDV-gestützten Prozessen leicht unter die Räder gerät. Internale, also eigene Kontrolle ist externer vorzuziehen. Erfolgserlebnisse nähren die Motivation. Austausch und Unterstützung in Gruppen sind für das soziale Wesen Mensch unerlässlich, um gesund zu bleiben und zu lernen. Kollektive Selbstregulation, also Mitwirkung in organisatorischen Fragen und Entwicklungen, gehört zum Konzept von Arbeit, die positiv prägt und die Berufsmenschen agil und kompetent erhält bzw. weiterbringt. Ganz zentrale Elemente bei Entwicklung fördernden Jobs sind überdies eine wohlwollende, konstruktive Führungsbeziehung und soziale Wertschätzung.

Im Zentrum jeder erfüllenden Arbeit steht die Erfahrung von *Selbstwirksamkeit*, die sich auch als wechselseitige Resonanz mit Sachthemen und Personen beschreiben lässt. Die Aufgabenstellung weckt kreative Ideen; im Über-sich-hinauswachsen entstehen positive Gefühle.

Die Gesundheitswissenschafter E. Lüders und C. Pleiss (1999) verweisen auf die umfassend konstruktive Wirkung förderlicher Arbeitsplätze, wenn sie schreiben: «Je höher die durch die Arbeitsaufgaben gestellten Anforderungen an eigenständiges Denken, Planen und Entscheiden, desto grösser ist das Vertrauen in die eigene Selbstwirksamkeit und desto aktiver ist die Freizeitgestaltung.»

Noch ein paar Sätze zur baulichen Umgebung: Es ist ein alter Architektentraum, mittels gebauter Räume das soziale Verhalten von Menschen zu steuern oder zu verändern. Aktuell feiert dieser

Traum wieder Konjunktur, vor allem in der IT-Branche, in Back-offices und in Start-up-Zentren. Die Mitarbeitenden sollen dank ständigem Austausch ohne Wände und Türen produktiver arbeiten und mehr neue Ideen generieren. So einfach ist die Sache natürlich nicht; persönliche Arbeitsstile und Aufgaben variieren, viele ärgern sich über knappen Platz, fehlende Privatsphäre, tausend Ablenkungen und pochen auf Umgebungen, die ungestörtes Fokussieren schützen. Der Ärger frisst produktive Energie. Differenzierte Lösungen mit Wahlmöglichkeiten für den Arbeitsraum stossen trotz erreichter technischer Mobilität und Tablets, die Archive und Bibliotheken öffnen, auf höhere Akzeptanz und führen zu mehr Wohlbefinden und somit Leistung. Rund ein Drittel der Arbeitskräfte – keineswegs nur ältere – zieht am liebsten in Büros wie gehabt. Aktuelle Studien belegen, dass auch rund zwanzig Jahre nach dem Umbau von Firmensitzen und der Schaffung offener Bürolandschaften (meist im Zuge von Sparmassnahmen) fast 70 Prozent der Mitarbeitenden stets ihren «Stammplatz» suchen. Archaisches Verhalten, das endlich zu überwinden ist?

Handlungs- und Gestaltungsspielräume

Auch wenn viele Menschen Erfüllung in ihrer Tätigkeit finden, das Glück am Arbeitsplatz allseits gepriesen wird und alljährliche Wettbewerbe den *Greatest Place to Work* erküren, sind bedenkliche Entwicklungen nicht zu übersehen. Grosse Organisationen erbringen ihre Leistungen in genau definierten Prozessen, die von elektronisch strukturieren Geleisen unterstützt, getrieben und kanalisiert werden. Zusätzlich gilt es, verschiedene Qualitätsnormen, professionelle Standards (zum Beispiel für Ärzte und Pflegende) und *Compliance*-Vorgaben einzuhalten. Telefonische Auskunftsdienste werden überwacht, Kundenfeedbacks erhöhen die Kontrolle, die Firmenstatistik erfasst erledigte Fälle und die Vorgesetzten werden informiert, wer wie lange im Unternehmensnetzwerk eingeloggt ist. Viele Fachleute erleben diese Veränderungen der letzten Jahrzehnte als Autonomieverlust. Eines von vielen Beispielen sind Schadeninspektoren in Versicherungen, die früher umfassende Einschätzungen vornahmen und heute nur noch gewisse Informationen einzutippen brauchen; danach wird der Entscheid flugs ausgespuckt. Ähnliches gilt für Bank-Kundenberaterinnen: Sie führen noch freundliche Gespräche, je nach anvertrautem Vermögen längere oder kürzere, doch die relevanten Anlageentscheide werden auf höherer Ebene im kleinen Kreis und mithilfe von Algorithmen gefällt. Arbeitsplatzqualität rückt als Thema stärker in den Aufmerksamkeitsfokus; die OECD veröffentlicht 2018 dazu eine umfassende Studie unter dem Titel «Jobs Strategy».

«Es gibt immer mehr Schrott-Arbeitsplätze», stellt auch der Zürcher Arbeitspsychologe und Unternehmensberater Felix Frei fest und kritisiert den Mangel an Handlungs- und Lernmöglichkeiten im Alltag. Mit zunehmender Digitalisierung von Prozessen und dem Einsatz lernfähiger Software verschärft sich vielleicht dieser Befund. Normale Menschen suchen die Möglichkeit, Spuren zu hinterlassen und Dinge so zu erledigen, dass es einen Unterschied macht zum Kollegen oder der Kollegin. Darin liegt ein Quell von persönlicher Befriedigung und Bestätigung; etwas altmodisch wäre, von Berufsstolz zu reden. Gelegentlich begegnet man diesem Stolz, wenn Eltern ihren Kindern von der Arbeit erzählen. Oder der junge Informatiker einen unmöglichen Installationswunsch doch noch hinkriegt. Nichts steigert die Leistungsfähigkeit mehr als geschenktes Vertrauen und Verantwortung, verbunden mit der Erwartung, bessere Problemlösungen zu finden. Arbeitszuschnitte, die zum Profil der Arbeitskraft prima passen, verschaffen der Person am ehesten Erfolgserlebnisse. Und ermöglichen persönlich/berufliche Entwicklung. Klar, in der aktuell dynamischen, rasch sich wandelnden Berufssituation ist Identifikation mit dem Job eine zweischneidige Angelegenheit. Arbeitgeber fürchten sie und haben Angst vor damit verbundenen Inflexibilitäten. Arbeitskräfte ziehen eine vielfältige Vertragsmöglichkeit manchmal einer intensiven Bindung vor, Letztere kann Abhängigkeiten (und damit Verletzlichkeit im Verlustfall) schaffen. Doch Menschen sind soziale Wesen; sie blühen meist auf, wenn sie für Dritte Sinnvolles tun, Resonanz erfahren, auch in der Arbeitswelt. Es heisst, dass die frisch ins Arbeitsleben tretende Generation auffällig laut Sinn einfordert. Diese Wünsche verbinden sich melodiös mit den Klagen Älterer über Sinnverlust und Entfremdung. Bewegen sich Letztere seit Jahren im gleichen Tätigkeitsfeld, fällt die Einordnung nicht ganz leicht. Stört die Technik? Die extreme Spezialisierung? Überflussproduktion? Oder die Art des Produzierens? Die Arbeitshaltung? Die Grösse der gewachsenen Organisation mit ihrer zunehmenden Anonymität?

Die Sinn-Thematik ist komplex, handelt es sich doch sowohl um individuelle Konstrukte wie um äussere Gegebenheiten. Vielleicht fallen die Antworten in jeder Generation anders aus. Wird der Beruf vorwiegend instrumentell verstanden? Oder bleibt ein gewisser Anspruch auf Berufung? Auch in der prognostizierten fragmentierten Auftrags- und Projektsituation der nahen Zukunft? Mich frappiert immer wieder die Diskrepanz zwischen der High-Potential- und Kreativitätsrhetorik im gängigen Businesstalk und der frustrierenden Alltagsrealität, über die gut ausgebildete und entlöhnte Fachkräfte in Versicherungen, internationalen Beratungsunternehmen oder Logistikkonzernen berichten.

Nun lässt sich das Rad nicht zurückdrehen, das IT-definierte Prozessmanagement bringt höhere Produktivität, mit zusätzlichem technologischem Aufwand wird die Standardisierung sehr vieler Aufgaben weiter fortschreiten. Vielleicht geht es an manchen Orten bald auch ganz ohne Personal, Roboter und Software werden klüger, die mittlere Jobhierarchie verliert an Bedeutung. Doch ohne Menschen werden die vielen erfolgreichen privaten und öffentlichen Organisationen kaum je auskommen. Die Schnittstellen zwischen Mensch und Maschinen werden neu definiert, zusätzliche Entlastung von Schwerarbeit ist für Personen in Griffnähe. Wer sich auf spezifisch menschliche Aktivitäten konzentriert, zum Beispiel empathischen Austausch, massgeschneiderte Dienstleistungen, auf Interpretation und Bedeutung von Daten, der oder die werden vermutlich nicht auf persönliche Handlungsspielräume und Resonanz verzichten müssen.

Welche Vorkehrungen aber sollten Organisationen treffen? Kann der Autonomieverlust auch ohne Maschinenstürmerei gebremst oder kompensiert werden? Gestaltungsfreiraum lässt sich auch durch die Verlagerung und Vergemeinschaftung verschiedener Themen und Entscheidungen schaffen, die bisher bei Einzelpersonen oder auf höherer Ebene im Management angesiedelt waren. Bedeutsam sind auch Erfahrungen mit selbstgesteuerten Teams, die innerhalb eines Rahmens eigenverantwortlich produzieren, kooperieren, neue Ziele entwickeln, Vorgehensweisen optimieren und einander auch wechselseitig in Kollegengesprächen qualifizieren.

Bewegung im Aufgabenportfolio

Die Dynamik des technischen Wandels, wirtschaftliche Konjunkturen und die fortschreitende globale Arbeitsteilung blasen manchenorts viel, oft fast zu viel Veränderungswind in den Arbeitsalltag. Doch der generalisierende Blick täuscht. Geschüttelt wird vor allem auf mittleren Führungsebenen und in repetitiven Tätigkeiten, die (glücklicherweise) automatisiert oder von Robotern auch zuverlässig und gut zu erledigen sind. Für personengebundene Dienstleister wie Strassenbahnpiloten, Krankenpflegerinnen, Fitnesscoaches, Polizisten, Gymnasiallehrerinnen, Coiffeusen, Investmentbankerinnen, Therapeuten usw. ziehen konjunkturelle und technische Brüche oder Prozessinnovationen weniger substanzielle Lernpakete mit sich.

Die Industriearbeit ist schon weitgehend automatisiert; digitalisierte Dienstleistungsprozesse werden vermutlich viele Arbeitskräfte freisetzen und an neue Ufer spülen. Davon an anderer Stelle. Hier möchte ich die Aufmerksamkeit auf die grosse Zahl von Arbeitskräften ü50 lenken, deren Job-Innovationen sich schrittweise auf IT-Anpassungen bei Software und Hardware beschränken. Oder auf steigenden Output-Druck und schmerzliche personelle Wechsel im Team. Konstanz kann verheerende Folgen haben, weil Routine langsam, aber sicher das Arbeitsvermögen reduziert. Man rutscht unmerklich aus dem Lernprozess hinaus, traut sich weniger zu und baut Fähigkeiten und Fertigkeiten ab. Langjährigkeit in der gleichen Aufgabe ist kompetenzmässig das weit grössere Handicap als ein Jahrgang unter 1960.

Deshalb – und weil wir viel häufiger im Arbeitsalltag als in organisierten Kursen lernen – ist Mobilität entscheidend. Doch in vielen zahlenmässig gewichtigen Tätigkeitsfeldern, denken wir zum Beispiel an die öffentliche Verwaltung, an die Verkehrsbetriebe, Polizei und Spitäler, liegen Alternativen und ein Puzzle mit wechselnden Arbeitselementen keineswegs auf der Hand. Alle paar Jahre, je nach Komplexität des Tätigkeitsfeldes, sollte das Aufgabenportfolio von Personen und Teams anders gepackt und kombiniert werden. Wer projektorientiert arbeitet und sein Arbeitsvermögen auf Plattformen im Internet feilhält, verliert und gewinnt neue Auftraggebende in kürzeren zeitlichen Abständen. Zentrale Bedeutung kommt deshalb den Unternehmen zu, weil sie Jobwechsel, Jobtausch, Umverteilung von Verantwortlichkeiten und temporäre Integration in verschiedenen Projektteams einrichten können. Und vom Vorteil profitieren, dass produktive Firmenkenntnisse ihren Wert behalten. Offensichtlich verfügen sie über die Voraussetzungen für interne Wechsel, lernfördernde Arbeitseinsätze auf Zeit und die Gestaltung von Mosaik-Laufbahnen (vgl. Kapitel «Laufbahnen»). Kleineren Firmen steht die Möglich-

keit offen, im Verbund mit andern Job-Rotationen oder Arbeits-
platz-Tausch zu organisieren.

Drehscheibe

Eines der – in firmenspezifischen Varianten – praktizierten Konzepte trägt das Etikett Drehscheibe und bewegt sich im – mit
limitiertem Zugang – Internet oder Intranet. Wer immer sich
umsehen, verändern oder Alternativen temporär oder auf Dauer
ausprobieren möchte, hängt seinen oder ihren persönlichen
Steckbrief ans Drehscheiben-Board. Sowohl HR-Fachleute wie
Linienvorgesetzte und Mitarbeitende lustwandeln gelegentlich auf
der Drehscheibe, lassen sich inspirieren oder suchen gezielt nach
Tauschpartnern oder Kandidaten für offene Stellen. Nicht überall
stellt sich die gewünschte Dynamik automatisch ein, zuweilen
gerät die Einrichtung ohne Bewirtschaftung etwas in Vergessen-
heit. Zur Pflege der Plattform gehören Hinweise an Vorgesetzte
und Angestellte im Umfeld des jährlichen Mitarbeitergesprächs,
Kontakte zu Case-Managerinnen, die absentes Personal betreuen,
oder zu Weiterbildungsfachleuten.

Die Verantwortung für Organisation, Betrieb und Dynamik solcher
Drehscheiben lässt sich, je nach Kompetenz und Stellung der Per-
sonalfunktion, dem HR-Zuständigen übertragen. Weil gute Unter-
nehmenskenntnisse und Vernetzung matchentscheidend sind,
handelt es sich um eine klassische Funktion für *very experienced
persons*. Eine bewährte, engagierte Person kann sich in dieser
Funktion weiterentwickeln, teilzeitlich oder in der Form eines
Zusatz- oder Sonderprojekts.

Grösse ist wichtig, ich wiederhole, um Fachkräfte organisationsin-
tern laufend mit – andere Kompetenzen fördernden – wechselnden
Aufgabenbündeln zu betrauen. Doch hinreichend ist diese Voraussetzung nicht. Wir wissen, dass Departementswechsel in kantona-

len, kommunalen oder eidgenössichen Verwaltungen selten vorkommen; zwischen den Themenwelten klaffen tiefe Gräben. Immerhin ist ein Wandel in der Zukunft nicht ausgeschlossen, wenn Mosaik-Laufbahnen zum Standard werden. An Universitäten, auch sie von sehr unterschiedlichen Fakultätskulturen geprägt, lässt sich bei den langzeitlich beschäftigten *Professionals* reger Wechsel beobachten. Und interessanterweise können – gemäss jüngerer Befragung in Zürich – sich zwei von drei dieser Mitarbeitenden – vielleicht deshalb – gut vorstellen, länger als bis 65 zu arbeiten.

Bleibt Arbeitskräften, um die erforderliche Beweglichkeit und neue Lernimpulse zu realisieren, nichts anderes übrig, als zu kündigen und den Arbeitgeber zu wechseln, werden sie bekanntlich hart auf die Probe gestellt, ist der Arbeitsmarkt für Personen ü45 doch ausgesprochen zäh und risikoreich. Wird bei einer Vakanz Ersatz gesucht, steht die Idee einer Verjüngung des Teams zuvorderst. Und jüngeren Personen wird automatisch grössere Anpassungsfähigkeit und aktuelleres Kompetenzprofil zugeschrieben als reiferen.

Schützen Strukturen oder persönliches Verhalten vor Job-Unsicherheit?

Die französische Arbeitssoziologin Bénédicte Zimmermann (2011) kritisiert, dass die Kosten für Unwägbarkeiten und raschen Wandel auf dem Arbeitsmarkt, aber auch für die stete Erweiterung der Arbeitskompetenzen einerseits den Arbeitskräften persönlich und andererseits den Arbeitslosen-Versicherungen bzw. der staatlichen Verwaltung von Arbeitslosigkeit und Wiedereingliederung aufgelastet werden. Sie sucht nach strukturellen Alternativen für *Flexisecurité*. Mit Erfolg!

Schon zu Beginn des 20. Jahrhunderts gab es Firmenverbünde oder -gruppen, die als Anstellungsträger funktionierten und gemeinsam sowohl bestimmte Spezialistinnen, die sie nur ein paar Stunden pro Woche brauchten oder doch nur saisonal mit Vertrag an sich banden. Ein Konzept mit Vorbildcharakter, auch heute. Man sourct beispielsweise die Informatik nicht aus, sondern teilt ein kleines Team mit anderen KMU. Die Teammitglieder kommen bei üblichem Voll- oder Teilzeitpensum in zwei oder drei Firmen geregelt zum Einsatz. Der Verbund, in unterschiedlichen Geschäftsfeldern oder in verwandten Gebieten aktiv, war und ist für ein stimmiges Geflecht von Teilzeiteinsätzen und die üblichen Human-Resource-Aufgaben verantwortlich. Bénédicte Zimmermann hat in mehrjährigen Abständen die Erwerbspersonen in solchen Verbünden beobachtet und befragt. Wer sich simultan in verschiedenen Erfahrungsfeldern bewähren und weiterentwickeln konnte und positive Rückmeldungen erhielt, gewann sowohl an Kompetenz wie an Selbstvertrauen und lobte das organisatorische Arrangement. Andere, deren Fähigkeiten nur ausschnittweise zum Zug kamen, die sich unterschätzt und eher eingeengt fühlten, kämpften um eine absichernde Vollzeitbeschäftigung bei einem einzigen Arbeitgeber, mit entsprechend reduzierten Entwicklungschancen und – von aussen betrachtet – steigender Arbeitsplatzunsicherheit.

Solche Firmenverbünde sind uns aus der dualen Berufsbildung vertraut. Weil vor allem kleinere Unternehmen bloss in einem begrenzten Tätigkeitsfeld praktisch ausbilden können, schliessen sie sich mit verwandten Arbeitgebern zusammen und sichern ihren Lehrlingen damit einen breiteren Horizont.

Bénédicte Zimmermann hat in ihrem Bestreben, nicht nur persönliche Entwicklung, sondern die Stärkung des Humankapitals insgesamt zu fördern, auch die Voraussetzungen für stetige Kompetenzsteigerung (und damit Schutz vor Arbeitsplatzverlust) innerhalb eines Unternehmens untersucht. Sie nennt Massnahmen auf drei Ebenen:

1. Ein Job – mehrere Funktionen: Wer beispielsweise im Innenarchitekturbüro hauptsächlich Projekte managt, ist auch im

Controlling von Projekten des Chefs und der Kolleginnen tätig, Mitglied einer Gruppe, die neue Materialien prüft und erprobt, und Tutorin eines Studenten der Fachhochschule.

2. Einbettung in Zusammenhänge: Jeden Tag werden die Mitarbeitenden kurz innerhalb von Gruppe und Abteilung über den Stand der Dinge, wichtige Initiativen oder auftauchende Probleme informiert. Praktische Angelegenheiten wie der Ersatz von Abwesenden werden gemeinsam geregelt.

3. Symbolische Anerkennung: Wertschätzung wird bewiesen mittels Weiterbildungsimpulsen, Ermöglichung von Kursen, Organisationsverantwortung für Studienreisen oder Exkursionen, Beförderung in Projektgruppen, Spezialaufträge, Hospitationen, Hinweise auf (noch) interessantere Jobs, Belohnungen, Lohnerhöhungen usw.

Vertragsformen für Nomaden und Sesshafte

Zeitliche und örtliche Flexibilität der Leistungserbringung ist seit Jahren die dominante Forderung an jede Arbeitsorganisation; Junge in Ausbildung, Eltern, Frauen, Ältere, Behinderte fordern die Möglichkeit, zu Hause zu arbeiten, Jobs zu teilen, kleine Pensen zu übernehmen und sich dann der Erwerbsarbeit zu widmen, wenn private Verpflichtungen erledigt sind. Familie, Betreuungsaufgaben, Weiterbildung, Sport und soziale Aktivitäten strukturieren die Agenda, und die Erwerbsarbeit soll sich – zugespitzt formuliert – als bewegliche Pflanze um diese fixen Pfähle schlingen. Selbstverständlich bewerte ich Freiraum grundsätzlich positiv, doch anzunehmen, jede Erwerbsperson sei eine frei schwebende Monade, halte ich für realitätsfremd. Arbeitsplatzpräsenz ist Voraussetzung für spontanen Austausch und verbindliche Erreichbarkeit ist in vielen mir bekannten Branchen und Tätigkeitsfeldern nach wie vor unabdingbar. Kooperation, Interdisziplinarität oder Spezialistentum gehören zu den stets verfügbaren Bedingungen zeitgemässer Agilität, nicht nur im Rahmen turnusgemässer Sitzungen. Klärungen und Entscheide, Prüfung und Abgleichung von Einschätzungen und Argumenten, funktionieren via Skype oder Mail höchst unzulänglich.

Outsourcing vieler Funktionen ist im Trend, unabhängige Spezialdienstleister arbeiten oft für mehrere Unternehmen gleichzeitig. Lizenzen einkaufen ist weniger riskant als die Finanzierung eigener umfassender Forschungsstrukturen. Auch kleinere Firmen zum Beispiel lassen ihr Personal von speziellen Büros suchen, nehmen für ihre Kinderbetreuung den «Familienservice» in die Pflicht und den Kundendienst pflegt ein Callcenter in Polen. Nur die Kernbelegschaft mit ihrem betriebs- und produktespezifischen Wissen (einschliesslich Management) ist künftig ohne Befristung und für hohen zeitlichen Einsatz angestellt. Doch in personengebundenen Dienstleistungen und der Infrastrukturpflege – ich denke an Spitäler, Bahn, Sicherheitsdienste, Energieversorgung, Schulen usw. – bleiben örtlich und zeitlich fixierte Jobs in riesiger Zahl noch für viele Jahre die Normalität.

Für Arbeitsorganisationen und Strukturen kommen laufend neue Schnittmuster in den Handel. Unternehmen zeigen reges Interesse, mehr Ellbogenfreiheit zu gewinnen und Reorganisationen nicht mit Verpflichtungen und hohen Sozialleistungen belasten zu müssen. Konkrete Beispiele (etwa die Grossbank Credit Suisse) experimentieren mit der Auslagerung von Fachkräften in selbstständige Beschäftigungsfirmen, wobei sich im ersten Schritt die Bedingungen nicht wesentlich ändern; viele Normalarbeitsverhältnisse laufen weiter oder werden neu vereinbart. Gleichzeitig organisieren diese Firmen aber auch punktuelle, projektbezogene, teilzeitliche oder befristete Subcontractors; sie tätigen Leistungseinkauf und lassen sich kaum auf die lebendigen, engagierten Leute ein.

Im Prinzip lassen sich vier Stufen der Flexibilisierung unterscheiden:

1. Kernteam (unbefristet, begrenzt flexibel).
2. Organisationsinterne Belegschaft mit flexibleren Bedingungen, aber zeitlich unbegrenzten Verträgen. Flexibilität aufgefangen z. B. durch Jahresarbeitszeit.
3. Erweiterte Belegschaft: mit dem Unternehmen vertraute Leute, die nach Bedarf Einsätze übernehmen, z. B. Ehemalige, Pensionierte, Studierende, aber auch frühere Mitarbeitende, in Beschäftigungsfirmen ausgelagerte Personen.
4. Externe: temporäre und freie Mitarbeitende, einmalig oder immer wieder, Freelancer und Selbstständige, die gern online getestet und mandatiert werden.

Spezialisierte Aufgaben wie Umbauarchitektur, Übersetzungen, Produktdesign usw. werden immer häufiger auf Ausschreibungsplattformen im Internet platziert; Bewerbungen kommen dann aus aller Welt. Gut vertraut sind wir inzwischen mit Geschäftsmodellen wie UBER, in deren Rahmen Einzelpersonen unkompliziert auch am Feierabend ihre Leistungen anbieten und Kunden vermittelt erhalten. Hier entspinnt sich ein interessanter Disput: Das Unternehmen bezeichnet die Fahrer als selbstständige Unternehmer, während Arbeitsrechtler verschiedener Länder sie als abhängig Beschäftigte wahrnehmen. In der Schweiz ist entscheidend, wer die Sozialversicherungsbeiträge bezahlt.

Doch das Thema ist mehr als nur ein technisches. Während vor allem jüngere Menschen sich vergnügt mit dem Laptop unter Palmen einrichten, um Aufgaben abzuarbeiten und mit Kollegen abzustimmen, brauchen andere soziale und materielle Sicherheiten, um optimal leistungsfähig zu sein. Wer Kinder grosszuziehen hat oder mit anderweitigen Verpflichtungen belastet ist, braucht einen dauerhaft verlässlichen Kontostand. In vielen Staaten gelten Mindestlöhne, Ferienansprüche sowie obere Grenzen für Arbeitseinsätze, und für viele Standardberufe handeln Gewerkschaften den

Rahmen der Arbeitsverträge aus. Gesetzliche Regeln können nicht privat ausgehebelt werden; die Politik ist bemüht, eine Balance zwischen Dynamik, Flexibilität und Fairness herzustellen, um bei aller Freude an Innovation den gesellschaftlichen Frieden zu sichern. Der Wunsch nach Flexibilität sollte im Gemeinwesen nicht einseitig nur für Arbeitgeber in Erfüllung gehen.

Es gehört zur wirtschaftlichen Dynamik, dass sich im Kompetenzangebot immer wieder Bedarfslücken öffnen und in manchen Feldern zu wenig Qualifizierte bereitstehen. Dank Internet und globaler Mobilität können Firmen weiterum Fähigkeiten und Fertigkeiten jagen und einkaufen – oft ohne dass die gesuchten Talente sich physisch weit bewegen müssen.

Gelegenheitsarbeit, Engagement in Projekten und Arbeit auf Abruf, bzw. Schwarzarbeit sind ja nicht neu – doch mit der Verbreitung von Plattform-Aufträgen entstehen Grauzonen, asymmetrische Beziehungen und für Beschäftigte vielleicht längerfristig nachteilige Arrangements, die für gerunzelte Stirnen sorgen und auch bei liberalen Geistern Fragen nach Schutz und neuen rechtlichen Normen provozieren. Denn Abgaben für die Versicherung gegen Arbeitslosigkeit und Invalidität, die Altersvorsorge, aber auch die Bemessung von Steuern sind eng mit den Arbeitsverhältnissen verknüpft. Und Erwerbstätige brauchen Gewissheit, dass sie auf das geltende nationale Arbeitsrecht pochen können. Da spielt, was ich im Ausland lernen musste, auch die Höhe der Gebühren von Arbeitsgerichten eine nicht unwichtige Rolle.

Schlüsselkompetenzen

Wenn Personen mit Hochschulbildung generell leichter eine Arbeit finden als solche mit wenigen Jahren Schulbankerfahrung, hat das relativ wenig mit konkretem Wissen zu tun. Aber mit der während Jahren geübten Fähigkeit, rasch Neues zu lernen, sich in verfügbare Wissensbereiche einzugliedern und Überkommenes loszulassen.

Im Zuge der Globalisierung unserer Wirtschaft und Gesellschaft sind die Ansprüche an transkulturelle Kooperationsfähigkeit und die Beherrschung von Fremdsprachen deutlich gestiegen. Darüber wird wenig geklagt; auch Personen in Dienstleistungsberufen mit wenig formaler Bildung finden sich offenbar leidlich zurecht, wenn sie sich in Englisch oder Spanisch zu verständigen haben. Etwas höher liegen die Barrieren bei Arabisch und Chinesisch oder Russisch, weil auch unvertraute Schriftzeichen zu meistern sind. Und vor allem: Es gelten ganz andere soziale Regeln, was jede Kooperationssituation kompliziert macht. Ich kann mich nicht nur auf die Erreichung eines Resultats konzentrieren, ständig läuft im Hinterkopf die Reflexion über die Angemessenheit des eigenen Verhaltens. Was angemessen ist, kann ich nicht bloss empathisch erfassen, ein Rückgriff auf solides Wissen über die «andere» Umgebung ist unerlässlich.

Höhere Ausbildungen nähern sich weltweit immer stärker an; Module und Lernwege sind austauschbar und homogen. Neben vielen Vorteilen hat dieser Prozess aber zur Folge, dass die Zusammenarbeit mit ganz unterschiedlichen Personen in der Arbeitswelt weniger gut vorbereitet und «geübt» wird. Auch in städtischen Quartieren sinkt – entgegen verbreiteter Meinung – die soziale Durchmischung. Um solche gesellschaftliche Veränderungen zu kompensieren, Kohäsion zu stiften und den Zugang zu elementaren Wissensfeldern zu sichern, gilt es neue Begegnungsplattformen für Personen aus sehr unterschiedlichen Milieus zu schaffen. Zivilgesellschaftliche Akteure sind gefordert. Gewisse Sportanlässe, Brauchtum und Folklore sowie die Kirchen erlebe ich noch als sozial und kulturell einigermassen durchmischt. Stärkste Eindrücke hinterliess bei mir die Flüchtlingskrise von 2015 in Deutschland; da zogen über Wochen hinweg Kleinstadthonoratioren mit Industriearbeiterinnen und Hilfspersonal am selben

Strick, um für 200 Syrer im Dorf eine Bleibe und erträgliche Alltagsverhältnisse zu organisieren. Für manche Berufsschulen, Universitäten und Unternehmen (speziell fürs Management) gehört «Lernen in fremden Lebenswelten» zur Normalität oder zur Pflicht, wenigstens alle paar Jahre und für einige Tage. Gemeint sind sorgfältig vorbereitete und ausgewertete Arbeitseinsätze in Gefängnissen, Asylunterkünften oder Behindertenheimen (vgl. Kapitel «Lernen und Weiterbildung»). Der global tätige Getränkekonzern Diageo befördert nur Führungsnachwuchs, der sich über Monate hinweg im Mentoring benachteiligter Zuwanderer und Migrantinnen bewährt hat.

Was auf dem Arbeitsmarkt heute zählt

Befähigungen

Hard Skills	formelle Qualifikationen	Schulbildung
		Berufliche Bildung
		Weiterbildung
		Spezialbildung
		Informelle Ausbildung/Erfahrung
Soft Skills	informelle Qualifikationen	Begabungen, Talente
		Persönlichkeitsmerkmale
		Arbeitstugenden
		Motivationen, Werte, Haltungen

Zugeschriebene Kriterien

Geschlecht, Alter, Nationalität, soziale und kulturelle Herkunft

Zusatzkriterien

Zeitliche und örtliche Verfügbarkeit, Aussehen, körperliche Verfassung etc.

Zusammenstellung: Alexander Salvisberg

Öfter taucht im Gespräch die geringere Vertrautheit der Ü50 mit Informationstechnologie und ständig neu ausgestatteten mobilen und immobilen Geräten auf. Bald ist das ein alter Hut, arbeiten doch alle seit einem Vierteljahrhundert mit Computern. Kompetenter Umgang und digitales Interesse unterscheiden immer seltener zwischen Altersgruppen, eher noch zwischen den Geschlechtern. Technospezialisten Mitte 50 sputen sich, neueste Software und Programmierung tatsächlich zu meistern, weil sie ihren Arbeitsalltag prägt und dramatische Prognosen zur Arbeitswelt 4.0 ihre volle Aufmerksamkeit an IT-Kompetenz nageln. Ob sie eine Chance haben? IT-Handling beschäftigt alle; vermutlich werden die Veränderungen im Lauf des Lebens für die heute 25-Jährigen noch dramatischer ausfallen als für heute 55-Jährige, die Ende der 1980er-Jahre mit dem PC Bekanntschaft schlossen. Studien zeigen, dass jüngere Mitarbeitende neue digitale Anforderungen intuitiver bewältigen als ihre älteren Kolleginnen und Kollegen. Letztere funktionieren intellektueller und sind auf gut strukturierte Zugänge zu neuem Wissen angewiesen. Ein erfahrener Projektleiter brachte mich neulich mit Verve vom Gedanken ab, dass Jüngere bei Digitalisierungsvorhaben im Vorteil seien. Selbstvertrauen und das Vertrauen der Teammitglieder seien die ausschlaggebenden Faktoren, Jahrringe drittrangig. Generell sind smarte Lernmethoden und Experimentierspielräume gefragt und lockere Zeitlimiten. Beides gehört zum Inventar förderlicher Arbeitsumgebungen. Und selbstverständlich eine konstruktive Einstellung, ja Neugier der beteiligten Personen. Dann ist der Erfolg in Reichweite.

Kontinuierliche digitale Kompetenzentwicklung ist unverzichtbar für fast alle und dies sozusagen bis zum letzten Tag. Wer den Anschluss verliert, gerät gefährlich ins Abseits. Nota bene auch im ausserberuflichen Alltag: Öffentlicher Verkehr, Finanzgeschäfte, Einkaufen, ja selbst der Putzroboter erfordern gewisses Geschick im Umgang mit elektronischer Steuerung. Die schweizerischen Haushaltspanel-Daten von 2014 zeigen, dass bei den über 55-Jährigen 72 Prozent im zurückliegenden Jahr keinen einzigen Weiterbildungstag absolviert haben. Hier zeichnet sich ein zwingender Wendepunkt für Individuen, Unternehmen, Politik und Bildungsinstitutionen ab; neue Investitionen und Initiativen sind nötig, um Personen entlang ihrer Laufbahn mit Impulsen zum Weiterlernen in Bewegung zu halten. Die Voraussetzungen sind günstig, bietet das Internet doch eine attraktive Vielfalt an klug aufbereiteten Modulen zum dezentralen Wissenserwerb.

Ein Schlüssel ist Motivation, also zielgerichtete, affektive Energie. Wer sich mit Aufgabe, Kontext und Team verbündet und identifiziert, verfügt darüber und entfaltet in kritischen Situationen mehr Widerstandskraft und Standfestigkeit als Personen, die nur ihre eigenen Interessen und das narzisstische Ego im Fokus haben. Diese schlittern rascher in Stress und Zweifel. Zugegeben, die Sache hat zwei Seiten: Umbruchszeiten machen Agilität zum modischen Schlüsselbegriff, Bindungen implizieren schmerzliche Trennungen, die auch ihren Preis fordern und die Leistungsfähigkeit ganzer Teams beeinträchtigen. Fixe, persönlich geprägte Arbeitsplätze verschwinden (auch aus Kostengründen) im Grossraum-Workspace. Manchmal beschleicht mich der Eindruck, dass Menschen, die wie San-Disks in fast jeden Schlitz passen und subito funktionieren, auch über eine sehr marktgerechte Schlüsselkompetenz verfügen.

Berufliche Tätigkeit soll ihrem Stellenwert im Leben entsprechend eine Quelle von Zufriedenheit, Selbstbestätigung und Freude sein. Doch für Paradiessucher und Leidenschaftliche gibt es wohl noch passendere Orte als die Lohn-Arbeitswelt. Erwerbstätigkeit bedeutet: in heteronom definierte Rollen schlüpfen, mit Personen kooperieren, die von anderen ausgewählt wurden, gelegentlich auch wenig überzeugende oder widersprüchliche Aufträge erfüllen und dennoch Handlungsspielräume identifizieren und mit eigenen Akzentsetzungen nutzen. Die Erfahrung von Selbstwirksamkeit bleibt auch unter weniger günstigen Vorzeichen zentral, und die

Schlüsselkompetenz Realitätssinn hilft, die Proportionen zwischen Pflicht und Kür nicht aus den Augen zu verlieren. Es ist ein Privileg, besonders schwierige Situationen zu meistern.

Rekrutierung oder die Passung zwischen Knopf und Knopfloch

Zwei kritische Entwicklungen überlagern sich bei der Personalgewinnung und -einstellung: Einerseits ersetzen verschiedene neue technische Möglichkeiten und Algorithmen mit je spezifischen Vor- und Nachteilen die direkte Begegnung zwischen Personen. Dies gilt zumindest in den ersten Runden für serielle Jobs mit hoher Fluktuation oder bei der Vergabe von Aufträgen an Subcontractors. Anderseits beklagen sich Junge und Ältere beim Bewerben über geringere (unfaire?) Chancen, weil Vorurteile und fixe Vorstellungen über erwünschte Kandidierende dominieren. Personen mit im Balkangebiet verbreiteten Namen stimmen in dieses Klagelied mit nachweislich guten Gründen ein. Stereotype lassen sich bestenfalls in der direkten Begegnung korrigieren.

Schon immer war der Arbeitsmarkt undurchsichtig und von Zufällen und Irrationalität durchsetzt. In jüngerer Zeit ist, wie eine Studie des Zürcher Arbeitsamtes belegt, auch die Übersicht über offene Stellen massiv erschwert. Nur rund ein Drittel der Vakanzen wird noch, auch über Internetportale, ausgeschrieben. Arbeitgebende holen Empfehlungen bei Mitarbeitenden ein oder recherchieren, bzw. kontaktieren via Netzwerke wie Linkedin oder Xing. Jobsuchende peilen Firmen und Organisationen via Homepage an und offerieren Kompetenz und Engagement direkt. Und lassen sich weiterempfehlen. Wiedereinsteigerinnen und Outplacement-Kunden kreieren oft in dieser Weise ihre neuen Jobs.

Worauf können oder müssen Selektionsverantwortliche achten, wenn sie Diskriminierung vermeiden wollen? Manchmal ist das

Sieb ja gewollt, zum Beispiel im Hinblick auf künftige Team-zusammensetzungen oder wegen des Firmen-Images. Gute Head-hunter betonen stets, bei der Suche nach neuen Mitarbeitenden sei die Vereinbarkeit der Kulturen erfolgsentscheidend. Wissen und Techniken erwerben Leute im Nu; Umgangsstil, Sprachgebrauch, Tabuzonen, Haltungen ändern sich harziger und nähren Konflikte. Die neuen Wachstumsbereiche Informationstechnologie, Social Media oder Kreativwirtschaft sind von einer ausgesprochen ju-gendlichen Kultur geprägt. Google und Facebook rühmen sich ihres Durchschnittsalters von knapp unter 30. Und das wirkt aus-grenzend. Genauso wie Kleiderordnung, Slang und verpflichtendes Du. In Silicon Valley sind auch ausgefuchste Computerprofis nach Auskunft der Rekrutierungsplattform «Hired» über 45 kaum mehr vermittelbar. Fachleute ü50 verdienen entsprechend gleich viel oder gleich wenig wie junge Profis zwei Jahre nach Ausbildungs-abschluss.

Frische Kolleginnen und Kollegen zu integrieren, ist im Prinzip eine Innovationschance; daraus ergeben sich gute Gründe, weniger zu fragen: «Passt er oder sie zu uns?», als nach wünschbaren Impul-sen für die Zukunft und abweichenden Denkmustern zu fahnden. Solche Impulse können Wissen, Kompetenzen oder Kultur bein-halten. Zu oft zeigen Verantwortliche im Linienmanagement recht fixe Vorstellungen von der optimalen Besetzung; sie schränken das Suchfeld ein, das bestätigen involvierte Personalfachleute. Aus-drücklich oder unbewusst reproduzieren sie eine komfortable, aber nicht sehr innovationsträchtige Situation. Weisse Männer zwischen 25 und 40 mit unauffälligen Namen überstehen deutlich öfter die erste Auswahlrunde als bunte Vögel. Das kann als Naturgesetz ak-zeptiert oder als unfair und deshalb moralisch fragwürdig oder als volkswirtschaftlich unerwünschte Verschleuderung von Talent eti-kettiert werden. Oder als Übergangsphänomen, bis der fehlende junge Nachwuchs eine Öffnung erzwingt. Ich selbst würde gesell-schaftspolitisch argumentieren und die Integration breiter Kreise der Bevölkerung als Zukunftskonzept vertreten. Wer überzeugt ist, mit all seinen Potenzialen willkommen zu sein und nicht aufgrund leistungsferner Merkmale vor Hürden steht, entwickelt Schub und kooperiert in allen Bereichen erfolgreicher, also auch in Familie, Politik, Öffentlichkeit und im Rahmen zivilgesellschaftlichen Engagements.

Es gibt eine Metapher für faire Auswahlverfahren zumindest in der ersten Runde: das Geigenspielen hinter einem Vorhang. Die zuhörenden Expertinnen konzentrieren sich ausschliesslich auf den Klang der Musik und wie die spielende Person das Instrument behandelt. Sie stellen ihr im Voraus wie spontan Aufführungsaufgaben. Abstrahiert wird von Aussehen, Alter, Geschlecht, Tätigkeiten in jüngerer Vergangenheit, Namen und Adresse. Was berühmte Orchester erfolgreich praktizieren, kann mutatis mutandis auch Wirtschaft und Verwaltung personell weiterbringen. In Belgien rekrutiert der Staat schon seit Jahren derart «anonymisiert»; in Deutschland laufen Pilotversuche mit dem Resultat, dass die Aufmerksamkeit tatsächlich stärker auf Qualifikationen und Leistungsfähigkeit als auf Äusserlichkeiten fokussiert.

Längst ist wissenschaftlich nachgewiesen, dass persönliche Interviews (wir reden inzwischen vor allem über die zweite Auswahlrunde) kaum ohne Wahrnehmungsverzerrungen ablaufen: Auswählende bevorzugen Personen nach dem eigenen Bild und mit gleicher «Geschichte», also aus einer vergleichbaren Alterskohorte. Und sie werden im Lauf des Tages müde und strenger. Wer sich echt für Talente statt Vorurteile interessiert, kommt zum Schluss, stets mehrere unterschiedliche Personen an Interviews zu beteiligen. Verhaltensökonomen nennen die Zahl vier als optimal. Ich höre den Aufschrei: «Kosten!, Kosten!» Und denke, jedes Unternehmen muss für sich entscheiden, welche Qualitäten wie viel Aufwand wert sind. Rekrutierungsfehler oder -mängel sind auch nicht bei allen Beschäftigten billig. Neben Interviews sind Bewährungssituationen oder die Meisterung anspruchsvoller Aufgaben aus dem Zusammenhang der anvisierten Stelle aufschlussreich. In nicht allzu ferner Zukunft kann das auch in virtueller Realität und dann z. B. im Kundenkontakt stattfinden.

Im Zweifelsfall zöge ich bei Ressourcenknappheit eine andere Variante in Betracht: Interviews nicht mit Einzelnen, sondern in Gruppen von Bewerbenden. Vier und vier oder sechs und sechs. Damit habe ich hervorragende Erfahrungen gemacht, die Dichte der Beobachtungen erzeugt eine Menge wichtiger Informationen, speziell auch über Interaktionsmuster. Kandidierende lernen selbst sehr viel voneinander und gewinnen Einblick in Vor- und Nachteile ihrer eigenen Bewerbung und ihre Chancen.

Der Stellenwert klassischer Bewerbungsdossiers mit Lebenslauf, Motivationsschreiben und Zeugnissen schmilzt vor allem in Grossunternehmen. Für KMU, den Staat und traditionelle Firmen gilt die Feststellung weniger. Der Computer kommt zum Zug und nicht nur als Schreibmaschine, sondern als Selektionsinstanz. Digitalisierung verspricht grössere Neutralität und vor allem billigere Prozesse. Der Schweizer Post samt Untereinheiten wie Post Finance fliessen jährlich rund 40 000 Dossiers zu; sie lässt – wie viele andere grössere Arbeitgeber – Unterlagen maschinell lesen und interviewt mithilfe strukturierter Fragen und Videoaufnahmen elektronisch, also ohne persönliches Gegenüber. Beim Visionieren der Filme wendet sich der Daumen rascher nach unten oder nach oben als im Sitzungszimmer. Die Nutzung solcher Techniken rückt sicher geübte Selbstdarstellerinnen und -darsteller mit Erfahrung auf *Youtube* und mit *Selfies* in günstiges Licht. Ältere werden abgeschreckt oder verhalten sich ungeschickter. Ob Auswählende im aufgeklärten Bilderlesen geschult sind, muss hier unbeantwortet bleiben. Immerhin lassen sich Standardisierungen durch Anfügen anspruchsvoller systemischer Fragen ergänzen, die markante Unterschiede zwischen den Kandidierenden zutage fördern. Klar ist, dass in solchen Prozessen der oben geäusserte Wunsch nach Anonymisierung nichts zu suchen hat. Der äussere

Eindruck gewinnt ganz im Gegenteil an Relevanz gegenüber Inhalten.

Computer und Datenanalyse können viel mehr als nur Texte auf Schlüsselwörter untersuchen und danach die Guten ins Töpfchen kanalisieren. Mithilfe von *predictive analytics*, also Templates, die man zuvor aus Charakteristiken erfolgreicher Nachwuchskräfte und deren Testergebnissen herauskristallisierte, werden Kandidierende ausgemessen und bewertet. Integriert ins Datenmaterial sind auch Videoaufnahmen mit Antworten auf standardisierte Fragen, wobei Sprachgebrauch und Mimik ebenfalls genau gemessen und bewertet werden. Die verwendete Software lernt laufend aus den Daten der Jobsuchenden und nutzt die Menge anfallender Daten. Neutral ist der Algorithmus nicht, er übernimmt Vorurteile und herrschende Präferenzen und ist folglich kaum ein Vorteil für Reifere und Quereinsteigende. Wer Diversität anstrebt, rekrutiert grundsätzlich nur Gruppen, nicht Individuen. Sammelt und bearbeitet also mehrere Vakanzen zusammen. Diversität ist ja kein individuelles Problem; bei Einzelvakanzen geben a priori andere Kriterien als Multikulti den Ausschlag.

Nur kurz möchte ich eine weitere Auswahlmethode anfügen, die wachsenden Anklang findet. Sogar Lehrlinge werden mit Castings nach dem Vorbild entsprechender TV-Sendungen angeheuert. Wie lässt sich das interpretieren? Engen sich mit Digitalisierung und Automatisierung in vielen Tätigkeitsbereichen die gefragten Kompetenzen auf Selbstdarstellung, Kontakttalent und Auftreten ein? Oder trauen sich Unternehmen zu, neu rekrutierte Personen sowieso schnell auf ein bestimmtes Geleise einfuchsen zu können? Jobinteressierte ü40 werden sicher Coaches finden, die sie solid auf solche Bewährungssituationen vorbereiten …

Viele, die sich ü45 beruflich verändern wollen, richten bei Linkedin und Xing ein Konto ein und pflegen es sorgfältig. Immer öfter treffe ich HR-Fachleute, die aktiv in diesen Netzwerken fischen und interessante Personen von sich aus kontaktieren. Firmen beobachten anderseits denn auch aufmerksam, wer aus ihrer aktuellen Belegschaft sich auf diesen Plattformen schön herausputzt und damit als potenzielle Abspringerin outet. Unnötig zu erwähnen, dass diese Profile alles andere als anonym und vorurteilsneutral sind. Immerhin lassen sie sich individuell gestalten, und zwar so, dass gewisse Stereotypen ein Stück weit unterlaufen werden. Apropos Mechanismen unterlaufen: Eine Fachfrau rät Ü45, im Lebenslauf nur die Erfahrungen der letzten 15 Jahre zu deklarieren, um dem Filter im examinierenden Computer ein Schnippchen zu schlagen.

Wo liegen die Grenzen der Digitalisierung bei der Personalauswahl? Gewiss filtern Templates verlässlich Hochbegabte mit Bestnoten aus renommierten Schulen und ähnlich gepackten Werkzeugkisten aus. Formiert man diese zu Teams, ist noch längst keine Superleistung garantiert, weil ihr kollektives Reservoir an kognitiven Mustern begrenzter ist als dasjenige bunter durchmischter Teams. Gewisse Aspekte einer Person wie Liebenswürdigkeit, Ausstrahlung oder unangenehmer Umgang sind kaum mit *Bits* und *Bytes* zu erfassen. Der persönliche Touch in personengebundenen Dienstleistungen oder im oberen Management bleibt wohl auf eine Beurteilung durch Menschen angewiesen. Soziale Wesen, und dazu zählen Menschen, verändern sich durch ein lebendiges Gesicht vis-à-vis. Wie angeknipste Lampen. Im Austausch entsteht Resonanz, da lassen sich auch erste Eindrücke und Vorurteile entkräften. Wiedereinsteigerinnen oder Outplacement-Kunden empfehle ich viel Einfallsreichtum, um persönliche Begegnungen einzufädeln, vorzugsweise mit Verantwortlichen aus der gleichen Lebensdekade – auch das ein kalkuliertes Spiel mit unbewussten Präferenzen, den berühmten *unconscious bias*.

Vieles ist im Umbruch, die Auswirkungen digitalisierter Auswahlverfahren sind noch kaum erforscht. In vielen Ländern ist Diskriminierung aufgrund von Merkmalen wie Geschlecht oder Alter (letzteres in der Schweiz nicht) mit Blick auf sozialen Frieden gesetzlich verboten. Alle diese Gründe sprechen – neben der Bedeutung des menschlichen Potenzials für die Entwicklungsperspektiven von Unternehmen – zumindest für eine verlässliche Evaluation der selbst praktizierten Rekrutierungsverfahren.

«Culture Eats Strategy for Breakfast»

Managementguru Peter Drucker liess keine Zweifel offen, dass alle strategischen Entscheide und operativen Anweisungen weniger matchentscheidend wirken als die Kultur einer Unternehmung, bzw. ihrer Teilbereiche. Personalvermittlerinnen blasen ins gleiche Horn: Kandidaten müssen vor allem kulturkompatibel sein, fehlendes konkretes Wissen erwerben sie im Nu. Wer immer im Lauf eines langen Berufslebens seinen Platz wechselt oder neue Aufträge übernimmt, muss die kulturelle Passung sehr ernst nehmen.

Organisationskultur ist ein schwer fassbarer Begriff. Sie drückt sich in persönlich Erlebbarem aus, in Räumen oder im Erscheinungsbild der Homepage und gehört zum Reich der Ideen und Vorstellungen. Das Reden über Kultur bleibt notgedrungen abstrakt. Firmenkulturen sind (für bestimmte Gruppen) motivierend, für andere zuweilen belastend und einengend. Jugendliche Kulturen schliessen reifere Arbeitskräfte aus oder drängen sie an die Wand. Sie erfüllen zum Beispiel IT-Start-ups, hippe Gastronomie, Modeunternehmen, Werbeagenturen, Sportfirmen, neue Medien … und immer öfter auch Organisationen, die gewollt ein jugendlich dynamisches Image pflegen und dem (fitten) Körper hohe Bedeutung beimessen. Selbstverständlich orientieren sich Firmen, die körperzentrierte Leistungen anbieten, etwa die Paketpost, Gärtnereien und Baufirmen, kulturell sozusagen elementar an Saft und Kraft. Im demografischen Wandel müssen sie sich die neuen Realitäten späterer Alterung besonders hinter die Ohren schreiben und eine Umgebung gestalten, die auch für den gesunden Marathonläufer ü60 und das weisshaarige Model gute Plätze reservieren.

Konflikte totschweigen, stumm leiden oder um den Chef wie um einen Totempfahl herumtanzen, wird vielleicht nicht als «kultiviertes» Verhalten taxiert, kann aber durchaus eine Organisationskultur prägen. Der reichlich schwammige Begriff Firmenkultur umfasst alles, was zum «Stil des Hauses» und zum Arbeitsalltag gehört, also die Art und Weise, wie eine Firma, Schule, Abteilung oder ein Spital mit ihren Mitarbeitenden (und diese untereinander), ihrer Aufgabe, den Kunden/Klienten und der Aussenwelt umgehen. Er umfasst gelebte Werte, massgebende Menschenbilder, oft erzählte Geschichten, Grundstimmung, kolportierte Erfolgsrezepte, Beziehungsmuster (die sich z. B. in generell praktiziertem Du oder Sie spiegeln), optische Signale (wie Webauftritt, Logo, Architektur, Mobiliar), Rituale (Sitzungen, Feste), Kleider-Code und Tattoo-Toleranz, Tabuthemen, Witzkultur usw.

In einem langen Erwerbsleben und speziell für Personen in der Mitte oder in reiferen Jahren spielt eine – die persönliche Entwicklung fördernde – Arbeitsumgebung die entscheidende Rolle. Interessante Aufgaben, «gesunder» Arbeitskontext, wertschätzende Kultur ohne Vorurteile und Wertschätzung aller geleisteten Beiträge, Ver- und Zutrauen machen Stars oder – wenn sie fehlen – trübe Tassen. Gibt es den schönen Traum? Die vielfältigen Zweige der Arbeitswelt wandeln sich demografisch und technologisch unterschiedlich und präsentieren sich daher auch kulturell divers. Handwerk und Gewerbe klagen, dass sie ihre Lehrstellen nicht mehr besetzen können, weil in den geburtsschwachen Jahrgängen der Nachwuchs ausdünnt. Um für Schulabgänger attraktiver zu sein, erneuern sie das Corporate Design, die Arbeitskleidung und die Hintergrundmusik am Telefon. Immerhin bleibt der Stammtisch am Freitag erhalten. Die hippen Technologiefirmen, aber auch die Unterhaltungsindustrie sind ausgesprochen «jung», nur wenige der Mitarbeitenden haben bereits eine Familie gegründet, das Mobiliar strahlt in Primärfarben wie ein Kinderhort; entsprechend weit entfernt liegt das Thema Generationenmanagement.

Der Finanzwirtschaft zum Beispiel werden riesige strukturelle Umwälzungen vorausgesagt; sehr viele Aufgaben können künftig Maschinen übernehmen; das Geschäftsmodell ruft nach Generalrevision. Über Umfang und Tempo der Veränderungen gibt es Spekulationen, viele Einflussfaktoren sind unberechenbar, was u. a. zur Folge hat, dass die Verantwortlichen Teile der potenziell gefährdeten Belegschaft von der eigenen Lohnliste wegorganisieren und externe Services nutzen. Das steigert die organisatorische Beweglichkeit, verunsichert viele, schürt Misstrauen und kreiert eine spezielle, zynische bis galgenhumorige Alltagskultur. Weil elektronische Wege wie Mail und SMS komfortabel funktionieren, werden die Dienste der guten gelben Briefpost immer weniger beansprucht. Das Management ist froh, seine (älteren, weniger qualifizierten) Mitarbeitenden loszuwerden. Kürzere Verweildauer in einem Job ist in dieser Umgebung willkommen. Neu werden hauptsächlich Informatikerinnen und Informatiker eingestellt, die Gespräche im Hauptquartier tönen anders als vor ein paar Jahren, das sprichwörtliche «gelbe Blut» verschwindet aus den Adern, auch im Personaldienst ist inzwischen Homeoffice Trumpf. Ganz anders schildern Führungsleute etwa bei Polizei, in Spitälern und Heimen ihre Probleme und Kultur. Sie müssen verlässliche, kaum rationalisierbare Dienstleistungen an sieben Tagen pro Woche und 24 Stunden pro Tag sicherstellen, dürfen sich nur ein klein bisschen Fehlertoleranz erlauben und können beim besten Willen nicht mit *Fun* und Freiheit werben. Sie zerbrechen sich den Kopf, mit welchen Innovationen in der Arbeitskultur sie ihre Fachkräfte langfristig bei der Stange halten und neue Generationen gewinnen können.

Beliebig oder mittels Design lässt sich Unternehmenskultur nicht umkrempeln; nur wenn die Führungsetage klare Zeichen setzt, Programme realisiert und die Betroffenen aktiv involviert, bewegen sich Produkte, Kunden und Leistungsempfänger auf derselben Trendwelle. Sehr in Mode ist seit einiger Zeit die Methode des Geschichtenerzählens, die Narration vom besseren Arbeitsalltag und einer gesteigerten Lebensqualität. Ein beabsichtigter Erneuerungsprozess erfordert Zeit, weil er an die Wurzeln persönlicher Glaubenssätze, eingespielter Handlungsmuster und Alltagspraktiken rührt. Manchmal wird er schmerzlich erlebt, denn kaum jemand trennt sich leicht von eingefleischten, unterstützten und lange erfolgversprechenden Verhaltensmustern. «Welche Kulturmerkmale sprechen sowohl unsere Kontaktpersonen wie potenzielle Mitarbeitende an?», muss sich das Management fragen. Anspruchsgruppen im Staat oder Kunden können ohne Zweifel auf Kulturwandel hinwirken und Vorurteile aufweichen. Zum Beispiel die Position reiferer Arbeitskräfte stärken, indem sie deren Präsenz erfragen, einfordern oder positiv rückmelden oder auf fehlende Dienstleistungen hinweisen. Wie ein eleganter Herr neulich im luxuriösen Reisebüro, der spezielle Begleitung und ein Sonderprogramm für seine rekonvaleszente Mutter forderte; seine erste Kontaktperson liess sich umgehend durch eine reifere Kollegin ersetzen.

In den meisten Profit- und Nonprofit-Organisationen spielen offiziell Wertschöpfung und individuelle Leistung die zentrale Rolle; gefeiert werden Effizienz und Output, professionelles Können und stimmige Tools. Die Mitarbeitenden finden Spielraum für ihre Talente und motiviertes Arbeiten, sofern ihre Vorstellungen sich mit den Visionen und Vorgaben von Schlüsselpersonen und Organisation decken. Firmenkulturen sind gelegentlich exklusiv auf bestimmte kleine Gruppen ausgerichtet und meist hat auch eine offensiv deklarierte Inklusion ihre Grenzen. Diese zu verschieben und grössere Vielfalt zu integrieren, ist im zunehmend bunteren Arbeitsmarkt meist von Vorteil, weil sich damit die Rekrutierungsbasis für neue Mitarbeitende verbreitert, Querdenkende die herkömmlichen Denkmuster zerzausen und lange bewährte Kräfte seltener weglaufen. Diversität wird im Kapitel «Vier Generationen in der Arbeitswelt» vertieft diskutiert.

Arbeitsorganisationen sind auch Systeme der Machtverteilung und -balance, was sachfernen Aspekten der Kooperation, spontaner Vernetzung, informellen Beziehungen oder dem Informationsfluss frustrierend grosse Bedeutung verleihen kann. Macht wird in Gruppen konzentriert, die Personen ein- und ausschliessen. Zum Kern gehört, wer die Machtkultur perfekt verkörpert, wem man Erfolg zuschreibt und wer die Rituale elegant absolviert. Wer zu oft schweigt, sich nicht in die Karten blicken und alle Optionen offenlässt, wird mit dem Verdacht auf Illoyalität bestraft. Männerseilschaften halten Frauen fern; junge talentierte Cracks machen sich über «Gruftis» lustig. Letztere werden entmutigt, störrisch, verunsichert und unproduktiver. Und schliesslich überflüssig. Als «Opfer» der Kultur.

Was verspricht Erfolg beim Wandeln einer Unternehmenskultur? Neben Kommunikation im Sinn von Austausch und Begegnung über Menschenbilder, Alltagsklima und Beziehungsgestaltung sowie Vergemeinschaftung strategischer Themen lässt sich wenig aufzählen. Eine Erneuerung des schwer Fassbaren ist ein zeitintensiver kollektiver Lernprozess, weil er an die Wurzeln von Glaubenssätzen und eingespielten Handlungsmustern rührt. Manchmal ist das schmerzlich, denn niemand trennt sich leicht von eingefleischten und lange erfolgreichen Verhaltensmustern. Zweifel machen sich breit. Symbolische Handlungen, Bilder und Wechsel von Räumen stützen Gedankliches. Trivial zu sagen, dass Klarheit und Konsens bezüglich Zielen und Vorzügen einer erneuerten (z. B. generationengerechten) Kultur konkrete Schritte erleichtern. Alles Wichtige wird gemeinsam definiert und vollzogen. Allmählich wird klar: Offenere, inklusive Kooperation setzt Kräfte frei, steigert die Leistungsfreude und stärkt die gemeinsame Verantwortung.

Das organisatorische Kleid
und sein Schnittmuster

Im «Haus der Arbeitsfähigkeit» von Ilmarinen und Tempel ist das Organisationsumfeld als Einflussfaktor in der obersten von vier Etagen platziert. Der Verhaltensökonom Ernst Fehr behauptet in der *Neuen Zürcher Zeitung* vom 8. September 2017, dass 30 Prozent der Produktivitätsunterschiede von Firmen durch unterschiedliche Management- und Organisationspraktiken erklärbar sind. Was genau stärkt oder schwächt Engagement und Leistung? Rasch leuchten funktionale Elemente im Interesse von Erwerbstätigen ein, die wir bereits kennen: Abläufe mit individuellen Handlungsspielräumen, Entwicklungsperspektiven für Laufbahnen, Aufstieg oder Wechsel in freie Auftragsverhältnisse, Jobtausch und -rotation, unkomplizierte Anpassungen des Arbeitseinsatzes zwischen 40 und 100 Prozent, Unterstützung bei familiären oder gesundheitlichen Belastungen, faire Entlöhnung und – sehr wichtig – umfassende Ressourcen für Weiterbildung und zusätzliche Qualifizierung.

Weniger offensichtlich, dennoch wirksam sind eher symbolische Aspekte des Unternehmens wie die Reputation, die mit wirtschaftlichem Erfolg oder dem Respekt bei Kooperationspartnern (gilt für öffentliche Institutionen) in hohem Mass korrelieren. Es macht einen Unterschied, ob die Kinder von Frau C. ihren Kameraden stolz erzählen, dass ihre Mutter bei der Finanzmarktaufsicht arbeitet und lieber über die Bank schweigen, in der die Bildschirme ihres Vaters stehen, weil diese schon wieder für negative Schlagzeilen sorgt. Identifikation mit dem Unternehmen ist nicht ohne Risiko, doch affektive Bindung stärkt Motivation und Belastbarkeit. Niemand mag sich für seinen Arbeitgeber schämen; über glaubwürdige ökologische Erfolge wird gern berichtet, vom guten medialen Image der Chefin oder des CEO fällt etwas Glanz auf alle Angestellten. Arbeitgeber werden ja gerankt; wer Plätze oben auf der Beliebtheitsskala belegt, kann aus einer grossen Zahl Bewerbender auswählen – was alle schon unter Vertrag Stehenden ein wenig aufwertet. Wie stets bei Motivationsfragen ist der förderliche Effekt weniger wichtig als der destruktive. Der HR-Barometer von Universität und ETH Zürich förderte zutage, dass in der Schweiz rund 60 Prozent der Erwerbstätigen – vor allem jenseits von 35 – ihren Vorgesetzten und Firmen mit Zynismus begegnen. Viele Versprechungen werden offensichtlich nie eingelöst.

Junge Berufseinsteigende reden sich wie ihre Grosseltern wieder die Köpfe heiss über Mitwirkung und Besitzverhältnisse von Arbeitsorganisationen; Selbstverwaltung verspricht weniger Entfremdung (auch dieser Begriff hat wieder Konjunktur) und mehr Sinnstiftung. Es wird spannend zu beobachten, ob solche Alternativen sich über Randerscheinungen etwa im Mediensektor hinaus verbreiten. Erwerbstätige in ihren Vierzigern und ältere sind bereits zufrieden, wenn sie mit konkreten Anliegen gehört werden und der Alltag sie vor gröberen Ohnmachtserfahrungen verschont. Die meisten orientieren sich an der näheren Umgebung, vor allem am Team und an den direkt Vorgesetzten, allenfalls an Symbolfiguren in der Geschäftsleitung. Die ganze Organisation ist für sie oft ein Konstrukt, das ihren Forschungseifer kaum anstachelt und das sie – unverstanden – häufig enttäuscht.

Tatsächlich sind Unternehmen abstrakte Gebilde in den Köpfen und der Gefühlswelt von Menschen; sie lassen sich nicht wie Legosteine in die Hand nehmen. Gemeinsam ist ihnen die Verfestigung eines Beziehungsgefüges zwischen Personen, womit dieses ständiger Neu-Entscheidung entzogen ist. Im Normalfall teilen diese Organisationsmitglieder gemeinsame Zielsetzungen und Ressourcen, ihre Aufgaben und Rollen sind aufeinander bezogen und die Tätigkeiten – individuell oder im Team – ein Stück weit gesteuert und geregelt. Organisationen kanalisieren den Austausch zwischen ihren Mitgliedern. Der Musik-Streamer Spotify schreibt von *loosly coupled, tightly aligned squads*, also lose gekoppelten, streng auf Linie ausgerichteten Rotten, andere schicken *tribes* auf die

Pirsch. Das Prinzip Hierarchie verliert aus vielen Gründen an Rückhalt, selbstgesteuerte Gruppen entsprechen vielen aktuellen Arbeitsaufgaben, hoher Interdisziplinarität, der gewünschten Agilität und dem Selbstverständnis der Arbeitskräfte besser.

Empirische Beobachtungen machen rasch klar, dass auf Powerpointfolien dargestellte Baupläne für Organisationen mit bestimmten Strategien, Prozessen, Funktionen und Kontrollmechanismen selten die Realität abbilden. Menschliche Ideen, Gefühle, Haltungen und Verhaltensmuster prägen den Alltag, den Erfolg und die Leistung von Organisationen. Soziale Systeme sind keine trivialen Maschinen, die sich mit gezielten Handgriffen steuern lassen; es handelt sich um einzigartige Gebilde, lebendig durch eine Vielzahl von Akteuren, die in schwer berechenbarer Weise auf neue Informationen und Rahmenbedingungen reagieren.

Arbeitsorganisationen lassen sich als Geflecht von Wechselwirkungen, Ergänzungsprozessen und gegenseitiger Beeinflussung zwischen Personen und Gruppen beschreiben. Etwa zwischen Vorgesetzten und Geführten oder Mitgliedern eines Teams oder zwischen Abteilungen und Departementen. Impulse (auch Anweisungen) wirken in oft überraschender Weise, weil die Empfänger sie in ihre eigene Handlungslogik drechseln und integrieren. Zur Synchronisierung und Steuerung solch komplexer Vorgänge trägt Führung bei – als Prozess oder kollektive Angelegenheit, nicht als Funktion von Einzelpersonen gedacht. Erforderliches «Handwerkzeug» ist Kommunikation, was auch das Beenden gewisser Austauschphasen durch formelle Entscheidungen beinhaltet.

Alle individuellen und kollektiven Aktivitäten sind in Beziehungsgeflechte eingebettet – sowohl innerhalb der Organisation wie zwischen verschiedenen privaten und öffentlichen Institutionen der Gesellschaft. Veränderungen jeder Art lösen laufend Korrekturen aus, keineswegs nur von oben nach unten. Von allen Einheiten auf verschiedenen Stufen gehen Impulse für Korrekturen an Handlungen und kollektiven Prozessen aus. Die Vorstellung von der hierarchischen Pyramide ist deshalb irreführend und unter-komplex; beobachtbare Realität ist eine kollektive, oft nicht einmal verbale Steuerung und Führung von allen Seiten und Ebenen, also Heterarchie.

Stabile und produktive Verhältnisse ergeben sich am ehesten, wenn eine Gruppe sich innerhalb definierter und akzeptierter Rah-menbedingungen selbst organisiert. Das Einverständnis mit der eigenen Ordnung minimiert Reibung, setzt Kräfte frei und fördert die Ausrichtung auf Produkte und Leistungen. Respektiert das Ma-nagement die Logik der Selbstorganisation nicht, muss es unter der Hand mit Rollenverschiebungen rechnen. Neben dem offiziellen Teamchef führt dann eigentlich ein inoffizieller das Zepter; durch-aus im Interesse des Ganzen.

Wo ziehen öffentliche und private Unternehmen als soziale Systeme ihre Grenzen? Was ist innen und was aussen? Gehören die Kunden dazu? Und die Angehörigen der Mitarbeitenden? Und die Zulieferer? Und das Putzpersonal, das bei einer andern Firma ange-stellt ist? Je nach Ebene, die betrachtet wird, verengt und erweitert sich der Systemhorizont. Und die Chance auf Einflussnahme.

Führung und produktive Beziehungsgefüge

Wer Führung lernt, vertieft sich in Themen wie Strategie, Cont-rolling, Marketing, Strukturen, Märkte, Prozessmanagement und Personalführung. Nichts spricht dagegen. Aus Sicht der Mitarbei-tenden können Strategiefehler zwar sehr schmerzliche Konsequen-zen zeitigen. Der Mangel an instrumentellen Führungsfähigkeiten ist für den Einzelnen jedoch weniger fatal als Ungeschick oder Desinteresse im Zwischenmenschlichen. Konzentrieren wir uns also auf die Beziehungsgestaltung – auch in nicht hierarchischen Teams.

Unter Arbeitswissenschaftern schlugen die Forschungsergebnisse von Juhani Ilmarinen und seiner Gruppe in den 1990er-Jahren ein wie ein Meteorit. Bislang galt die Auffassung, dass Arbeitsvermögen eine feste Grösse auf zwei individuellen Beinen ist, die sich bewegen und in gewissen Funktionen einsetzen lassen. Nun kamen diese finnischen Forscher und belegten nach allen Regeln der Empirie, dass Leistungsfähigkeit kein Persönlichkeitsmerkmal, sondern ein Produkt der Beziehung zwischen Vorgesetztem und Mitarbeitendem ist. In jungen Jahren fällt dieser Beziehungsfaktor weniger ins Gewicht. Jobhopper lassen sich auch weniger auf diese Beziehungen ein. Die Untersuchung wurde in hierarchischen Verhältnissen durchgeführt. Vermutlich liege ich nicht ganz falsch mit der Annahme, dass heute in kooperativ und hierarchiefrei organisierten Teams der Beziehungsqualität zwischen den Mitgliedern eine vergleichbare Bedeutung zukommt.

Drei- bis viermal höher mass Ilmarinens Team die Arbeitskapazität von Personen zwischen 51 und 61 Jahren, wenn Einstellungen und Verhalten ihrer Vorgesetzten sie hoch zufrieden stimmten. Weil ausgesprochen positive Resonanz auf Wechselseitigkeit beruht, stelle ich mir vor, wie diese Chefs und Chefinnen begeistert über ihre erfahrenen Angestellten erzählt haben... Die Kehrseite der Medaille ist ein sinkendes Arbeitsvermögen, wenn Aufmerksamkeit und Wertschätzung fehlen.

Diese empirische Untersuchung steht nicht allein auf weiter Flur. Oft zitiert werden Schul-Experimente mit Lehrpersonen, die zu Beginn der Klassenbildung heimlich auf die Hochbegabung dreier Schüler hingewiesen wurden. Es handelte sich aber um ganz normale Kinder. Am Ende des Schuljahres gab es in der Klasse tatsächlich drei Stars. Erwartungen lösen besondere Ermutigungen mit entsprechendem Echo aus. Und sie bilden!

Nun ist es gesellschaftlich wie wirtschaftlich ein sinnvolles Ziel, das Arbeitsvermögen und die Leistungsfähigkeit von Personen über Jahrzehnte hinweg zu erhalten und sogar zu erweitern. Arbeitskräfte ü45 und höher bewegen sich nach eigenem Verständnis keineswegs im Schonraum; punkto Innovationen und hoher Produktivität wollen und sollen sie sich nicht a priori von 30-Jährigen unterscheiden. Ohne Zutrauen schaffen sie es nicht.

Was heisst das für das Management auf allen Stufen? Die Beziehungsebene pflegen, sich auf die Arbeitskräfte persönlich einlassen, jedes Individuum als solches wahrnehmen, platzieren und entsprechend mit ihm kooperieren. Summarisch formuliert geht es ums Vermeiden von Überbelastungen (speziell wenn kritische Entwicklungen das persönlichen Umfeld eintrüben) und den Aufbau von Ressourcen, Reserven und Erwartungen. Letzteres umfasst: Kompetenz fördern, Arbeitsgestaltung optimieren, Gesundheit stabilisieren und Motivation nähren.

Zum individualisierten Führen gehört als Zwilling das interaktionelle Führen. Gemeint sind intensiver Austausch, Delegation von Aufgaben, Übertragen von Verantwortung, Einrichtung von Spielraum für individuelle Arbeitsplanung und -gestaltung, zugänglich sein, auf die Mitarbeitenden zugehen, sie inspirieren und bestärken. Soweit das allgemein gültige Kochrezept. Doch im Rahmen fix definierter Prozesse mit engmaschiger Qualitätskontrolle und Compliance ist die Steuerung entpersonalisiert; es lockern sich die Verbindungen zu Vorgesetzten aus Fleisch und Blut. Wer seine oder ihre Mitarbeitenden in geografischer Distanz oder im geteilten Workspace der Firma mit Mails als Austauschmedium «managt», ist auf beträchtliche Fantasie und Empathie angewiesen, um inspirierend und individuell bestärkend zu wirken.

Es liegt auf der Hand, dass die Art, wie Manager und Managerinnen mit Ü50 umgehen, auch vom eigenen Akzeptieren des Älterwerdens geprägt ist. Genauso wie Chefs, die viel in die eigene Fitness investieren, *Couch Patatoes* im Team unvorteilhaft beurteilen. Weisheitssucher auf dem Pfad der Erleuchtung freuen sich über den Reichtum zusätzlicher Jahre. Leistungssportler nehmen sich (und damit oft auch anderen) die sinkende Reichweite übel.

Die Nuancen bei Wahrnehmung, Einstellung und vor allem Bewertung anderer fliessen sowohl in konkretes Verhalten als auch – übergeordnet – in die Einstellung gegenüber dem Führen reiferer Mitarbeiter ein.

Es ist vielfach nachgewiesen, dass hoch reflektierte Führungskräfte in vielerlei Hinsicht die Nase vorn haben; punkto Lernen und Weiterentwicklung sind sie unschlagbar. Sie gehören zum Typus Selbstläufer. Wer mit dem eigenen Älterwerden gut klarkommt, ist eher dazu prädestiniert, eine Belegschaft mit höherem Durchschnittsalter wirksam und engagiert zu führen.

Ein zweites Entwicklungsfeld für Manager mit diversen Mitarbeitergruppen neben der Selbstreflexion öffnet sich bei Empathie und Beziehungsfähigkeit. Der Mensch hat ja zwei Ohren und nur einen Mund und er kann sein Gespür für Befindlichkeiten und Unausgesprochenes verfeinern. Nie zum eigenen Nachteil. Die Frage lautet zum zweiten Mal: Wie konkret? In welchem Rahmen?

Generell setzen immer mehr Fachleute im Bereich der Persönlichkeitsentwicklung auf das massgeschneiderte Coaching von Einzelpersonen oder in Gruppen; das klassische Kursformat bietet weniger Gewähr für einen Zuwachs an Einfühlung und wohlwollender Haltung. Sicher spricht ein Schutz der privaten Sphäre für ein Vier-Augen-Setting. Interessante Lernmöglichkeiten entfalten sich auch in Mentoring-Programmen für Führungskräfte unterschiedlicher Generationen. Sie bewähren sich unternehmensintern oder über die Grenzen von Firmen hinweg gut, oft mit unterschiedlichen Effekten. Voraussetzung ist kompetentes Programm-Management, das produktive Duos mixt, Rollenbewusstsein und angemessene Kommunikationsmuster vermittelt, Prozesse einfädelt, für stimmige, realistische Vereinbarungen und für Feedbackrunden sorgt.

Offene Plattformen für Erfahrungsaustausch oder eine verbindliche Serie von Treffen mit dem Ziel, schwierige Führungssituationen zu besprechen, moderiert von Experten, steigern die Problemlösungskompetenz und regen zu anderen Einstellungen und Verhaltensmustern an. Management-Zirkel und Vernetzungen sind taugliche Rezepte gegen Stagnation im Führungsverständnis und -verhalten. Das Setting kann Personen verschiedener oder gleicher Hierarchiestufe und Personen aus einem oder unterschiedlichen Bereichen/Amtsstellen zusammenführen. Klubformate ohne jeden Schulgeruch stossen auf grosses Interesse. Auch kurze Impulsmeetings mit spannenden Gästen, verbunden mit leichten Mahlzeiten, erlebe ich als nachhaltig wirkungsvoll.

Differenziert erhobenes Vorgesetztenfeedback (oder Feedback unter Teammitgliedern) aus dem Umkreis von 360 Grad (Unterstellte, gleichrangige Kolleginnen, höher platzierte Chefs, Hüter von Schnittstellen) lenkt viel Licht in die Verhältnisse, stellt das Selbstbild auf die Probe und kann Nachdenklichkeit wie Verhaltensänderungen auslösen. Denn eigentlich wünschen sich Vorgesetzte ja Zuneigung und einen guten Ruf... Akzeptiert wird die 360-Grad-Methode am ehesten, wenn die betroffenen Führungskräfte mitbestimmen, auf welche konkreten Dimensionen ihres Führens Rückmeldungen eingefordert werden.

Jüngere Führungskräfte – ältere Mitarbeitende

Tief verankert in unserer Vorstellungswelt sind symbiotische Verbindungen zwischen Seniorität und Hierarchie. Chefinnen und Chefs sollen, so die alte Regel, erfahren und in vielen Stürmen erprobt sein. In Zeiten dynamischer Innovationen bringen auch junge Leute wichtiges Know-how in Führungsfunktionen ein; immer öfter sind Dreissigjährige einer Gruppe von Ü50 vorgesetzt. Florian Kunze von der Universität Konstanz und Jochen Menges von der Wirtschaftshochschule Düsseldorf haben in 61 Unternehmen rund 8000 Angestellte nach ihren Erfahrungen mit Altersdifferenzen befragt. Etwa ein Viertel kooperiert mit einer oder einem jüngeren Vorgesetzten. Und je grösser die Differenz an Lebensjahren, desto häufiger berichteten die Mitarbeitenden über negative Emotionen wie Ärger und Wut. Mit entsprechend nachteiligen Folgen für Klima und Arbeitsleistung.

Was tun? Sicher nicht die Rückkehr zum überlebten Senioritätsprinzip oder der Rausschmiss aller eingesessenen Angestellten. Wandel der Kultur ist die Lösung! Neue Interpretation der Führungsrolle! Mehr Einbezug der Mitarbeitenden in die Gestaltung von Prozessen, Arbeitstagen und kritischen Situationen. Relevante Kenntnisse der Reiferen über Unternehmen, Kunden, Produkte und Leistungserbringung würdigen und nutzen, auch wenn sie gelegentlich in blumige Geschichten verpackt sind. Sich *bossy* Auftritte abgewöhnen oder sich mithilfe eines Coaches Alternativen einfallen lassen. Entwicklungen in Richtung selbstständiger Teams fördern.

Grundsätzlicher argumentiert geht es um Legitimation und Glaubwürdigkeit. Im günstigen Fall umwerben Vorgesetzte und Mitarbeiter einander wechselseitig mit dem Ziel, das Gegenüber als Partner in einer tragfähigen professionellen Beziehung zu gewinnen. Junge Manager treten am besten als Unterstützende auf, wenn sie die Energie in Richtung Erfolg lenken und nicht als Kontrolleure oder operative Besserwisser auftreten. Ihren Standpunkt dürfen sie gleichwohl mit Kraft begründen und verteidigen. Sie sollen Konflikte entschieden anpacken und sich nicht scheuen, Ratschläge abzuholen und Nichtwissen zu deklarieren. Ihnen obliegt, dafür zu sorgen, dass die Mitarbeitenden sich kontinuierlich auf dem neuesten Kenntnisstand bewegen und dass Betriebsfeste, Exkursionen und Anlässe, aber auch die Kleiderordnung so gestaltet sind, dass verschiedene Generationen sich dabei wohlfühlen.

Es fällt keinem jungen Chef, keiner jungen Chefin ein Stein aus der Krone, wenn sie eine spezielle Runde organisieren, um die bewährten Arbeitskräfte nach Erwartungen zu befragen. Und die Gelegenheit beim Schopf packen, um auch eigene Vorstellungen und Forderungen kundzutun.

Und welche Verantwortung fällt den Ü50 zu? Selbstreflexion, Fairness bei der Beurteilung von jüngeren Führungskräften (oder Kolleginnen), Feedback einfordern und geben, mit Gewohnheiten und Sprache anderer Generationen experimentieren, Lernchancen packen und Fragen stellen, statt Irritationen anklagen. Zur Selbstprüfung gehören das Nachdenken über eigene Vorurteile, die Relativierung von Erfahrung und smarte Strategien, um unentbehrlich oder wenigstens eine tragende Säule zu werden.

Belohnung und Lohnsysteme

Arbeit soll fair honoriert werden; das gilt auch für die Tätigkeit in einem langen Erwerbsprozess bis 80. Doch was ist fair? Was solcherart erlebt wird! Und dem Vergleich mit ähnlich Beschäftigten und Tüchtigen in der gleichen Organisation und Branche standhält. Leistung und Produktivität (im Einklang mit den Unternehmenszielen) müssen im Zentrum stehen. Betriebstreue und Diplome verlieren an Stellenwert; Marktfaktoren wie die Anzahl Mitbewerbender können eine Rolle spielen. Wir wissen recht genau, dass Geld nicht wirklich motiviert, ungerecht empfundene Bezahlung aber Motivation untergräbt.

Fachleute mit Scharfblick in die Zukunft prognostizieren überall kleinere Kernbelegschaften und einen Kranz von Projektmitarbeitenden, teilzeitlich oder mit kleinen Pensen Beschäftigte, bzw. Beauftragte (Freelancer) oder unternehmerische Zulieferer und Zuarbeiterinnen im Umfeld. Die langfristigen vollzeitlichen Bindungen dürften ausdünnen – mit Folgen für die Einkommenssicherheit vieler. Nicht nur Callcenters auch anspruchsvolle Arbeitsplätze verschieben sich über den Globus. Auf grossen Plattformen ausgeschriebene Aufgaben, die mit Handy und Laptop in bester Qualität irgendwo auf der Welt gelöst werden können, dürften für Mitteleuropäer mit ihren Lebenshaltungskosten bald einmal zu schlecht entschädigt sein. Schon heute trifft dies ja auf Übersetzungen, Designaufträge, Marketingkonzepte, Buchhaltung oder Architekturpläne zu. Gut möglich, dass viele Mitteleuropäer ihre Chance packen, sich an preislich günstigen Orten niederlassen und von dort aus für Schweizer, englische oder deutsche Auftraggeber arbeiten.

Die längerfristigen Lohnperspektiven in Ländern wie der Schweiz oder Deutschland sind unter diesen Auspizien nicht nur positiv. Volkswirtschaftliche Analysen zeigen, dass seit 2013 der Anteil der Arbeitseinkommen an der gesamten Wertschöpfung gegenüber den Kapitaleinkommen zurückgeht; zuvor war diese Aufteilung während Jahrzehnten konstant. Die Schere zwischen den Spitzeneinkommen und den tiefsten Löhnen innerhalb grosser Unternehmen öffnet sich Jahr für Jahr. Niemand weiss, wie die durch Digitalisierung erwarteten Produktivitätsgewinne verteilt werden und wie hoch sie ausfallen mögen. Diese Trends lassen vermuten, dass die Wachstumskurve bei den Erwerbseinkünften der Mehrheit von Arbeitskräften wie in den vergangenen Jahren so auch auf mittlere Sicht flach verläuft.

Das Lohnthema wird hier nicht umfassend, sondern im Hinblick auf Arbeitskräfte ü40 beleuchtet. Ende des letzten Jahrhunderts waren stetig steigende Löhne bis zur Pensionierung selbstverständlich. Erfahrung und Betriebstreue zahlten sich aus. Gestützt war das Konzept auch durch das Prinzip der Pensionskassen, vor allem gegen das Ende der Laufbahn hohe Abzüge einzufordern und (im sog. Leistungsprimat), um die Höhe der Pension ans Lohnniveau der letzten Erwerbsjahre zu binden. Die gesetzliche Regelung zur Angemessenheit der Höhe von Pensionen wirken in die gleiche Richtung. Doch die Bedeutung langen Verweilens in einem Job hat sich gründlich verändert. Rascher und grundlegender Wandel verkürzt die Halbwertszeit von Wissen und praktischer Erfahrung; Anciennität kann, muss aber kein Vorteil für die Wertschöpfung sein. Karrieren erreichen früher, näher bei 40, ihren Höhepunkt und entwickeln sich in Bogenform wieder sachte nach unten, weil hierarchische und Prestigepositionen häufig nach einer Reihe von Jahren zugunsten von Spezialfunktionen aufgegeben werden. Auch mit Folgen für die Entlöhnung. Konzepte wie die Bogenkarriere mit einem Wechsel in weniger hoch eingestufte Stellen und in flache Lohnkurven ab beispielsweise 55 Jahren sind zeitgemäss; sie erhöhen letztlich die Arbeitsmarktchancen der Älteren.

Im Prinzip dürfen ältere Mitarbeitende nicht nach anderen Gesichtspunkten eingestuft werden als jüngere. Das ist zu erreichen, wenn die Löhne transparent und nachvollziehbar an die erbrachte Leistung, bzw. den Beitrag an den Unternehmenserfolg geknüpft sind. Reifere Fachpersonen sind, vor allem wenn sie den Job wechseln, aber recht oft mit Vorurteilen konfrontiert; man schreibt ihnen unbedacht reduzierte Leistungsfähigkeit zu. Sie beklagen sich über finanziell schlechtere Angebote auf dem Arbeitsmarkt. Überzeugen können sie am besten durch den Nachweis von Leistungsfähigkeit und Produktivität. Wird eine Erprobungsphase vor dem definitiven Lohnentscheid eingeräumt? Versprechen Bonuszahlungen eine Lösung? Gelegentlich lassen sich als Trostpflaster für Einbussen besondere Freiräume oder Weiterbildungen einhandeln. Grundsätzlich gilt, dass Diskriminierung sich selten individuell ausser Kraft setzen lässt; der gesellschaftliche Lernprozess (angestossen durch ein paar öffentliche Proteste) wird hoffentlich überkommene Vorurteile allmählich verflüssigen.

Für längeren Einsatz im Erwerbsleben gibt es viele Gründe. Zu verhindern gilt dabei eine Verstopfung der Entwicklungs- und Aufstiegskanäle für jüngere Talente. Reifere Fachleute sollen beizeiten aus der Führungskarriere aussteigen, um ihre Stärken in Fachlaufbahnen angemessen zu beweisen. Unternehmen müssen entsprechende Aufgabenportfolios zurechtschneidern. Entsprechend zweigleisig (mit Experten- und Managementtrack) konzipierte Lohnsysteme sind Voraussetzung für Fairness zwischen verschiedenen Generationen.

Gesundheit als Ressource

Zu entwicklungsförderlichen Arbeitsumgebungen gehört in erster Linie, dass sie nicht schädigen. Davon war bereits am Anfang dieses Kapitels kurz die Rede. Ganz banal ist die Erfüllung dieser Grundvoraussetzung leider nicht. Starten wir mit einfachen Sachverhalten: Weil die Zeit, die ein Mensch sitzend zubringt, ein verlässlicher Indikator für viele Zivilisationskrankheiten ist, interessiert sich die Arbeitsmedizin sehr für Massnahmenpakete zur Verkürzung und Verbesserung sitzender Berufstätigkeit. Höhenverstellbare Schreibtische versprechen mehr Gesundheit. An diesem Beispiel zeigt sich die Komplexität sinnvoller Eingriffe. Auf ärztlichen Rat hin wird einem von Rückenschmerzen geplagten Mitarbeiter ein verstellbarer Tisch ins Büro gestellt – und das Möbel schafft tatsächlich Erleichterung. Sollen nun alle mit solchen Tischen beglückt werden? Studien belegen, dass diese Tische rasch eingefordert, aber nur kurze Zeit genutzt werden. Deshalb fehlt die Nachhaltigkeit; derselbe Effekt wäre auch mit konsequentem Aufstehen beim Telefonieren zu erreichen. Neue Möbel erzeugen nur Wirkung, wenn sie verbindlich in Alltag und Abläufe integriert sind. Personen und Umgebung müssen aufeinander Einfluss nehmen.

Viele wichtige gesellschaftliche Dienstleistungen, zum Beispiel in Gesundheitswesen und Sicherheit im öffentlichen Raum, funktionieren nur aufgrund von Nachtarbeit. Was bedeutet diese für verschiedene Generationen? Falsche Frage, das biologische Alter spielt eine untergeordnete Rolle. Nötig ist die Individualisierung von Lösungen, sie erlauben am ehesten den Ausgleich zwischen ausserbetrieblichen Einflüssen und Erwerbssituation. Rund 5 Prozent der Erwerbstätigen arbeiten regelmässig in der Nacht, mit steigender Tendenz. Zu beachten ist in diesem Zusammenhang, dass die Schweizerinnen und Schweizer in den letzten 28 Jahren ihre tägliche Schlafzeit durchschnittlich um 40 Minuten reduziert haben, was als

Folge weit verbreitete Übermüdung zeitigt. Nachtarbeit setzt eine amtliche Bewilligung voraus, die ohne «gerechte» Regeln faktisch nicht zu haben ist. Das Ungemach ist fair zu verteilen. «Lerchen» und «Eulen» reagieren aber ganz unterschiedlich auf Nachtdienst, bzw. verschiedene Schichten. Chronobiologie und andere Rahmenbedingungen wie z. B. Betreuungspflichten spielen eine grosse Rolle bei der Zuträglichkeit von Nachtarbeit. Gesundheitlich die besten Ergebnisse erreicht man mit der Berücksichtigung persönlicher Präferenzen und Fitness sowie Mitbestimmung beim Arbeitsarrangement. Positiv wirken kann kompetente Beratung zum Lebensstil, etwa bezüglich Ernährung. Denn Nachtschichtarbeitende müssen sich Magen und Darm zuliebe anders versorgen, weil der Körper die Verdauungsfunktionen nachts runterfährt.

Drei praktizierte Stossrichtungen zur Stärkung der Gesundheit von Mitarbeitenden im betrieblichen Kontext

1. Mobilisierung und Unterstützung von Eigenverantwortung

Die Mitarbeitenden werden im Rahmen mehr oder weniger aufwendig gestalteter Programme angeregt, instruiert und geschult, sich mehr für ihre körperliche und mentale Gesunderhaltung zu engagieren. Kostenlos zu buchen oder zu nutzen sind beispielsweise Lauftreffs, Yoga über Mittag, Achtsamkeitstraining, Workshops zu Work-Life-Balance oder zum Umgang mit Stress, Bewegungsimpulse am Computer-Arbeitsplatz, Töggelikästen und Tischtennis für Entspannungspausen, Tennis- und Fussballturniere, Kochkurse, Ernährungsberatung, Räume für Sport und Entspannung, Unterstützung bei der Rauch- oder anderer Suchtentwöhnung usw.

2. Optimale Infrastruktur für den Arbeitstag

Auf ergonomisch, hygienisch und räumlich stimmige Arbeitsorte mit guten Licht- und Temperaturverhältnissen legen Arbeitsinspektorate und Versicherer grossen Wert. Höhenverstellbare Tische werden zur Rückgratstärkung geschätzt. Mehr und mehr stellen Firmen auf Grossraumbüros um und verzichten auf fix zugeordnete Arbeitsplätze; Mitarbeitende schieben jeden Tag ihren persönlichen Trolley an einen freien Platz. Vor- und Nachteile dieses Nomadentums werden von Berufspersonen unterschiedlich bewertet; nicht selten beurteilen Ältere, die ihr kollegiales Beziehungsnetz schätzen, den Trend eher als belastend. Jüngere schätzen den lockeren sozialen Kontakt und gewisse Freiheiten bei der Wahl des Arbeitsortes, wozu auch Homeoffice-Tage gehören. Der Wert gesunder Ernährung ist allen klar; dieses Wissen spiegelt sich oft im Verpflegungsangebot der Kantinen. Rauchverbote helfen mit, diesen destruktiven Konsum zu drosseln.

3. Arbeitsmedizinische und psychosoziale Dienste

Längst nicht alle Arbeitskräfte, junge und reifere, sind rundum gesund und munter; sie leiden unter chronischen Krankheiten wie Diabetes, Asthma, Allergien, Depressionen oder Rheuma; ein gewisser Prozentsatz hat eine kritische Krankheitsphase oder einen Unfall hinter sich. Nimmt das Unternehmen Rücksicht? Trifft es spezielle Vorkehrungen und Arrangements, um Personen mit Beeinträchtigungen bei der Stange zu halten? Besteht z.B. die Bereitschaft, Personen mit beschränkter Körperkraft einen Cobot (cooperative robot) zur Verfügung zu stellen? Werden spezielle Erholungspausen toleriert?

Entlastung versprechen Einrichtungen wie Kontaktstellen in Konfliktsituationen, bei privaten Problemen oder in psychischen Notlagen. Pioniere der Gesundheitsförderung unterstützen innerhalb der Firma Treffpunkte und Netzwerke für ehemalige oder aktuell Kranke, beispielsweise nach einer akuten psychischen

Krise oder Tumorheilung. Darüber in der Arbeitsumgebung reden zu können und Akzeptanz zu erfahren, macht gesund. Allerdings funktionieren solche Institutionen nur, wenn sich auch hierarchisch hochstehende Schlüsselpersonen ohne Berührungsangst bekennen und beteiligen.

Personen oder Strukturen im Optimierungsfokus?

Lieber vorbeugen als heilen: Über die letzten Jahre hinweg gewann das Konzept der Prävention im Gesundheitsbereich an Boden. Das fügt sich gut zum breit akzeptierten Körperkult, zur Selbstoptimierung und zum Streben nach einem ausgewogenen Lebensstil trotz zahlloser Versuchungen. Durch richtige Ernährung, viel Bewegung, Stressvermeidung und Verzicht auf Nikotin und Alkohol sollen wir zusätzliche gesunde Lebensjahre gewinnen oder die Zahl der Leidensjahre verkürzen. Private Anstrengungen reichen da nicht aus, auch vom beruflichen Alltag sind Impulse und Unterstützung gefordert. Etwa beim Mahlzeitenangebot im Firmenrestaurant und bei attraktiv gestalteten Obstschalen.

Zum Kernbestand eines betrieblichen Gesundheitsmanagements (BGM) gehört seit der Jahrtausendwende – stark propagiert von Versicherungen – das *Absenzen- und Case-Management:* Viele Unternehmen schenken den Abwesenheiten ihrer Mitarbeitenden, vor allem den länger dauernden, mittlerweile hohe Aufmerksamkeit. Denn wer für mehrere Wochen oder Monate ausfällt, verfügt hinterher selten mehr über die alte Belastbarkeit und Energie, verliert den Kontakt zum Arbeitsplatz, rutscht aus dem Rhythmus von Pflicht und Verlässlichkeit und steigt nur mit Mühe wieder ein.

Firmen richten eigene Fachteams ein oder nehmen die Dienste spezialisierter Anbieter, auch ihrer betrieblichen Krankenversicherer, in Anspruch. Schon nach wenigen Tagen Fernbleiben vom Arbeitsplatz wird nach dem Befinden gefragt, das Fehlen bedauert, zur Besserung ermutigt und das Ende des Heilungsprozesses ins Auge gefasst. Wer nach längerer Unterbrechung durch Unfall oder Krankheit wieder zur Arbeit erscheint, wird persönlich begleitet und sorgfältig am alten Platz oder, wenn nötig, an einer angemesseneren Stelle wieder eingegliedert.

Case-Management hat einzelne Personen im Fokus, doch das ist nur ein Ausschnitt. Betriebliches Gesundheitsmanagement ergänzt diesen Zugang zu Recht durch einen strukturell-organisatorischen Blick. Die Mitarbeiter sollen nicht einfach klügeren Umgang mit Stress lernen, Unternehmen werden ermutigt, die Quellen von Stress reduzieren. Viele Krankenkassen, die obligatorische Unfallversicherung SUVA, aber auch Stiftungen und Institute für Gesundheitsförderung und Prävention, bieten ihre Dienste zur Vermeidung gesundheitlicher Schädigungen an. Im Angebot sind hauptsächlich Schulungen oder Coachings für Führungskräfte, Organisationsanalysen und -entwicklungen oder spezifische Mitarbeiterbefragungen. Mitunter das, was auch gewöhnliche Unternehmensberater im Portfolio zeigen.

Ausgangspunkt ernsthafter struktureller Bemühungen sind bereichsspezifische Untersuchungen von Situation (auch Ergonomie) und Kultur, oft aufgrund von auffällig hohen Absenzen der Mitarbeitenden oder raschem Fluktuationsrhythmus. Ein technikorientiertes Unternehmen mit Skepsis gegenüber «weichen» psychologischen Faktoren hat mich vor Jahren zusammen mit einem Arzt engagiert, um anhand naturwissenschaftlich sauberer Messdaten die Belastung an verschiedenen Arbeitsplätzen zu messen. Die Cholesterolmenge – Indikator für Stress – im Speichel jedes Angestellten wurde zu Beginn und am Ende der Arbeitsschicht erfasst und im Labor analysiert. Die Ergebnisse erlaubten uns, praktisch eine geografische Karte der unternehmerischen Problemzonen zu zeichnen. Welcher Art die stressigen Belastungen waren, brachten ergänzende Gespräche zu Tage. Akrobatische Montagetätigkeiten an Flugzeugflügeln und chemische Immissionen kamen zwar auch aufs Tapet, als weitaus schädlicher für die Gesundheit aber stellten sich Führungsmängel, andauernde Kompetenzkonflikte, Kommunikationsverweigerung und Spannungen im Team heraus.

Aus solchen organisationsbezogenen Diagnosen lassen sich Therapien ableiten. Fachleute und Führungsverantwortliche diskutieren über Wünschbares und Machbares, identifizieren Handlungsfelder und Massnahmen, dazu realisieren sie schrittweise Verbesserungen. Erwartungsgemäss münden solche Projekte weit häufiger in Schulungen für Führungskräfte oder einen Workshop zur Förderung des zwischenmenschlichen Umgangs als in tatsächliche Eingriffe in Abläufe oder Reorganisationen.

Fürsorgliche Betriebe

Vor allem im Ausland profilieren sich einzelne Firmen mit dem Label Caring Company und tatsächlich kümmern diese sich umfassend ums Wohlergehen ihrer Belegschaft, um Kinderbetreuung, Elternpflege, Ernährung, Gesundheit, Lebensstil usw. Warum? Ein Zusammenhang zwischen persönlicher Befindlichkeit und Leistung ist nachgewiesen; Unternehmen haben gute Gründe, ihre wertschöpfenden Angestellten gut zu betten. Wer in den zahlenmässig schwächeren Jahrgängen nur mit Mühe neue Kräfte zu rekrutieren vermag, setzt zwecks Imagepflege auf Job ergänzende Wohltaten. Manche Unternehmer tun es aus Überzeugung oder weil das Geschäftskonzept (zum Beispiel in Krankenkassen) Gesundheitsförderung nahelegt. Viele Erwerbstätige schätzen solche fürsorglichen Kulturen, andere suchen klarere Grenzen zwischen Anstellung und Privatleben. Sie fürchten goldene Fesseln, vor allem aber eine Fülle von persönlichen Informationen bei der Firma, aus denen ihnen bei Gelegenheit ein Strick gedreht werden könnte. Wenn der Fitnesstracker ständig zu viel Gewicht und wenig Bewegung aufzeichnet, kann dies zu Mahnungen aus unerwünsch-

ter Richtung, zu verpflichtenden Ratschlägen und
zu belastenden Gefühlen von Verletzlichkeit führen.

Das Arbeitsrecht verpflichtet die Arbeitgeber zu «Fürsorge» gegenüber den Angestellten, ein durchaus interpretationsbedürftiger Begriff aus alten Zeiten. Wir kennen allerdings zeitgenössische Konkretisierungen: Der Schutz vor Mobbing oder vor sexueller Belästigung kann auch gerichtlich eingefordert werden, was erhöhte öffentliche Aufmerksamkeit und entsprechende betriebsinterne Programme nach sich zog. Unter dem Schirm der «Fürsorge» flammen immer wieder neue Diskussionen auf, zum Beispiel zum Thema Überstunden. Sollen diese ab einer bestimmten Höhe – nicht nur für junge Ärzte – verboten werden?

Im Bereich Gesundheitsschutz existiert eine heikle Zone zwischen Selbstfürsorge der Individuen und Ansprüchen des Unternehmens, die nur mit viel Fingerspitzengefühl und organisationsspezifisch klug zu regeln sind. Eine Personalfachfrau erzählt, wie sie die Vorgesetzten auf schädlichen Präsentismus aufmerksam macht. Auf die Tatsache also, dass Mitarbeitende zur Arbeit erscheinen, obschon sie mit Infektionen oder den Folgen kleiner chirurgischer Eingriffe ins Bett gehörten. Oder sich durch überlange Arbeitszeiten und die stetige Erreichbarkeit überfordern und auf unerlässliche Auszeiten verzichten. Warum sie dies tun, muss hier nicht ausgelotet werden. Die Effekte sind unerwünscht, weil aufgrund verzögerter Rekonvaleszenz die Leistungsfähigkeit im Ganzen stärker beeinträchtigt ist, weil Kolleginnen und Kollegen in eine unangenehme Situation geraten und schlimmstenfalls angesteckt werden, gesunde Erholung zu kurz kommt und eine Betriebskultur bestätigt wird, die Stärke und Unverletzbarkeit, aber auch Fassadenmalerei ins Zentrum rückt.

Krankenkassen und Invalidenversicherung beobachten und identifizieren durchaus Betriebe, die Mitarbeitende bis zur Aufgabe des Jobs strapazieren und wenig zur Abwendung von körperlichem (seltener) und psychischem (öfter) Verschleiss vorkehren. Salopp lassen sich solche Verhältnisse mit der Bemerkung abtun, dass die Organisationen sich das offenbar leisten können. Denn sie werden nicht zur Rechenschaft gezogen oder zur Mitwirkung am allfälligen Heilungsvorgang verpflichtet. Die Niederlande zum Beispiel gehen mit solchen Problemen anders, vielleicht mustergültig um: Die Arbeitgeber tragen Verantwortung und Kosten für Mitarbeitende, die aufgrund von Arbeitsplatzdefiziten aus dem Erwerbsleben ausscheiden müssen. Solche Normen erzielen die gewünschte Wirkung: Die Firmen sorgen vor, kümmern sich und schützen das Personal vor destruktiven Einflüssen.

Verwandte, wenn auch abgeschwächte Mechanismen sind in der Schweiz zu beobachten, wenn für ein Unternehmen die Prämien für ihre Kranken-Taggeldversicherungen markant ansteigen. Eine Häufung von Absenzen legt beim Versicherer die Frage nach möglichen Ursachen nahe und er lässt nicht locker. Kränkelnde Mitarbeitende verteilen sich selten gleichmässig auf Abteilungen und Geschäftsfelder. Geschulte Augen – siehe oben – bringen die Beschwernisse rasch an den Tag, und Abhilfe wäre organisatorisch mit gewissen Kosten und Aufwand durchaus möglich. Individuelle Lösungen sind häufiger: Wer Alternativen hat, fasst einen Jobwechsel ins Auge.

Arbeit macht gesund!

Wechseln wir nun die Perspektive mit der Frage, welche Arbeitsumgebung ideal wäre oder ist, um gesund zu bleiben. Ein grosser Teil der erwerbstätigen Bevölkerung, zwischen 20 und 25 Prozent, leidet chronisch oder wiederkehrend unter psychischen oder physischen Beschwerden. Personen ü45 gehören häufiger dazu als jüngere. Zu denken ist an Diabetiker, Asthmatikerinnen, Rückenpatienten, Epilepsiebetroffene, Essproblematische, Bluthochdruckleidende oder bipolar Gestörte. Sie können den Alltag nur dank täglichem Medikamentenkonsum prästieren.

Berufstätigkeit ist grundsätzlich prima, denn jeder Arbeitsmediziner bestätigt gern, dass Arbeit gesund macht. Das gilt für rekonvaleszente Patienten nach schweren körperlichen Krankheiten wie für psychisch Kranke. Strukturierung, sinnstiftende Tätigkeiten, Sozialkontakte sind nur ein paar wenige Stichworte im Zusammenhang mit Heilung. Schnelle Rückkehr in berufliche Tätigkeiten nach dem Spital – fraglich ist mit welchem Pensum – wirkt sich günstig aus, mindestens in der Mehrzahl der Fälle. Entscheidend ist die feine Abstimmung zwischen dem aktuellen (vorübergehenden?) Arbeitsvermögen einerseits und den Anforderungen, bzw. den Bedingungen im Erwerbsalltag.

Arbeitslosigkeit ist als wesentlicher Risikofaktor für viele Gesundheitsprobleme bekannt. Psychische Erkrankungen ziehen oft lange Phasen von Arbeitsunfähigkeit nach sich. Jede zweite Erwerbsperson erleidet in der Schweiz während ihres beruflichen Lebens eine psychische Störung, wobei längst nicht alle zu namhaften Absenzen führen. Burnout, traditionell als Erschöpfungsdepression bezeichnet, ist zu einer Trend-Diagnose geworden und nahe dabei, den Patienten zu «adeln». Der Anstieg psychischer Krankheiten lässt uns bewusst wahrnehmen, wie sehr heutzutage Kopfarbeit dominiert, also unser empfindlichster Körperteil belastet ist. Es gilt, den ganzen Tag lang Entscheidungen zu treffen, sich auszutauschen, E-Mails flott zu beantworten, das Verhalten strategisch auszurichten usw. Und all dies mit immer weniger Schlaf und Erholungszeit. Kein Wunder produziert das personale System Erschöpfungssymptome.

In England ist seit geraumer Zeit eine Bewegung weg von Fassadenmalerei hin zu grösserer Transparenz bei Erkrankungen zu beobachten; die Aufrichtigkeit entlastet auch reifere Arbeitskräfte. Unternehmen ermutigen ihre Mitarbeitenden, im Job über Krebserfahrungen und schwere Depressionen zu reden, man organisiert

Begegnungsorte für Betroffene. Manager der obersten Etagen gehen mit gutem Beispiel voran und äussern sich zu Ängsten und die Zeit in der Klinik. Die Unternehmenskultur gewinnt entspannende Aspekte und humanisiert sich, wenn – neben Tüchtigkeit und Leistung – auch die verletzlichen Seiten der Arbeitskräfte benannt, anerkannt und integriert sind. In der Schweiz verbreiten sich Verzicht auf Beschönigung und schonungsärmere Offenheit erst allmählich.

Mitarbeitende mit längeren Absenzen aufgrund psychischer Probleme werden in vorbildlichen Unternehmen gezielt mit Begleitung *(Supported Employment)* zunächst 2 bis 3 Stunden pro Tag in den Arbeitsprozess zurück integriert. Solche dosierten Einsätze machen im besten Fall bereits gewisse Medikamente überflüssig; sie wirken als Medizin. Vorausgesetzt das Arbeitsklima ist giftfrei.

Suchtkrankheiten wie Alkohol- oder Medikamentenmissbrauch (etwa im Zusammenhang mit Leistungssteigerung) und Genuss illegaler Drogen sind weit verbreitet, auch Führungspersonen oder Wissenschafter sind betroffen. Meist werden destruktive Folgen beim Arbeitsvermögen erst nach langer Zeit nachweisbar. Just deshalb liegt der Ball bei Vorgesetzten und Kollegen; sie können zur Therapie anregen und die Negativspirale stoppen. Jobrelevant können auch die Wirkungen von langfristig eingenommenen Mitteln bei chronisch Kranken ausfallen; Chefs oder Sozialdienst dürfen die Augen trotz Rücksichtnahme nicht verschliessen. Reifere Mitarbeitende mit bewegtem und umfassendem Patientendossier hüten gelegentlich eine lange Medikamentenliste, deren Arbeitsplatz-Kompatibilität das Urteil von Expertengremien voraussetzt.

Ausgedehnte Reisetätigkeit, in transnational tätigen Firmen normal, birgt mancherlei gesundheitliche Risiken. Arbeitseinsätze in Ländern mit andern Standards als in Westeuropa sollten präventivmedizinisch begleitet sein, vor allem für Personen mit geringem Bildungsstand. Denn bei fast allen Krankheiten (ausgenommen sind Allergien) spielt der Sozialstatus eine Rolle.

Arbeitsvermögen

Der finnische Arbeitswissenschafter Juhani E. Ilmarinen hat im Rahmen jahrelanger Längsschnittstudien mit Tausenden von Teilnehmenden die Begriffe «Arbeitsfähigkeit» und «Arbeitsvermögen» von Individuen neu definiert. Arbeitsfähigkeit wird als Prozess verstanden, in dem menschliche Ressourcen (geistige, soziale und körperliche Fähigkeiten), Ausbildung und Kompetenzen, Werte und Einstellungen sowie Motivation einerseits in Verbindung gebracht werden mit beruflichen (geistigen, sozialen, körperlichen) Anforderungen, Mitarbeiter- und Kolleginnenkreis, Management und der physischen Arbeitsumgebung anderseits.

Man hat sich das Arbeitsvermögen einer Person also nicht als eine Art Rucksack vorzustellen, der diese überallhin begleitet und nach Bedarf geleert werden kann, sondern als plastische Grösse, die sich im Lauf der Jahre substanziell verändert. Älterwerden kann das Arbeitsvermögen einschränken oder erweitern, je nach Umgebung und Anforderungen. Technische Umbrüche, Reorganisationen, veränderte Arbeitsmethoden und schlechtes Betriebsklima können die Arbeitsfähigkeit nachhaltig untergraben. Ilmarinen hält denn auch mit starken Argumenten fest, dass Leistungsdefizite reiferer Arbeitskräfte am häufigsten die Folge mangelhafter Anpassungschancen an neue Bedingungen im Erwerbsleben sind. Anspruchsvolle Aufgaben einerseits und damit verbundener Zugriff auf Ressourcen, Gesundheit und Ermutigung anderseits sichern ein kompetentes Arbeitskräftepotenzial auch im demografischen Wandel. Schiebt sich der Übergang ins Rentenalter zeitlich zurück, freiwillig oder durch Änderung der Spielregeln, lohnen sich Investitionen ins Arbeitsvermögen der Menschen immer mehr.

Motivation

Menschen zeichnen sich von klein auf durch Interesse am Austausch mit ihrer Umwelt und am Gestalten dieser Umgebung aus. Sie suchen Resonanz bei Mitmenschen und Tieren und sind selbst – zustimmend oder ablehnend – resonant gegenüber Personen, anderen Lebewesen, Situationen, Naturphänomenen, Sachverhalten, Bildern, Tönen, Gerüchen, Spannungsfeldern usw. Im Gestalten und Mitbestimmen erleben sie Chancen und Grenzen von Selbstwirksamkeit. Die Erfahrung von Selbstwirksamkeit ist für Erfüllung und Zufriedenheit in Beruf und Privatleben von zentraler Bedeutung. Wo und wie eine Person Selbstwirksamkeit erlebt und sucht, ist höchst unterschiedlich und stark gebunden an Resonanz-Erfahrungen, soziales Milieu, ererbte und geförderte Begabungen und gesellschaftliche Strömungen.

Wer im Arbeitsleben von Motivation spricht, denkt an ein Bündel (auf Selbstwirksamkeit) gerichteter und gewichteter Strebungen; Einzelne davon sind stark, schwach, geschätzt, wichtig, nebensächlich, manche widersprüchlich usw. Motivationen sind – jenseits der Erfüllung elementarer Bedürfnisse wie Bewegung und Ernährung – instabil und veränderlich; sie wandeln sich im Zuge persönlicher Entwicklung unter dem Einfluss der sozialen und organisatorischen Umgebung oder des Älterwerdens. Hundertkilometer-Märsche, Titelblatt-Auftritte als Model oder die Gründung eines Unternehmens brauchen, wenn nachhaltig gelungen, nicht zwingend eine Wiederholung. Gelungene Nachweise von Selbstwirksamkeit – für das Ich und andere – lassen manchmal Motivationen ausdünnen.

Festzuhalten ist, dass Motive mindestens zum Teil unbewusst sind und nicht immer auf edelstem Grund wachsen. Es kann sich um unausgesprochene Aufträge von Eltern, Kompensationen, verdeckten Wettbewerb usw. handeln. Selbstdeklarierte Aussagen über Motivation entsprechen in erster Linie dem Ich-Ideal und vor allem dem sozial Akzeptierten. Aus beobachtbarem Verhalten lässt sich nicht direkt auf Motivation schliessen; Vermutungen/Interpretationen von Drittpersonen sagen oft mehr über den Beobachter als über die beobachtete Person aus.

Wer sich um eine berufliche Position bewirbt, möchte dort erfolgreich wirken, also positive Resonanz erfahren. In dieser Ausgangslage ist Motiviertheit zu unterstellen, allerdings auf individuell unterschiedlichem Niveau – nicht alle zeigen den selben «Biss». Gestärkt wird die vorhandene Motivation durch

- Erfahrungen eigener Kompetenz im Arbeitsvollzug; Erlebnisse von Selbstwirksamkeit,
- unterstützende, ressourcenreiche Umgebung,
- Austausch, Wissenszuwachs, Lernfortschritte,
- anspruchsvolle, aber mehrheitlich erreichbare Ziele; Sinndimension.

Wird der aus Arbeit und Engagement resultierende Erfolg psychosozial (durch Anerkennung, Zuwendung usw.), materiell (Entlöhnung) und laufbahnbezogen, also durch noch attraktivere Jobangebote angemessen belohnt, stärkt dies die persönliche Motivation.

Oft unterscheiden Betriebswirtschafterinnen (häufiger als Psychologen) zwischen intrinsischer und extrinsischer Motivation. Gemeint sind auf der einen Seite innerer Antrieb, auf der anderen äussere, oft materielle Belohnungen als Motoren für Tun und Lassen. Die Begriffe sind verständlich und umschreiben Beobachtbares. Sie provozieren aber auch die tiefer schürfende Frage, wie intrinsische Motivation denn im Lauf der menschlichen Entwicklung entsteht? Angeboren ist sie ja nicht, entsprechende Gene sind nicht bekannt. Letztlich sind auch alle inneren (intrinsischen), auf Problemlösung (anstelle von Belohnung) zentrierten Strebungen ein Echo auf äussere Impulse. Also auf Vorgänge in der Umgebung des Kindes/Jugendlichen und auf Verhalten von Bezugspersonen.

Neue verhaltensökonomische Forschungen von Ernst Fehr in Zürich oder Armin Falk in Bonn befördern alte Vorstellungen vom egoistischen, an materiellem Gewinn orientierten Mitarbeiter auf den Misthaufen der Geschichte. Als wesentliche Antreiber für gute Leistungen – als Motivatoren – haben sie in ihren Studien Fairness, Vertrauen, Solidarität, Sinnhaftigkeit und Altruismus identifiziert.

Lernen und Weiterbildung

In politisch und wirtschaftlich ungewissen Zeiten steht für mich eine einzige Quelle von gesellschaftlicher Sicherheit im Zentrum: Weiterbildung. Die Fähigkeit und Bereitschaft zu lernen helfen, unser Arbeitsvermögen immer wieder auf neue Ansprüche der Umwelt auszurichten. Das trat bereits im Kapitel «Prozesse: Laufbahnen und Entwicklungspfade» mehr als deutlich zutage.

Dass wir alle, speziell aber Berufsleute, ein Leben lang unsere Kompetenzen revidieren und uns mit der technologischen Entwicklung auseinandersetzen müssen, darüber herrscht weiterum seit Jahrzehnten Konsens. Die Langlebigkeit dieser Forderung nach Weiterbildung sehe ich als Beleg, dass es mit der Realisierung, vor allem der Finanzierung, hapert. Es fehlt in der Schweiz aktuell eine Weiterbildungsstrategie. Helvetia hinkt hinter der Europäischen Union her, die bis 2020 alljährlich mindestens 15 Prozent der 25- bis 64-Jährigen an Bildung und Training beteiligen will. 2011 waren es noch 9,1 Prozent. Die UNESCO (Bildungs- und Kultur-Agentur der UNO) rechnet uns vor, dass weniger als ein Viertel aller Länder mehr als 4 Prozent ihrer Bildungsbudgets für Erwachsenenbildung einsetzt; eine ganze Reihe investiert weniger als 1 Prozent.

Die Türen zu neuem Wissen stehen derjenigen Gruppe weit offen, die bereits in Jugendjahren ausgiebig die Schulbank drückte und Hörsäle füllte. Wer seinen Schulsack bis 20 nur locker gefüllt hat, hält sich auch mit 50 den Lernquellen fern. Sogar für die wirtschaftlich starken OECD-Länder gilt aber, dass einer von vier Erwachsenen nur schlecht lesen und rechnen kann. Mit welchen Perspektiven? In unserer aktuellen Zeit raschen Umbruchs, wo berufliche Tätigkeiten verschwinden und andere neu auftauchen oder das Instrumentarium zur Ausübung des Jobs sich über Nacht ändert, öffnen sich allenthalben Kompetenzlücken. Ohne Weiterbildung verlieren Frauen und Männer den Anschluss und vielleicht ihre Arbeitsmarkttauglichkeit. Der Teppich unter selbstständiger Existenzsicherung rutscht.

Menschen orientieren sich im Verhalten an ihrer Umgebung; herrscht in der Organisation ein lernfreundliches Klima, lässt die Ansteckung nicht lange auf sich warten. Gleiches gilt für Familien und Freundeskreise. Mitglieder von Expertenorganisationen (klassisch: Beratungsfirmen, Forschungsteams) decken sich begeistert mit Lernangeboten ein und gieren nach Kenntnis der neuesten Entwicklungen. KMU vernachlässigen die Zusatzqualifizierung ihrer Angestellten öfter. Selbstlos verhalten sich Unternehmen selten; sie bilden ihre Leute gut für deren aktuelle Tätigkeit weiter, fördern aber kaum Lernanstrengungen, die darüber hinausweisen.

Wer weckt bei eher zurückhaltenden Erwerbstätigen das Interesse an persönlicher Weiterbildung? Am ehesten schiebe ich den Ball den Linienvorgesetzten zu; von ihnen sind im Prinzip Beobachtung und Förderung ihrer Direktunterstellten zu erwarten. Von Kolleginnen und Peers, aber auch von HR-Fachleuten sind Tipps und Begleitung willkommen. Immer häufiger gilt es, verbindlichen Regeln zu genügen: Ein Arzt, eine Ärztin müssen, um die Approbation zu sichern, in regelmässigem Rhythmus weiterbildende Aktivitäten nachweisen; Lehraufträge an Hochschulen werden nur neu erteilt, wenn jährlich eine bestimmte Zahl Weiterbildungstage dokumentiert sind. Je länger je öfter wird ergänzende Qualifizierung bis 65 zur Normalität.

Gibt es eine Faustregel für das richtige Mass? Natürlich nicht; zu vielfältig sind Voraussetzungen, Ansprüche und Möglichkeiten. Der erfahrene HR-Crack in meinem Bekanntenkreis lässt sich trotzdem eine Zahl abringen: Drei bis fünf formelle Weiterbildungstage pro Jahr im Durchschnitt hält er nicht für falsch. Anzufügen wäre, dass nicht nur lange Kurstage in zwei Flugstunden

Entfernung wirken; eine Serie zweistündiger Impulsveranstaltungen kann auch kräftig nachklingen. Zentral ist (oder wäre, denn dieser Teil von Weiterbildung wird sträflich vernachlässigt) dabei der Transfer von frisch Gelerntem in die Arbeitsplatzumgebung zu den nächsten Kolleginnen und Kollegen. Wenn schliesslich alle gemeinsam Konsequenzen ziehen und mit frischen Ideen experimentieren, löst auch eine einzelne Bildungsinvestition Bewegung aus.

Doch wie lockt man saumselige Mitarbeitende zur Wahrnehmung ihrer persönlichen Weiterbildungsverantwortung? Ein zweites Mal rollt der Ball zu den Linienvorgesetzten; ihnen obliegt die Beobachtung und Förderung ihrer Direktunterstellten. Ergänzend stehen HR-Spezialistinnen mit Rat und Tat zur Verfügung.

Der Begriff «Weiterbildung» tönt schön kompakt und überschaubar, doch dieser erste Eindruck täuscht. Es geht sowohl um berufliche wie allgemeine, informelle wie formelle Bildung ganz unterschiedlicher Art und Anbieter in ganz verschiedenen Arrangements. Oft wird selbst organisierter Wissensgewinn etwa durch Lektüre, Austausch im Kollegenkreis, praktische Freiwilligenarbeit oder mittels TED-Vorlesungen im Internet massiv unterschätzt. Zum (aussterbenden oder sich transformierenden?) Typus Bildungsbürger und -bürgerin gehören eine tägliche Ration Informationszuwachs und Korrektur der Erklärungen fürs Geschehen in naher und fernerer Umgebung.

Vier Entwicklungsrichtungen sind für Erwerbstätige lebenslang von Bedeutung:

- Wissensgewinn zwecks Anpassung an Neuerungen im Tätigkeitsfeld.
- Weiterbildung als Vehikel zum Umlernen, Umsteigen und allenfalls als Basis für einen Neustart in anderen beruflichen Aktivitäten.
- Allgemeinbildung – zum Beispiel, um die Welt besser zu verstehen, Erkenntnisfortschritte zu lokalisieren und die Früchte des kulturellen Lebens zu geniessen.

- Persönlichkeitsentwicklung: etwa Stärkung kommunikativer Fähigkeiten, Konfliktfertigkeit, Selbstmanagement usw.

Nachholbildung jenseits von 30, also die Korrektur verpasster Chancen, ist eine bedeutende Kategorie auf einer anderen Ebene; sie geniesst in der Schweiz bei Behörden, Gewerkschaften und Arbeitgebenden angemessene Aufmerksamkeit und Förderung.

Der deutsche Erwachsenenpädagoge Rudolf Tippelt hat eine Typologie zu Bildungsverständnis und -interessen reiferer Menschen mit wenigen oder vielen Diplomen und Abschlüssen herauskristallisiert; er unterscheidet folgende Kategorien:

- Utilitaristischer Typus (lernt individuell, was nützt und verwertbar ist, gern by doing, schöpft das eigene Potenzial und Karrieremöglichkeiten aus).

- Selbstabsorbierender/kontemplativer Typus (schreibt der Bildung hohen Eigenwert zu, sieht seine Person und sein eigenes Leben bereichert durch Kenntnisse).

- Sozialer-emotionaler Typus (hat ausgesprochen positives Verhältnis zu qualifizierender, kultureller und integrierender Bildung, lernt gern in Gruppen und ist sozial engagiert).

- Gemeinwohlorientierter, solidarischer Typus (breite Interessen, ehrenamtliches Engagement, Lernen in praktischen Projekten, sieht vor allem den sozialen Nutzen und das Gemeinschaftsfördernde von Bildungsaktivitäten; lernt eifrig auch zur eigenen Horizonterweiterung).

Tippelt legt Unternehmen wie Institutionen nahe, ohne hierarchisierende Wertung für einzelne Gruppen oder verschiedene Gruppen integrierende Angebote zu entwickeln. An wen richtet sich sein Appell?

Das Feld der Anbieter von Bildungsmöglichkeiten im Internet und für Präsenz-Lernende ist vielfältig und vergrössert sich laufend, speziell für Englisch Verstehende.

- Arbeitgebende Unternehmen verfügen oft über eigene Abteilungen (Personalentwicklung) und bieten Lernprogramme –

obligatorische und freiwillige – an, die teils von festangestellten Mitarbeitenden, teils von zugezogenen externen Expertinnnen realisiert werden.

■ Private Lernunternehmen und öffentliche Bildungsinstitutionen; Verbände, Stiftungen, Vereine, Hilfswerke und Berufsorganisationen umwerben zahlungsfähige Motivierte auf allen Kanälen. Die TED-Vorlesungen oder Lernvideos des Stifterverbandes der Deutschen Wissenschaft werden von Tausenden konsumiert und absorbiert.

■ Bedeutende Medienunternehmen und globale IT-Konzerne stellen – gratis oder gegen Bezahlung – seit wenigen Jahren attraktive Lernmodule ins Netz und sie organisieren Seminare mit höchst rangierten Expertinnen und Experten.

■ Beraterinnen, Therapeuten und Coachs stehen punktuell oder während längeren Prozessen zur persönlichen Reflexion, Klärung und Orientierung zur Verfügung.

■ Zu kulturellen Institutionen wie Museen, Orchester, Kinos usw. gehören immer öfter *Education Programs* für Kinder und Erwachsene.

Mit zunehmender Reife der Person, der Dichte ihrer Vernetzung und der Komplexität ihrer Aufgaben gewinnen die informellen Lernprozesse an Bedeutung, innerhalb und ausserhalb der Arbeitswelt. Die meisten Menschen lernen vor allem im Austausch mit anderen, einsame Schneckenhaus-Lernende sind selten. Vieles, das wir beobachten, übernehmen, tun und erleben, sinkt im Gedächtnis ab, bevor es bewusst verarbeitet ist. Es ist nicht bewusst verfügbar, sondern *tacit knowledge*, also es entzieht sich dem organisierten Wissensmanagement, auch wenn ihm – zum Beispiel als Gespür für eine bestimmte Betriebskultur, für Alltagspraxis zu Hause oder am Arbeitsplatz oder in Form von Verständnis für eine Person – grosse Bedeutung zukommen kann. Werden Kenntnisse und Erkenntnis nicht versprachlicht, ist ihre künftige Nutzung und Weitergabe zufällig und gefährdet.

Was bremst die Lernlust?

Unerfreuliche Vorerfahrungen

Die Regel vom Teufel, der stets auf denselben Haufen sch…, ist auch als Matthäusprinzip bekannt: Je geringer die Schulbildung, desto schwächer später das Interesse an Weiterbildung. Man bewährt sich am Arbeitsplatz, wird über Neues instruiert und trainiert, hat aber heftige Aversionen gegen Schulbänke. Hinter den ablehnenden Argumenten ist die Furcht vor Misserfolg oder Überforderung deutlich zu spüren. Um gering Qualifizierte für formale Lernwege zu gewinnen, sind auf Ermutigung fokussierte, individuell mitgestaltbare Angebote mit zeitlicher Flexibilität für die Zielerreichung unerlässlich. Den Dozierenden fällt bei der Attraktivität von Weiterbildung eine Schlüsselrolle zu; je weiter die Teilnehmer von ihrer Grundausbildung weg sind, desto grösseren Wert legen sie auf verständnisvolle, empathische Lehrende, die ihr Vis-à-vis individuell abzuholen wissen, Stärken stärken und sie ernstnehmen.

Dazu ein praktisches Beispiel: Im Bereich Produktion vieler Firmen sind Mitarbeitende mit geringen formalen Qualifikationen beschäftigt. Der Schweizerische Verband für Weiterbildung schätzte 2016, dass rund 1,6 Millionen Personen unter 65 Jahren Schwierigkeiten haben, ein digitales Endgerät zu bedienen. Diese Kompetenzlücke bremst nötige Modernisierungsvorhaben in Produktionsprozessen. Sie war Anlass zur Entwicklung neuartiger Qualifizierungsprojekte mit privaten Unternehmen, dem Dachverband der Weiterbildung (SVEB), Berufsbildungsinstitutionen und Industrie-Verbänden (Maschinenindustrie: Swissmem Academy) als Trägerschaft. Resultat sind arbeitsplatznahe, auf ganz spezifische Produktionsverhältnisse und die Fähigkeiten konkreter Arbeitskräfte zugeschnittene Kurse, die – als Kehrseite der Medaille – allerdings nicht reibungslos in den generellen Arbeitsmarkt transferierbar sind. Vorderstes Ziel des Lernangebots mit zehn Blöcken zu zwei Stunden ist, den Beteiligten die Erfahrung eigener Lernfähigkeit und die Gewissheit zu vermitteln, dass sie mit Neuerungen klarkommen. Eigentliche Nachholbildung wäre in solchen Fällen eine Überforderung.

Alters- und laufbahnbedingtes (Des-)Interesse

Jenseits von 45 Jahren sackt in der Schweiz und den umliegenden Ländern die Beteiligung an formeller Weiterbildung rapid ab. In der schweizerischen Haushaltsbefragung von 2014 zeigte sich, dass 72 Prozent aller Ü55 im Jahreszyklus keinen einzigen Weiterbildungstag absolviert haben. Befragt man Betroffene nach Gründen, was eine Gruppe von Wissenschaftlern um den Münchner Erwachsenenpädagogen Rudolf Tippelt 2008 getan hat, sprechen sie oft von mangelndem Nutzen. Das ist nachvollziehbar unter dem Gesichtspunkt, dass Weiterbildung zu Beginn der Laufbahn ein wichtiges Instrument zum Aufstieg, für einen Jobwechsel oder zur Markierung von Ambitionen darstellt. Zertifikate und Titel legitimieren das Halten einer Position oder eine Beförderung. In der Berufswegmitte und später geraten Kurse und Diplome in ein anderes Licht. Dass Personen zwischen vierzig und fünfzig ins Grübeln kommen und sich recht grundsätzlich mit einer möglichen Umorientierung befassen, ist uns vertraut und wurde auch schon mit den Etikett *Midlife-Crisis* versehen. Im Zuge privater Veränderungen und enttäuschter Erwartungen im Job taucht der Wunsch nach beruflichem Wechsel auf. Der gelingt nicht ohne Weiteres, weil man bei Traumjobs in harte Konkurrenz zu frisch diplomierten Jüngeren gerät. Neu erworbene Zertifikate helfen als «Schuhlöffel» deutlich mehr als die genannte Erfahrung, eine Garantie sind sie aber keineswegs. Nicht wenige, die nach bald zwei Dutzend Berufsjahren eine unverrückbare gläserne Decke über ihrem Kopf sehen, resignieren und verlagern ihr Hauptinteresse auf Nebentätigkeiten, etwa ehrenamtliche, oder auf Hobbys.

Häufig lautete die Antwort an die Tippelt-Gruppe auch «Ich bin zu alt». Einmal mehr ein antiquierter Stereotyp. Zeitmangel ist ebenfalls ein Argument gegen Weiterbildung und meint wohl, dass die Agenda voll und die Prioritäten anders gewichtet sind. Speziell Frauen, die kleineren Bildungshunger zeigen als Männer, gewichten die Betreuung pflegebedürftiger Eltern und ihrer Kernfamilie höher als die Entwicklung und Absicherung ihrer beruflichen Qualifikation. Fast so häufig wie Zeitmangel werden gesundheitliche Beeinträchtigungen als Hindernis ins Feld geführt. Personen mit kleinen Einkommen nennen die oft hohen Kosten für Lehrgänge und Kurse. Qualitativ anspruchsvolle Lehrgänge haben tatsächlich ihren Preis, speziell in der Schweiz mit ihrer Regelung, Weiterbildung nicht staatlich zu subventionieren. Muss parallel zum Lehrgang das Arbeitspensum reduziert werden, kann sich eine schmerzliche oder unüberwindbare Lücke im Haushaltsbudget öffnen. Manche Arbeitgeber beteiligen sich an den Kosten oder schenken Arbeitszeit; vor allem wenn das Gelernte später ihrer Wertschöpfung dient. Stipendien sind leider oft nur für Erstausbildungen und Jüngere in Griffnähe; bei Darlehen sieht es anders aus; private Stiftungen füllen gewisse Lücken. Gut möglich, dass sich im Zuge der anrollenden digitalen Revolution im Arbeitsleben steuerfinanzierte Konzepte wie ein jährlicher Anspruch auf «Bildungsgutscheine» für alle durchsetzen, die man ansparen und nach eigenem Bedarf einlösen kann. Gewerkschaften und Angestelltenverbände sind wach genug, im Rahmen von Gesamtarbeitsverträgen Weiterbildungsfonds zu fordern, und sie haben damit Erfolg.

Mangel an zielgruppenspezifischen Angeboten

Wer jenseits von 40 jobmässig (meist horizontal) andere Tätigkeitsfelder oder den Wiedereinstieg in Erwägung zieht, dem helfen – neben aktuellen Zeugnissen und Leistungsnachweisen für Fähigkeiten, die sich transferieren lassen – ausserberufliche Erfahrungen und aktuell erworbene Diplome. Produkte und Wege zur Leis-

tungserstellung wechseln manchmal fast über Nacht, der Service
für ein Elektroauto von Tesla zum Beispiel setzt ganz andere Kenntnisse voraus als die Wartung eines Diesels. Wer sich in Social Media
nicht leichtfüssig bewegt, muss um seine Stelle im Marketing bangen. Doch Angebote, ausgerichtet auf die Zielgruppen ü40, also
gewiefte Fachkräfte mit beträchtlichen Vorkenntnissen, sind ausgesprochen mager, sowohl von öffentlichen wie von privaten Bildungsinstitutionen. Die Themen Führung und Management oder
das omnipräsente Coaching bilden eine Ausnahme, da quälen sich
Lerninteressierte mit einer Fülle von Optionen. Auch die firmen-
eigenen Trainingsabteilungen geraten nicht mit der Entwicklung
innovativer Lernwege für berufliche Umstiege in die Schlagzeilen.
Verständlicherweise zögern erfahrene Berufspersonen, sich mit den
25-Jährigen für ein Zertifikat auf die Schulbank oder in den Hör-
saal zu setzen. Sie lernen anders, sie bringen respektables Know-
how in den Kursraum, unvergleichlich dem der nächsten und
übernächsten Generation, und sie wollen keine Zeit vertrödeln.

Quereinsteiger-Programme in Mangelberufen wie Lehrer und
Pfarrerinnen zeigen anschaulich, wie Lernwege für Personen in der
Laufbahnmitte zu strukturieren wären. Aber nicht nur sie. In
Kursen zum Erwerb von Basisqualifikationen im späteren Leben,
in Nachholbildung mit dem Ziel, eine Anlehre abzuschliessen
oder im Rahmen von Lernbausteinen zur Behebung von Schreib-
und Leseschwäche gibt es viel Engagement und Kreativität bei
den Anbietern zu bewundern. Der Verein «Modell F» hat sich die
Flexibilisierung des Weges zu anerkannten Abschlüssen auf die
Fahne geschrieben und hilft Berufstätigen oder Familienfrauen,
unterschiedliche Ausbildungsgänge in bekömmlichen Etappen
und zeitlich gedehnt zu meistern; verfügbares Wissen der Teilnehmenden wird vor dem Start geprüft, bewertet und genutzt, um
punktgenau den späteren Seiteneinstieg ins jeweilige Programm zu
bestimmen.

Sprachkompetenz

Sowohl für Männer und Frauen am oberen wie am unteren Rand des Bildungsspektrums ist lokale Sprachkompetenz für den Zutritt in die Arbeitswelt matchentscheidend. Dies gilt für Hilfskräfte, aber auch für Zugewanderte, die es an Hochschulen lockt. Nur in wenigen kleinen Fach-Biotopen reicht Englisch für nachhaltigen Erfolg und entspannte Teilhabe am Alltagsgeschehen. Immerhin sind die verfügbaren Lernressourcen reichhaltig; man kann einzeln, in Gruppen, von Experten oder Freiwilligen, locker oder präzis präpariert und evaluiert sowohl Deutsch als auch Mundart lernen.

Bildung ist ein Beziehungsgeschäft

Ein altes Diktum lautet: Bei formaler Weiterbildung sind die anderen Teilnehmenden ebenso wichtig wie die Lehrpersonen. Die «Musik von vorn» oder vom Bildschirm inspiriert nicht nachhaltiger als Kolleginnen und Kollegen. Doch fällt Dozierenden gemäss empirischer Studien von Rudolf Tippelt eine vertrauensbildende Schlüsselrolle zu; vor allem reifere und unsichere Teilnehmer sind ohne verständnisvolle Dozenten, Beraterinnen oder Tutoren kaum zu gewinnen und zu binden. Der Bildungsbegriff umfasst ja viel mehr als Wissenstransfer. Im Resonanzraum zwischen den Beteiligten aktualisieren sich Haltungen, Werte, Motivation, Erinnerungen und Rollenmodelle. Wenn ich selbst beim Unterrichten positive Rückmeldungen erhalte, bestätigt sich mein längst gefestigter Eindruck, dass es zwar um inspirierende und nützliche Inhalte, vor allem aber um Übertragung von Energie geht.

Sicher gewinnen ein paar Prozent der Bevölkerung allein für sich im stillen Kämmerlein abschliessend wesentliche Erkenntnisse; die überwältigende Mehrzahl braucht – ergänzend zum Einzelstudium – den Austausch für Erwerb, Verarbeitung und Integration von Information in ältere Wissensbestände und erst recht für die solide Verankerung im eigenen Denk- und Handlungsrepertoire. Im kleinen und grossen sozialen Verbund, speziell wenn unterschiedliche Temperamente, Sichtweisen, Erfahrungshintergründe, Herkunftskulturen und Generationen zusammenkommen, ergänzen, unterstützen, korrigieren, ermutigen und begeistern wir einander.

Weiterbildung im Erwachsenenalter scheint mir eine Frage guter, wechselnder Gesellschaft zu sein – und von Arrangements, die das Anzapfen und Ausschöpfen aller personellen Ressourcen begünstigen; raffinierte Didaktik und pfiffig animierte Internet-Programme hin oder her. Kulturelles Lernen gedeiht an geselligen Treffpunkten prächtig. Ateliers für Fotografie, Malen und Zeichnen, Sprach- und Kochkurse, psychologische Aufklärungsveranstaltungen, Chorproben, biologische Exkursionen oder kunsthistorische Lehrgänge – zum Beispiel der Migros-Klubschule oder der Volkshochschule – sind von grosser sozialer oder persönlichkeitsbildender Bedeutung. Solcher Vorrang ich-naher Prozesse schmälert den Wert in keiner Weise, verrät aber die Relevanz fürs berufliche Profil nicht auf den ersten Blick.

Meine beste Erinnerung an Weiterbildung ist ein internationales Projekt zur Entwicklung von Theorie und Praxis der «Lernenden Organisation»; etwa zwei Dutzend Personen trafen sich zweimal jährlich zu grundsätzlichem Nachdenken, Austausch über konkrete Vorhaben, Analyse von Misserfolgen, Fortschritten und erwünschten Ergebnissen und zur Verfeinerung des Konzepts. Wir sassen zu zweit, zu dritt, zu sechst oder mehr zusammen, oft eine Stunde lang, häufig länger, manchmal ein paar wichtige Minuten. Über drei Jahre hinweg pflegte ich eine kritische Lernpartnerschaft; ein Rahmen, in dem mir jeweils im richtigen Moment «zufällig» bedeutsame Lichter aufgesteckt wurden.

Der Stellenwert sozialer Netze innerhalb formaler Bildungsprogramme wie als Medium informeller Weiterbildung lässt sich kaum hoch genug einordnen. Dabei ist nicht primär an Facebook, Linkedin, Twitter oder Xing & Co. gedacht. Klubs, Berufsverbände, Stammtische, Alumni-Organisationen, Sportplätze und Fitnessparks, In-Lokale, Vortragsreihen usw. sind Strukturen für Austausch und Beziehungspflege. Die Soziologin Monica C. Higgins hat in den USA den Zusammenhang zwischen der Dichte des Beziehungsnetzes und persönlicher Lernkapazität (einschliesslich Karrierepotenzial) erforscht und – grob zusammengefasst – erfahren, dass rund die Hälfte aller relevanten Informationen ihre Beobachtungspersonen mittels persönlicher Vernetzung erreichten. Higgins nahm die gebildete Mittelschicht unter die Lupe, was weniger Qualifizierte aus ihren sozialen Vernetzungen lernen, wäre noch zu erkunden.

Weder in der Jugend noch im Erwachsenenalter ist Bildung eng auf Beschäftigungsfähigkeit hin zu kanalisieren; sie schöpft weit mehr als Humankapital, also ökonomische Werte. James Coleman lenkte schon vor dreissig Jahren die Aufmerksamkeit auf ein zweites Kapital, nämlich das soziale. Dazu gehören die oben angesprochenen Netzwerke und Beziehungen, aber auch Normen und Sanktionen und Verpflichtungen gegenüber anderen. Die dritte Art von Bildungsertrag kann man gemäss Coleman als Identitätskapital bezeichnen. Gemeint ist das Selbstbild, das den – wie auch immer – Gebildeten wesentlich ist und umreisst, wie sie von ihrer Umwelt eingeschätzt werden wollen.

Generationengemisch oder ähnliches Alter?

Es kommt drauf an … Programme für Wiedereinsteigerinnen zum Beispiel ziehen Frauen zwischen 28 und 59 an; das gemeinsame Lernziel und die vergleichbare Ausgangssituation sorgen für genügend Gemeinsames und die Vielfalt persönlicher Beiträge bereichert die Lernerfahrung.

Der reiche, bunte Strauss an Bildungswegen mit Endstation CAS, MAS, MBA etc. unserer Fachhochschulen richtet sich schon in der Vermarktung an junge Menschen in der beruflichen Einstiegsphase. Befragungen bestätigen die Vermutung, dass Ü45 sich von dieser Umgebung weniger angezogen fühlen. Lernwege, die den Erwerb abstrakt-modellhafter Inhalte (Mathematik, Statistik, Physik, IT-Programmierung, nicht indogermanische Sprachen in nicht lateinischer Schrift usw.) vermitteln, gelten bei Reiferen als steinig und sind – in der gegenwärtigen Präsentationsform – für blutjunge Denkerinnen und Denker bekömmlicher. Fünfzigjährige möchten sich nicht blamieren oder Bremsklotz spielen und verzichten trotz Interesse am Thema. Und wenn die Inhalte zielgruppengerecht aufbereitet wären? Neuere Forschungen klären uns über Veränderungen der Gehirnleistung zwischen 25 und 45 auf. Teens und Twens funktionieren auf abstrakter Sachebene flinker, Ältere sind deutlich vifer, wenn es um Verknüpfungen verschiedener Wissensbestände und Erfahrungen geht. Deshalb machen bei manchen Themen Differenzierungen bei der Vermittlung Sinn.

Dynamische Unternehmen sind gelegentlich auf Zusatzqualifizierung für alle Mitarbeitenden angewiesen; es gilt, strategisch wichtiges Wissen in alle Köpfe zu transferieren. Bestehende Unternehmenseinheiten sind bei aller Heterogenität der Belegschaft gute Gefässe für solches Lernen. Weiterbildung gehört auch zur Kulturgestaltung, da sind alle zu integrieren und das Angebot sollte sowohl die verschiedenen Hierarchien als auch Erfahrungen berücksichtigen.

Spezifische Fachausbildungen bündelt man klüger für Personen mit ähnlichem Hintergrund und Motivation; chronologisches Alter ist da kaum der springende Punkt.

Ein 30-Jähriger und eine 50-Jährige, oder besser: einer ohne und eine mit zehnjähriger Erfahrung, führen ihren Trupp über individuelle Unterschiede hinaus in anderer Weise und den Schlaf rauben ihnen nicht dieselben Albträume. Vielleicht halten sie deshalb nach andersartigen Impulsen Ausschau? Sowohl erfahrungshomogene Seminare wie auch Lernwege mit heterogener Zusammensetzung und Reibung unterschiedlicher Auffassungen können sich als produktiv erweisen. Frustrationen werden durch klar definierte Zugangsvoraussetzungen und – beim Start – das Ausloten von Erwartungen und mitgebrachten Erfahrungen in Schach gehalten. Erschliesst ein Masterstudium neue Themenfelder, zum Beispiel Rechtsfragen im Internet der Dinge, können ganz bunte, kurze und lange Lernbiografien der Teilnehmenden sehr produktiv zusammenspielen.

Derzeit wage ich keine Prognose zum künftigen Betrieb in Bildungshäusern, wenn wir uns bewusster dem 100-jährigen Leben mit unterschiedlichen Sequenzen von Bildung, Erwerbsarbeit, Frei- und Ruhezeit nähern. Werden sich die Jahrgänge kräftiger mischen, weil alle immer wieder Neuorientierung und Kompetenzzuwachs beanspruchen? Oder werden wir eine stärkere Segmentierung beobachten?

Veranstalter und Trainerinnen altersdurchmischter wie gleichartiger Lerngruppen können ohnehin nur auf Erfolg zählen, wenn sie unterschiedliche Zugangsweisen, wechselnde Lernmethoden sowie viel Selbststeuerung der Beteiligten in ihre Module packen. Eine Regel wird wohl auf lange Sicht gelten: Je reifer die Personen, desto reicher ist die Varietät in der Art, wie sie Themen angehen und meistern.

Auch wenn es für erfahrungshomogene Lernmodule fallweise gute Gründe gibt: Ausschreibungen mit Altersdefinitionen sind falsch und unnötig ausschliessend. Die Zielgruppe muss qualitativ – mit spezifischen Voraussetzungen, Anforderungen, Methoden und Erwartungen – charakterisiert werden. Sollten sich Ü50 auch dann bei der App-Entwicklung für Berufseinsteiger mit betriebswirtschaftlichem Hintergrund einschreiben – tant mieux!

Der Tübinger Erziehungswissenschafter Bernhard Schmidt-Hertha ist ein profilierter Verfechter von intergenerativem Lernen in allen Institutionen nachobligatorischer Bildung, also in Berufs- und Hochschulen wie Universitäten. Interaktion und Auseinandersetzung der Generationen hält er für kulturell/gesellschaftlich zwingend, denn die Alterskohorten bewegen sich lautlos, aber deutlich – unter Wahrung freundlicher Familienbande – auseinander. Drei Modalitäten sind ihm bei der Konzeption konkreter Lernmodule – einzeln oder in Kombination – wichtig:

- voneinander lernen
- miteinander lernen
- übereinander lernen

Vergegenwärtigen wir uns ein paar Beispiele:

- Bereits im Basisstudium hin zum Bachelor-Degree für Bauingenieure lassen sich Fallstudien und Übungen zum Thema Tunnelbau von erfahrenen Füchsen und angehenden Graduierten bearbeiten.
- Im Rahmen der Berufsausbildung – oder späterer Vertiefungen – für Betagtenbetreuerinnen sind sehr inspirierende Blockseminare denkbar, die einerseits Lehrlinge, andererseits erfahrene Spitex-Fachleute gemeinsam weiterbringen.
- Sowohl Studierende auf Masterstufe wie erfahrene Psychologen, Soziologen oder Ethnologen in berufsbegleitender Weiterbildung (mit Ziel Zertifikat) können gemeinsam Module zum Thema Berufsintegration von Migranten absolvieren.
- In den Zertifikatsstudiengang «Freiwilligenarbeit in Wissenschaft und Praxis» mit Schwerpunkten wie Zivilgesellschaft, Formen und Felder ehrenamtlichen Engagements, Kompetenzen von Freiwilligen usw. bringen Wissenschafter und praktische Macherinnen sehr diverse Erfahrungen und Resultaterwartungen ein. Die Universität Münster offeriert einen solchen Ausbildungsweg.

Diese Konkretisierungen beinhalten Verschränkungen von grundständigen Studiengängen und berufsbegleitender Weiterbildung;

sie sind im Konzept wie in der Durchführung anspruchsvoll und setzen bei den Beteiligten experimentellen Geist voraus. In Prozess und Zielsetzung berechenbarer sind bekannte Formate wie Vortragsveranstaltungen für Alt und Jung im Stil interdisziplinärer Ringvorlesungen, Exkursionen. Die Seniorenuniversität spricht auch verschiedene Generationen an, allerdings sind Personen unter 55 selten anzutreffen.

Weitere Innovationen sind erwünscht, etwa *zweite und dritte Bildungswege* an Hochschulen für Lernende mittleren Alters, Erfahrung nutzend und zeitlich konzentriert, kompakt oder berufsbegleitend. Solche Wege sind geeignet, nach wie vor reproduzierte Chancenungleichheit im Bildungssystem ein wenig zu korrigieren. Konkret denke ich an ein Medizinstudium für Ärzte in der Grundversorgung, konzipiert für bewährte Pflegefachpersonen und Therapeutinnen. Und schon sind wir in der Nachbarschaft des bestehenden Quereinstiegsprogramms für Theologie …

Im weiten Feld der *Forschung*, wo neue Erkenntnisse geschaffen oder subjektiv neues Wissen erworben wird, lassen sich fast in allen Disziplinen anwendungsnahe Projekte definieren, die mindestens phasenweise von intergenerationeller Bearbeitung profitieren und für Personen mit Re-qualifizierungsbedarf höchst produktiv ausfallen könnten. Solche formal (mit Voraussetzungen, Vorgehen und Zielvorstellungen) definierten Forschungsmodule unterscheide ich ganz deutlich von Bürgerschaftsforschung, einer höchst erfreulichen Form von Freiwilligenarbeit, die etwa in der Biologie, beim Überwachen der Artenvielfalt, die Beschaffung von Informationen beflügelt und bereichert.

Praxisbeispiel: Der Arbeitskreis Forschendes Lernen an der Universität Ulm

Seit mehr als zwanzig Jahren erkunden reifere Studenten (gelegentlich zusammen mit Absolventen von Bachelor- und Masterstudiengängen) im Ulmer Zentrum für Wissenschaftliche Weiterbildung über längere Zeitspannen hinweg anspruchsvolle Fragestellungen; bevorzugt sind quer- oder brachliegende Themen. Die gewählten Methoden entsprechen universitären Standards, zu jedem Vorhaben gehört eine wissenschaftlich qualifizierte Begleitung; die Ergebnisse werden dokumentiert und evaluiert. Im Jahr 2016 listet das Inventar laufender Projekte 16 Vorhaben auf. Sie betreffen Medizin, Informatik, Natur-, Geistes-, Sozial- und Wirtschaftswissenschaften und werden von gut 120 aktiven Seniorstudierenden getragen.

Die Methode «Forschendes Lernen» wurde in den frühen 1970er-Jahren von engagierten Mitgliedern des universitären Mittelbaus in Deutschland entwickelt; sie ist stark an die Person des Bielefelder Hochschulpädagogen Ludwig Huber geknüpft, der das Konzept während Jahrzehnten weiter verfeinert hat. Konstituierende Elemente in Ulm sind: Die Projektteilnehmenden wählen das Thema selbst und unabhängig, sie erarbeiten auch das Forschungsdesign, wählen Methoden, Versuchsanordnungen, Recherchen usw. in eigener Regie und reflektieren dabei – im Unterschied zu akademischen Grünschnäbeln – stets die Perspektive der «Mitte» ihrer Biografie.

Forschendes Lernen ist nicht ohne gewisse Risiken. Die Beteiligten machen Umwege, landen in Sackgassen, stossen unerwartet auf Perlen und entdecken nebenbei Sachverhalte, die einen Umbau der ganzen Strategie provozieren können.

Kurz noch ein paar Gedanken zu *Gender-Unterschieden* im Weiterbildungsverhalten: Je höher die Bildung und je stärker die Integration ins Erwerbsleben, umso intensiver wird auf Bildung gesetzt; gut Qualifizierte buchen häufiger zusätzliche Kurse als Personen mit Berufslehre. Also das Erwartbare. Statistisch gesehen bilden sich Frauen jedoch weniger intensiv weiter als Männer und die Zielsetzungen differieren. Die weiblichen Interessen sind weniger eng an Berufliches gebunden, sondern öfter auf allgemeinbildende Themen und Zwischenmenschliches ausgerichtet, auch auf Kommunikation und Sprachen. Männer bevorzugen technische Wissensbereiche, Geschichte, Philosophie, nützliches Handwerk und statusfördernde Diplome. Konsequenterweise geht das männliche Interesse an Weiterbildung stark zurück, sobald die gläserne Karrieredecke erreicht ist. Der weibliche Weiterbildungsbedarf entsteht oft auch aus einem Defizitgefühl heraus: Frauen, auch bestens geschulte, sehen sich in ihren Teilzeitjobs unterfordert und ohne Entwicklungsperspektiven. Sie erhoffen sich in einer Weiterbildung neue Perspektiven, wie sie beispielsweise *Mid-Career*-Programme spezifisch für Frauen (im Ausland) aufweisen.

Häufiger als Männer lassen Frauen jenseits von 40 schlummerndes Lernpotenzial mittels formeller Weiterbildung wecken. Sie reagieren auf biografische und organisatorische Veränderungen offener und flexibler als ihre Kollegen und sind für eine breitere Palette an Alternativen ansprechbar oder zu begeistern. Ihre Lebenswegkonzepte scheinen plastischer und flüssiger. Es fällt ihnen auch leichter, von bestimmten Statusmerkmalen Abschied zu nehmen.

Neuropsychologische Grundlagen

Menschen sind lebenslang unablässig lernende Wesen, sie können gar nicht anders, lehren uns Experten wie der Neuropsychologe Lutz Jäncke von der Universität Zürich. Dabei stützt er sich auf Einblicke ins Funktionieren des Gehirns mittels moderner bildgebender Verfahren (MRI). Ständig stehen wir in wahrnehmendem Austausch mit unserer natürlichen und sozialen Umwelt, wir agieren und reagieren und verhalten uns möglichst Erfolg versprechend, was in widersprüchlichen Situationen ziemlich anforderungsreich sein kann.

Das Hirn, bestehend aus rund einer Milliarde Zellen, die je wieder rund 10 000 Vernetzungen aufweisen, ist ein immens komplexes, dynamisches System, das sich selbst organisiert. Es lernt netzwerkartig, organisiert den Erwerb neuer Erkenntnisse keineswegs linear, wie das logische Argumentieren beweist. Man hat sich drei – miteinander verknüpfte – Netze vorzustellen: *Wissens-Netzwerke*, *Können-Netzwerke* und *Fühlen-Netzwerke*. Zwischen diesen hüpfen Impulse. Das erklärt, warum bei jedem Gedanken, jedem Reiz, in jeder Stimmung zusätzliche Ideen und Assoziationen im Bewusstsein auftauchen. Informationen sind stets vielfältig verkoppelt und gewinnen je nach Verknüpfung unterschiedliche Färbungen und Bedeutungen.

Die 68er-Generation scheint in der Gesellschaft erfolgreich den Jugendkult verankert zu haben; vor ihnen sehnte sich das junge Volk danach, endlich erwachsen und etabliert zu sein – heutzutage kopieren die Eltern das Outfit ihrer Teenager. Der Hype um High Potentials, Start-ups und junge Kreative nährt negative Stereotype und invalidisiert Ältere in der Arbeitswelt.

Im Zuge des Älterwerdens lässt sich beim Menschen ein langsamer Abbau des Stirnhirn-Volumens beobachten. Hier sitzen wesentliche humane Steuerungsfunktionen, also Aufmerksamkeit, Impulskontrolle, Selbstdisziplin, Konzentration, Planung und Reflexion. Der Frontalkortex ist die zentrale Lernstruktur, die uns ermöglicht, Gefühle an unsere reale Erfahrungswelt zu koppeln und vielfältige Alltagserfahrungen aufzunehmen. Alles, was diese Hirnregion trainiert und stärkt, muss willkommen sein.

Rund 40 Prozent des Abbaus im Frontalkortex lassen sich durch Degeneration erklären, rund 10 Prozent durch mangelhafte Durchblutung des Gehirns. Gegen Letzteres soll, so heisst es, ein tägliches Glas Rotwein helfen. Wiederholte und intensive Anstrengungen jenseits von Routinevollzügen wirken sich anatomisch auf die Dichte der grauen Zellen aus, egal ob man 23 oder 60 Jahre alt ist. Jongliertraining oder komplexere Brettspiele und Tanzen beispielsweise. Motorische und körperliche Fitness sind wichtige Voraussetzungen für anspruchsvolle kognitive Leistungen. Hört das Training auf, verliert sich die Verdichtung wieder. Nach dem Motto *Use it or lose it.*

Die Plastizität des Gehirns ist nicht nur ein Geschenk. Im Lauf des Lebens gilt es, auch negative Ereignisse zu bewältigen. Stress und Krisen, falls nicht adäquat verarbeitet, führen zu hohen Cortisol-Ausschüttungen, die den Hippokampus schädigen. Sorgen und Ängste können den Menschen buchstäblich auffressen – in diesem Punkt bestätigt die neuere biologische Forschung das alte Diktum der Psychologie.

Für ein lange prima funktionierendes Stirnhirn kann das aktivierte limbische System sorgen, das für emotionale Prozesse zuständig ist. Es kommt zum Beispiel beim Anhören oder selbst Spielen der Lieblingsmusik oder im Kino in Schwung. Emotionen (Motivation!) beeinflussen kognitive Leistungen ganz erheblich. Niveauunterschiede beim Lösen von Lern- und Gedächtnisaufgaben erklären sich auch aufgrund emotionaler Beteiligung. Der aktivierte Frontalkortex kann uns davor retten, bequem zu werden; er hilft uns auch bei der Abwehr wenig produktiver oder ungesunder Verführungen.

Mit einer angemessenen Strategie und cleveren Techniken können auch reifere Menschen Lerntempo und -wirkung steigern. Unverzichtbar ist für sie die explizite Auseinandersetzung mit dem Lernstoff. Neue Methoden einüben, konzentriert disparate Informationsstücke zu Mustern fügen, Tango tanzen und anspruchsvolle Konflikte lösen, fördern die Hirnleistung, aktivieren das Stirnhirn und funktionieren als Demenz-Prävention. Dagegen ist der Einfluss von Ernährung und medikamentöser Durchblutungsförderung verschwindend klein; vorausgesetzt das Hirn bekommt genug Glukose. Vermindertes Hören, Bluthochdruck und Diabetes dagegen schlagen negativ zu Buche.

Lutz Jäncke formuliert die entscheidenden Zusammenhänge folgendermassen: «Die Lernleistung = Bereitschaft (Wollen) × Fähigkeit (Können) × Möglichkeit. Und Fähigkeit = Begabung + Lernerfahrung. Das Wollen, die Motiviertheit, stehen im Zentrum.»

Vieles von dem, was wir uns merken und integrieren, also lernen, geschieht *unbewusst.* Das limbische System im Hirn ist oft aktiviert, ohne dass oder bevor der Frontalkortex im Magnet-Resonanz-Image Bewegung zeigt. Aus der Fülle von bewussten Impulsen und Signalen kann (muss?) der Mensch aber wählen, um situationsgerecht und mittelfristig konsistent handlungsfähig zu sein. Unbewussten Impulsen folgt er ohne eigenes Wissen, was Marketingspezialisten zu nutzen verstehen.

Unser Gehirn ist auf Lernen in *sozialen Kontexten* angelegt – und dies im Sinn von Anpassung an relevante Gruppen. Jäncke warnt davor, das Individuum in seiner Autonomie zu überschätzen; Stimmungen, Motivationen, Wertungen und Ideen werden rasch übernommen und als eigene gelebt. In gewohnheitsmässig und dauerhaft etablierten Gruppen – Familien, Schulklassen, religiösen Gemeinschaften, Arbeitsteams usw. – findet im Geflecht von Austausch und Beziehungen auf empathischem Weg eine Annäherung von Strebungen, Haltungen, Denkmustern und Wertungen statt. Bewusst und unbewusst. Die ungeheure *soziale Lernfähigkeit* bringt den Menschen dazu, auch Unsinniges oder Unmoralisches zu lernen. Oder Denkverbote zu akzeptieren.

Um gesellschaftlich problematische Entwicklungen zu verhindern, brauchen soziale Gruppen jeder Grösse, zum Beispiel Familien und Firmen, eine *Kultur,* die ihre Mitglieder zur Selbstreflexion und zur Simulation von Alternativen ihres Lebens drängt. «Kultur» meint hier ein dynamisches Gefüge von Wertungen und Massstäben, Regeln, Gesetzen, Haltungen usw., die Impulse zügeln und Verhalten in konkreten Kontexten so steuern, dass das Subjekt und die Gruppe ihr Handeln regelkonform verantworten und mit ihrem Selbstkonzept in Einklang bringen können. Kultur ist also kontextgebunden, entsprechend auch das Handeln der beteiligten Personen. Denn je nach Umgebung tun, denken und reden Individuen eben entsprechend der jeweiligen Kultur anders, speziell wenn sie flinke Lernende sind.

Die Fülle des menschlichen Lernpotenzials macht also die Bändigung und Selektion gesellschaftlich unerwünschter Lernprozesse zum vordringlichen Thema. Zum Beispiel Gewalteskalationen rund um Fussballplätze. Der Frontalkortex ist jene Instanz, der solche Grenzen ziehen, aber auch Überschreitungen zulassen kann. Nicht nur aufgrund gleichzeitiger Orientierung an unterschiedlichen Gruppenkulturen, auch im Lauf der individuellen Entwicklung vom Kind zur Greisin festigen, mindern und verändern sich diese Steuerungsmechanismen. Max erlaubt sich Dinge, die Mäxchen nie in den Sinn gekommen wären, und er ist sich dessen bewusst. Das kann zu irritierenden Spannungen und Widersprüchen führen, die intensive Arbeit am persönlichen Identitätskonstrukt auslösen und fordern.

Das Gehirn ist ein sich selbst organisierendes System; Eigenbeeinflussung ist letztlich wirksamer als äussere Anregungen, welche nur kurzfristig wirken. Früh schon im Leben lernen wir – kulturvermittelt – gewisse Themen und Sachverhalte an Gefühle zu binden. An Hass, Angst oder Scham. Solche Konditionierungen schlagen sich oft in emotionaler Inflexibilität nieder. Umkonditionierungen sind möglich, entweder in langwierigen argumentativen Prozessen oder durch harte Konfrontation mit Gegeninformationen und durch Handlungszwänge.

Didaktische Ansprüche reifer Lernender

Das menschliche Gehirn ist bis ins Alter hinein plastisch und es arbeitet auf der Hardware- wie auf der Software-Ebene effizient genug, um ständig Neues zu lernen, Verknüpfungen zu revidieren und überlebte Konzepte fallen zu lassen. Mit Hardware sind generelle Leistungsfähigkeit, aber auch der Schatz erworbener Fähigkeiten und Wissen gemeint. Salopp als Software bezeichnet werden Auffassungsgabe, das Gedächtnis als Basis für neue Verknüpfungen, abstraktes Denken, Anpassungsfähigkeit, Fantasie usw.

Und wie verändert sich Lernen im Lebenszyklus?

■ Lernen funktioniert schon bei Kindern individuell sehr unterschiedlich; im Lauf des Lebens verstärkt sich dieser Variantenreichtum. Gelegentlich verlangsamen Personen ü60 ihre Informationsverarbeitung; oft sind sie wenig tolerant gegenüber «unnötigem Stoff», Leerlauf und Umwegen, sie fordern Zielorientierung und gute Strukturierung. Zugleich legen sie Wert auf Möglichkeiten zur Beeinflussung der Lernwege und des Tempos; gefragt sind Freiräume, Übungsmöglichkeiten und Unterstützung, um kognitive Lernziele im abstrakten Bereich (Jonglieren mit Symbolen und Formeln) zu erreichen.

■ Lernende ü40 verfügen in ihrem Gedächtnis bereits über viele «Schubladen»; sie integrieren neue Inhalte oder Zugangsweisen flinker, wenn eine Brücke zu bereits verfügbarem Wissen gebaut wird. Das gelingt im zwischenmenschlichen Austausch sowohl zwischen Lehrendem und Lernendem wie zwischen den Lernenden. Die *Peers* sind ausgesprochen wichtig. Über die umfassendsten Fortschritte und Erfolge verfügen sie beim Erfassen neuer Zusammenhänge, Wechselwirkungen und «Weisheiten».

■ Duales Lernen, die wechselnde Verbindung von Theorie und Praxis/Anwendung oder Denken und Tun, bringt für die meisten Menschen am Ende bessere Resultate als eine Grundlegung mit theoretischem Wissen und die nachfolgende Nutzanwendung (der klassische deduktive universitäre Weg). Optimal sind Werkstatt-Settings mit Wissensimpulsen, zeitlich frei bearbeitbaren Lernmodulen, Lösung von Aufgaben in kleinen, betreuten Gruppen und individuellem Coaching. Bei einem hohen Mass an Selbststeuerung sind jedoch verbindliche Lernvereinbarungen zwischen Veranstaltern und Individuen, bzw. Gruppen unabdingbar, um verlässlich Resultate zu erzielen.

■ Für Personen, die formelles Lernen nicht so gewohnt sind, gilt es spezielle Angebote zu schaffen, um Misserfolgsangst und Stress zu reduzieren. Der Einstieg soll spielerisch und emotional anregend gelingen, das limbische System gilt es zu aktivieren. Für unterschiedliche Lernmethoden stehen spezifische Zugänge offen und für die Verknüpfung mit verfügbaren Erfahrungen ist didaktisch vorgesorgt. Auch ist der Erwerb von neuen Inhalten mit der Vermittlung funktionierender Lernstrategien verbunden.

■ Selbstständige Aneignung von Wissen, ein Praktikum, Projektmitarbeit, eigene Recherchen, zufällige Lektüre, kleine Projekte auch zu zweit, Besuche von Ausstellungen, Freiwilligenarbeit, Bildungsreisen, kreative Umsetzung von Erfahrungen usw. kurz: Informelles Lernen gehört integral zu den verbreiteten Weiterbildungsaktivitäten Erwachsener. Oft unterschätzen oder vergessen es die Kurs-Designerinnen. In einem Lern-Tagebuch, das höchst subjektiv gestaltet ist, hält Frau oder Mann die wesentlichen Erträge oder Erleuchtungen fest. Mit doppelter Wirkung: Einerseits ermöglicht das Journal später leichten Zugriff, andererseits verankert das Überdenken und Einordnen alles Gelernte solider im Gedächtnis.

■ In sämtlichen mir bekannten gelungenen Weiterbildungsprojekten und -modulen waren Personen aus der Zielgruppe in die Konzeptarbeit einbezogen, als direkt Beteiligte oder regelmässig aktivierte Feedback-Gruppe. Sie reduzieren das Risiko von Irrläufen. Absenderorientierte Angebote vermissen oft das rege

Echo; Nachfragerinnen haben häufig ganz anderes im Kopf als Anbietende.

Weiterbildungsgruppen jenseits von 35 sind punkto *Lernstrategien* und *-tempo* so heterogen, dass ohne Individualisierung der Wege und offene Arrangements (zu) wenig erreicht wird. Atelierbetrieb für kleine Gruppen und Einzelpersonen (z. B. für den Erwerb zusätzlicher IT-Kenntnisse) ist prima. In der eigenen oder in fremder Umgebung «Werkstücke» entwickeln (Erkundungen, Projekte usw.) und sich dabei auf einen kundigen Coach und Kolleginnen in Lernpartnerschaften verlassen können, verbindet Selbststeuerung und Absicherung aufs Beste. Das Klub-Modell mit verschiedenen Mitgliedschaftsformen und -verpflichtungen ist attraktiv. Zirkel fürs gemeinsame Lesen und Auswerten wichtiger Artikel oder Lehrfilme sind warm zur Nachahmung empfohlen. Netzwerke von Personen in ähnlichen Jobs oder mit gemeinsamer Vorbildung loten in diesem Rahmen Themen aus und fassen bestimmte Ziele ins Auge.

Plattformen für Erfahrungsaustausch oder – strukturiert – zur kollegialen Entwicklung von Problemlösungen innerhalb von Unternehmen oder über Organisationsgrenzen hinweg lassen sich elektronisch leicht organisieren und erzielen hocheffizient Erkenntnisfortschritte. *Un-Schooling* ist ein relevanter Trend in leicht alternativen Businessausbildungen und meint die Auflösung fixer Gruppen und Kursformate zugunsten individuell geplanter und selbst gesteuerter Weiterbildungsprogramme, in denen alle hier kurz benannten Formate wie Klub, individuelle Explorationen und Atelierbetrieb bestens Platz haben.

Eine Reihe kurzer Impulsmeetings, eingebettet in den Tageslauf, bewirkt gelegentlich mehr als ein Seminar in Seeufernähe. Ein paar Wochen Jobtausch mit Kollegen, ein transdisziplinäres Lernprojekt mit Personen unterschiedlicher beruflicher Herkunft im Spital, Begleitung einer Berufsperson an zwei, drei Arbeitstagen mit intensiver Reflexion *(Job-Shadowing)*, erweitern den Erfahrungshorizont und vermitteln Erlebnisqualitäten, die nachhaltigere Spuren im Verhalten bewirken als vorwiegend auf Kognition zentrierte Kurse.

Fünf unentbehrliche didaktische Grundsätze

Prinzip Interaktion: vielfältiger Austausch Lehrende/Lernende und zwischen den Lernenden; Praxiseinsätze; Lernpartnerschaften; Aushandeln von Schritten und Phasen.

Prinzip Doppelspur: Auf allen Stufen bewährt sich die Verknüpfung (mit wechselseitiger Bezugnahme) von Theorie- und Praxislernen.

Prinzip Erfolgsorientierung: Präferenz für fassbare, nützliche Kompetenz in Reichweite (bzw. in gut strukturierte Etappen gegliederter Prozess), Ergebnisorientierung, Vermeiden von Umwegen.

Prinzip Partizipation: Mitsteuerung von Tempo und Schwerpunktsetzung, Anknüpfung an den Erkenntnisbedarf, vielfältige Moderationsformen.

Prinzip Reflexion: Ankopplung an verfügbare Erfahrungen und Vorkenntnisse, Verknüpfung von neuem mit älterem Wissen, bewusstes Ent-lernen, produktiv gemachte Unterschiede.

Brückenangebote

Viele junge Schulabgänger, weibliche und männliche, erleben das «Delta» zwischen Bildungssystem und Arbeitswelt in schmerzlicher Weise, wenn ihnen ein reibungsloser Anschluss nicht gelingt. Weil es viele betrifft und bei einem misslingenden Start in die berufliche Laufbahn lebenslang negative Folgen drohen, hat man in vielen Schweizer Kantonen vielfältige, didaktisch klug konzipierte und «gut verdauliche» Brückenangebote aufgebaut. Diese Weiterbildungswege stehen nur jungen Leuten offen, obschon sie sich auch für Erwachsene in späteren beruflichen (Neu-)Orientierungsphasen vorzüglich eigneten. Viele Module oder Sequenzen gewännen wohl auch an Attraktivität und Wirksamkeit, würden verschiedene Generationen sie gemeinsam absolvieren.

Ich beschreibe Brückenangebote jetzt mal keck so, als ob sie ihre Türen bereits sowohl für Junge als auch für Ü35 aufgesperrt hätten: Die Lernwege sind auf verschiedene grossräumige Tätigkeitsfelder ausgerichtet, zum Beispiel Gewerbe, Gastronomie, Handwerk, Kaufmännisches usw. Sie umfassen im Theorieteil Wissensvermittlung und Mediennutzung, Diskussionsveranstaltungen, Instrumente zum Selbstmanagement usw., auf der Praxisschiene Schnuppertage, Arbeitseinsätze, Training von Fertigkeiten, Erkundungen, die Meisterung kleiner Projekte allein oder zu zweit und – im Sinn von situativer Lebenshilfe – persönliche Beratung sowie Coaching einzeln oder in Gruppen. Als Coaches engagieren sich oft Studierende oder Berufsleute, die dabei auch eigene Lernziele verfolgen. Viele Einrichtungen organisieren eine individuelle Kombination verschiedener Elemente und schliessen mit den Teilnehmenden formelle Lernvereinbarungen ab, Zwischenbilanzen und Evaluation inbegriffen. Andere Anbieter beschwören wichtige Effekte durch einen gemeinsamen Prozess und die wechselseitige Unterstützung über Monate hinweg und verzichten auf Stückelung.

Brückenangebote stecken in einer Nische, doch sie müssten nicht dort verharren. Öffentliche Bildungsinstitutionen, Firmenverbünde oder Verbände könnten das komplexe Modell auf berufliche Umstiege oder substanzielle Kompetenzerweiterungen für reifere Personen mit unterschiedlichen formalen Bildungsvoraussetzungen übertragen oder bestehende Strukturen für eine zusätzliche Klientel nutzen. Die Konzepte und Methoden weisen gegenüber klassischen Berufslehren, die auch für reifere Umsteigende propagiert werden, eine ganz Reihe von Vorzügen auf, etwa die

Vielfalt von Instruktionspersonal, Selbstmanagementthemen und das Peer-Lernen in Gruppen.

Laufbahnmitte-Programme

Die rasch fortschreitende Digitalisierung der Arbeitswelt macht viele Arbeitsplätze unsicher; viele Männer und Frauen in den Vierzigern wünschen, ihrem Leben eine neue Richtung zu geben. Es ist eine kluge Strategie von Fachkräften, im Lauf der Berufsbiografie die eigene Kompetenz auf verschiedenen Ebenen stetig und bis über 70 hinaus zu stärken.

Im Jahr 2014 haben 72 Prozent der Schweizer Wohnbevölkerung zwischen 55 und 64 Jahren keinen einzigen Tag Weiterbildung absolviert. 10 Prozent mit tiefer formaler Bildung, aber 45 Prozent mit satt gepacktem Schulrucksack nahmen an organisiertem Lernen teil, solche Unterschiede existieren seit eh und je, doch die heutigen disruptiven Veränderungen dramatisieren die Folgen. Die Abstinenz weniger bildungsaffiner reifer Arbeitskräfte bei Kursangeboten wird sowohl mit schwachem Interesse und geringer Nachfrage als auch mit der Lücke bei (didaktisch) zielgruppengerechten, attraktiven Angeboten erklärt. Qualifizierende Mid-Career-Programme mit Leistungsfeedback und Attest sind im Ausland – mir leuchtet vor allem ein, was am MIT in Boston ausgeheckt wurde – populär, in der Schweiz fehlen sie. Ob dies mit der starken Berufsbildungstradition und dem Einfluss der starken Sozialpartnerschaft zu tun hat, die strukturkonservativ wirken?

Neue Lernwege im dualen System (Theorie und Praxis vereint) machen auch oder speziell im digitalen Umfeld sehr viel Sinn. Die Nutzung von didaktisch clever konzipierten in- und ausländischen Open-Access-Lernmodulen via Internet drängt sich auf, gerade weil damit auch implizit die Vertrautheit mit IT wächst. Arbeitskräfte in ihrer Laufbahnmitte sind an den Computer gewöhnt, oft liegt bei den Sympathiewerten noch Steigerungspotenzial brach. Um Akzeptanz und systematische Lernfortschritte zu sichern, sind die Lernbausteine vom Computer in soziale Zusammenhänge einzubetten, in Peergroups mit direktem persönlichem Austausch und Praxistransfer sowie ermutigender Unterstützung durch kundige Begleitpersonen. Bildung ist ja eine Beziehungsangelegenheit. Ohne institutionellen Rahmen, also einen Arbeitgeber und dessen Personalfachleute, funktionieren solche frei konsumierbaren Lernelemente (noch) harzig. Das anfängliche Feuer sackt rasch in sich zusammen; dem einzelnen Lernenden fällt es schwer, sich ohne verpflichtenden Rahmen und verbindliche Erwartungen Dritter diszipliniert Schritt für Schritt Unterrichtsstoff einzuverleiben. Auf dem Arbeitsmarkt ernst genommen werden solche Lernwege nur, wenn die erworbenen Kompetenzen überprüft und bewertet sowie abschliessend in gültige Zertifikate umgegossen sind.

Spezifische Mid-Career-Programme entwickeln

Für das lange, engagierte berufliche Leben sind neben Reifenwechsel und Auftanken auch Typenwechsel beim Vehikel gefragt. Weil es in den deutschsprachigen europäischen Ländern an Erfahrungen und kontextgerechten Vorbildern fehlt, plädiere ich hier gern für Experimente und Pilotprojekte. Ihrem Pioniergeist werden Vorläufigkeit, rasche Korrekturen und Suche nach optimalen Lösungen zugestanden. Optimal scheint mir eine Trägerorganisation mit Beteiligung mehrerer Unternehmen, von Bildungsfachleuten, staatlicher Arbeitsverwaltung und vielleicht einer Institution höherer Bildung. Finanzen für die Anschubphase wären im Prinzip bei öffentlichen Fachkräfte- und Digitalisierungsinitiativen verfügbar. Auch private Stiftungen und paritätische Weiterbildungsfonds kommen als Gönner und Förderer in Betracht.
Drei Ziele verbinden sich bei einem experimentellen Mid-Career-Programm:

1. Es vermittelt einer Gruppe von Lernenden beruflich relevantes, zertifiziertes Fachwissen.

2. Es öffnet die Chance, einen Prozess sowohl gemeinschaftlichen wie webbasierten Lernens zu beobachten, Erfolgsfaktoren zu identifizieren und Empfehlungen für künftige Anschlussprojekte zu formulieren.

3. Die ins Projekt involvierten Unternehmen erhalten Gelegenheit, sich mit innovativen Formen beruflicher Um- und Weiterbildung vertraut zu machen.

Und die Inhalte? Traditionell werden berufliche Ausbildungen auf bestimmte Tätigkeiten oder Rollen hin konstruiert. In Umbruchszeiten liegt es nahe, generalistischere Fähigkeiten und Fertigkeiten auf mittlerem Niveau zu vermitteln, die im Anschluss und über Jahre hinweg eine rasche Einarbeitung in speziellere Aufgabenfelder vorbereiten. Von zentraler Bedeutung ist – im Sinn aktueller Allgemeinbildung – heute sicher Technologie: Programmieren, Entwicklung von Apps, Daten- und Gerätesicherheit sowie Projektmanagement. Mid-Career-Programme können sich um dieses Herzstück herum beispielsweise auf weite Felder wie Detailhandel, Energieversorgung und -beratung, Betriebswirtschaft und Rechnungswesen, Verkehr und Transport oder Gesundheit, Körperpflege und -training ausrichten.

Hier ein kurzes Drehbuch mit zehn Szenen fürs Einfädeln eines Mid-Career-Pilotprojekts:

1. Einrichtung eines speziellen Portals auf einer bewährten digitalen Bildungsplattform mit internationalen Online-Kursen (MOOC), die sich (auch) für Lernende unterwegs im fortgeschrittenen Berufsleben eignen. Sicherung der rechtlichen Grundlagen und Programmierung durch ein Aufbauteam, das technologische mit didaktischer Expertise verbindet.

2. Fast gleichzeitig macht sich ein kompetentes Team an die Komposition des Programm-Angebots. Es wählt, kombiniert und übersetzt wenn nötig im Internet weltweit greifbare

Module und konstruiert für hiesige Zustände passende zusätzliche Lernbausteine. Innerhalb der Themenfelder sind individuelle Schwerpunktsetzungen vorgesehen.

3. Rekrutiert werden Männer und Frauen mit beruflicher Fachausbildung auf mittlerer Ebene, also nicht Hochschulabsolventen. Am Auswahlverfahren sind sowohl die Unternehmen wie die Programmleitung beteiligt. Die Teilnehmenden bleiben im Erwerbsprozess, reduzieren aber ihre Verpflichtungen.

4. Grundsätzlich sollte der Zugang aber – mit Kostenfolgen – auch für Interessierte ausserhalb der Trägerunternehmen offen sein.

5. Parallel zum inhaltlichen Programmangebot konstituiert sich das Beratungsteam, das online arbeitet, die Zusammenstellung von Lerngruppen und -partnerschaften verantwortet und sowohl bei inhaltlichen Fragen wie auf persönlicher Ebene auf Dauer Unterstützung leistet.

6. Gleichzeitig mit dem Programmteam des Portals installieren die beteiligten Unternehmen Kontaktstellen, die einerseits mit Weitblick internen Qualifikationsbedarf eruieren und ins Programm einspeisen. Anderseits besorgen sie Rekrutierung, Beratung und Begleitung der Lernenden aus ihrem Haus. Sie sichern Lernorte und Treffpunkte für verschiedene Formen von Face-to-Face-Meetings.

7. Realisierung der ersten Stufe eines oder mehrerer Programme. Ausgelegt ist das Start-Angebot auf zwei bis vier Dutzend Mitarbeitende aus 3 bis 6 privaten und öffentlichen Unternehmen, die das Projekt mittragen und -definieren, die Lernenden im Arbeitsalltag unterstützen und sich auch finanziell engagieren.

8. Im Rahmen der Module werden die Lernfortschritte bewertet und rückgemeldet; erfolgreiche Meisterung der – aus obligatorischen und freiwilligen Modulen komponierten – Prüfungen führt zum Zertifikat. Um den Marktwert dieses Ausweises kümmert sich die Projektleitung von Anfang an.

9. Im Rahmen des Pilotprojektes wird auf der Internet-Plattform auch eine «Werkstatt» für Leute eingerichtet, die Mid-Career den Weg in die Selbstständigkeit wagen und entsprechende Lernmodule absolvieren.

10. Weitere Ausbauetappen werden von Anfang an in eine rollende Businessplanung integriert.

Kooperationen, Integration in bewährte Strukturen

Innovationen kommen in Form von unabhängigen Projekten leichter zustande als innerhalb eingespielter Institutionen; mittelfristiges Überleben neuer Programme ist dagegen unter dem soliden Dach einer etablierten Einrichtung wahrscheinlicher. Erfolgreich sind nach Beobachtungen der OECD Vorhaben für reifere Lernende, die von vier Arten Akteure getragen sind: Unternehmen (private und öffentliche), Arbeitsverwaltung, Bildungsinstitutionen und NGO. Bei Mid-Career-Pilotprojekten ist in erster Linie an Kooperationen mit Fachhochschulen und höherer Berufsbildung gedacht. Diese wären auch prima Partner und Hüter für eine längerfristige Ansiedlung.

Praxisbeispiel: Klüger werden in der Lernwerkstatt

Sie braucht nicht einmal fixe Räume und funktioniert als virtuelle Einrichtung sogar mit nebenamtlicher Koordination – je nach Grösse des Betriebes oder eines Verbundes von Unternehmen, die sich als Werkstattbetreiber zusammenschliessen.

Kurse, Seminare und Workshops riechen ganz und gar nicht nach Schule; sie kommen auf Vorschlag von mindestens drei Mitarbeitenden zustande; die niedrige Schwelle hat ein sehr vielfältiges und abwechslungsreiches Programm zur Folge. Ausgeschrieben sind da beispielsweise bei Mercedes-Benz in Sindelfingen Einblicke in neue Software zur Schadstoffkontrolle, Kniffe im Umgang mit älteren Robotern oder Produktions-Controlling für Techniker. In Sindelfingen zum Beispiel sind gut 40 Fachkräfte – Arbeiter, Meister und Manager – mit Spezialkenntnissen als Trainer im Einsatz. Für ihre nebenamtliche und oft punktuelle Aufgabe wurden sie in – von pfiffigen jungen Gamedesignern entwickelten – Didaktik-Workshops ausgebildet. Auf jeden neuen Lernwunsch reagieren die Koordinatoren mit der Suche nach geeigneten Trainern; im Kreis der erfahrenen Mitarbeiter stossen sie meist auf viel Gegenliebe. Ältere erleben es oft als Wertschätzung, wenn sie zur Weitergabe ihres Wissens eingeladen werden.

Konkretes Projekt: Das Gründungslabor

Konzept einer Bildungstankstelle für die Selbstständigkeit

Unternehmensgründungen durch reifere Personen werden immer zahlreicher; rund die Hälfte von ihnen wagt den Sprung aus erfolgloser Jobsuche oder Arbeitslosigkeit heraus. Fast immer geht es nicht um die Schaffung grösserer Strukturen, sondern um die Sicherung des eigenen Einkommens für die bevorstehenden Jahre. Viele suchen – nach einem Bruch in der bisherigen beruflichen Laufbahn – rasch eine neue Lösung; andere lassen eine Festanstellung über längere Zeit hinweg mit sinkendem Engagement parallel zur neuen Firmenexistenz laufen. So oder so brauchen sie über Monate hinweg Know-how, Rückhalt, Resonanz und kompetente Begleitung in kritischen Situationen. Das Gründungslabor bietet den dafür geeigneten Rahmen.

Um sich als Unternehmer/-in zu entdecken – oder nach der eigenen Pfeife tanzen zu lernen – benötigen Personen, die ihre

erste Berufsphase hinter sich haben, ganz unterschiedliche
Impulse. Je nach Vorerfahrungen und unternehmerischen Ziel-
setzungen. Darüber habe ich vor einiger Zeit mit ein paar Exper-
ten ohne Scheuklappen und Rücksichtnahme auf Bestehendes
nachgedacht. Optimal scheint uns ein Lernort in Form eines
Marktplatzes, auf dem die Gründerperson ihr «Werkstück» von
Stand zu Stand (mit Aufschriften wie: Marketing, Finanzierung,
Geschäftsideen usw.) weiter verfeinern kann. Reihenfolge, Lern-
tempo, Verweildauer bei jeder Thematik und Art der konkreten
Fragestellung variieren individuell.

Neben den personell kompetent besetzten Ressourcen-Tank-
stellen mit bestimmten Öffnungszeiten für selbstorganisiertes
Einzel- oder Gruppenlernen gibt es ein systematisches Bildungs-
programm mit…

- Einstiegsblock mit dem Thema umfassende Kompetenzenbilanz
  (ausgerichtet auf mögliche Tätigkeitsfelder) und Entwicklung/
  erster Selektion von Geschäftsideen.
- Veranstaltungen mit Lernzielen auf den Ebenen Wissen, Person
  und Rolle sowie Vernetzung.
- Wissensbausteine: Marktkenntnisse, Businessplan, Rechts-
  und Versicherungsfragen, IT-Systeme usw.
- Vermittlungsmethoden: Präsenz- und blended Learning
  in mittelgrossen Gruppen.
- Vernetzung mit potenziellen Kunden, Kollegen, Zulieferern usw.
- Rollenfindungselemente: Arbeitstechniken und -systematik.
- Persönlichkeitsentwicklung (Entdeckung und Entfaltung
  eigener Potenziale).
- Kommunikation, Auftritt, Überlebensstrategien usw.
- Settings: Gruppen- und Einzelcoaching, selbstorganisierte
  Peer-Mentoring-Gruppen, Beratung einzeln und in Teams.

Selbstverständlich werden die didaktischen Grundsätze von
intensiver Interaktion, Ergebnisorientierung, Steuerungsmöglichkei-

ten bei Tempo und Schwerpunktsetzung durch die Teilnehmenden sowie Andocken an verfügbare Vorkenntnisse und Verknüpfung von Neuem mit älteren Wissensbeständen respektiert und befolgt. Die Verweildauer im Labor erstreckt sich auf bis zwei Jahre mit unterschiedlicher, selbst gewählter Intensität. Begleitung durch Fachpersonen und/oder Peers gibt's für Vorbereitung, Gründung und Konsolidierung des Unternehmens. Zum Konzept der Werkstatt gehört unbedingt die organisierte Reflexion auf der Sachebene wie der Ebene Person während der ersten Selbstständigkeitsphase.

Die Ansprüche ans Lehrpersonal sind beträchtlich: Als Team sollte es Vielfalt mit diversen Andockstellen repräsentieren, Erreichbarkeit sichernde Aufträge erfüllen und punkto Erfahrung in der Arbeitswelt aus dem Vollen schöpfen. Für die Vermittlung von Inhalten und Kompetenz darf es ihnen nicht an Fantasie und Gespür für individuelle Bedürfnisse fehlen. Ihr Menschenverständnis sollte ihnen viel Zutrauen und positive Projektionen nahelegen. Und ihr eigenes breites Netzwerk sollte für die potenziellen Kleinunternehmer wenigstens beim Türöffnen nutzbar sein. Unter den Trainern braucht es Personen mit eigener Gründungserfahrung. Wer sich im Labor fit machen will, darf beim Eintritt ihre/seine Bezugsperson im Lehrkörper wählen.

Erwünscht und machbar sind solche Gründungslabors als Einrichtung unter dem Dach von Universitäten, Fachhochschulen, Berufsschulen und Volkshochschulen (mit je unterschiedlicher Klientel und Vorbildung).

Das Betriebsbudget müsste im Wesentlichen die öffentliche Hand decken, für die Aufbauphase kommen Sonderförderung oder Stiftungen infrage. Die finanziellen Beiträge der Teilnehmenden variieren je nach Bildungsstufe; ein Zugang zu Stipendien ist wichtig, wobei für den Fall namhaften geschäftlichen Erfolges Modalitäten zur Rückgabe der Investition vertraglich geregelt sind.

Wie viel Staat, wie viel private Wertschöpfung?

Von Fachleuten organisierte Weiterbildung ist teuer, aber *die* zentrale Ressource in einem längeren Erwerbsleben voller Wechselfälle. Ist sie insgesamt oder in Teilen gesellschaftlich wichtiges, öffentliches Gut oder einfach private Investition mit Aussicht auf persönlichen Gewinn? Die Antwort auf solche Fragen ist ein Politikum und entscheidend für Bereitstellung, Finanzierung und Zugang zu lebenslangem Lernen. Wer soll künftig den wachsenden Weiterbildungsmarkt dominieren und relevante Inhalte definieren? Im kontinentaleuropäischen Raum, speziell im deutschsprachigen, existiert ein starkes, flächendeckendes öffentliches Bildungssystem auf drei Stufen. Das Qualitätsniveau ist gut, die Diplome sind vergleichbar – ein Riesenvorteil, setzt die Mobilität der Arbeitskräfte doch grenzüberschreitend wertvolle und lesbare Bildungszertifikate voraus.

Doch diese bestehenden staatlichen Systeme beginnen zunehmend zu bröckeln; zu verheissungsvoll sind globale Geschäftsmodelle für den Transfer grosser Wissensbestände aus Wirtschaft und Technik. Die marktstarken amerikanischen IT-Firmen und sozialen Medien investieren massiv in Bildungsangebote. Amazon zum Beispiel kauft massenhaft Lerneinheiten zusammen, die Interessierte in absehbarer Zeit einzeln oder gegen eine Abonnementsgebühr auf den eigenen PC laden und nutzen können – einschliesslich automatischer Auswertung des Lernerfolgs. Ein solchermassen globalisiertes Warenhaus für Bildungselemente fasziniert im ersten Moment, wird aber zum Problem, wenn ein paar ganz wenige (preiswerte) Anbieter darüber bestimmen, welche Lerninhalte «wichtig» und «wahr» sind und diese zum Beispiel mit unseren regionalen Vorstellungen von Professionalität oder unserer betrieblichen Kultur wenig zu tun haben. Das Bildungssystem soll sowohl öffentliche wie private Akteure umfassen. Doch platte wirtschaftliche und kurzfristige kommerzielle Interessen gilt es im Auge zu halten und zu kanalisieren – zugunsten von gesellschaftlichen und bildungspolitischen Werten, die im politischen Aushandlungsprozess immer zu überprüfen sind. Denn es geht um die Zukunftsperspektiven aller und um Gemeinwohl. Die Bildungsanbieter mit ihren unabhängigen Köpfen sollten aus kritischer Distanz in der Lage sein, auch wirtschaftliche Zusammenhänge und gesellschaftliche Entwicklungen zu hinterfragen und legitimiert sein, ihrerseits Innovationen zur Diskussion zu stellen.

Formale Weiterbildung ist teuer

Es gibt sehr gute Gründe, erwerbsbezogene Weiterbildung konzeptuell nicht von Persönlichkeitsentwicklung oder Allgemeinbildung zu trennen. Erkenntniszuwachs und Lernerfolg in einem bestimmten Interessensgebiet wirken sich auch auf andere Bereiche positiv aus. Wer beispielsweise über Jahre hinweg intensiv Japanisch lernt, trainiert sein Gehirn auch im Hinblick auf andere Inhalte. Zudem erweitern sie, eingeflochten in Alltagskonversation, ganz generell das kulturelle Verständnis unserer Gesellschaft. Wer nur die *Human Resources* im Fokus hat, vernachlässigt das *Human Potential* oder die *Human Assets*, die über kurz oder lang in verschiedenen Zusammenhängen zur Aktivierung bereitstehen.

Doch mein roter Faden legt nahe, mich hier auf die berufsnahe Weiterbildung zu konzentrieren und das weite Feld informeller und kultureller *Education permanente* nur am Rand zu beackern. Zumal sie mir auch vom eigenen Anspruch her nicht prädestiniert scheint, um für Erwerbstätige die Konsequenzen der Digitalisierung und von Marktumbrüchen abzufedern. Es gab immer wieder Versuche nachzuweisen, dass sich Liebhaber und Kennerinnen von zeitgenössischer Musik und bildender Kunst generell als innovative Geister profilierten. Fehlalarm. Mitarbeit an der vordersten Forschungsfront und erzkonservative politische Haltung sind durchaus vereinbar. Aufbau und Funktionieren unseres Gehirns sind viel zu komplex, als dass ein konkret gelungener und auch nachhaltig verankerter Lernschritt auf alle übrigen Denkoperationen transferiert würde.

Das noch junge eidgenössische Weiterbildungsgesetz stützt sich auf den Grundsatz, dass sowohl erwerbsnahe wie kulturelle Weiterbildung Privatsache und Investition sei und macht das Individuum dafür selber verantwortlich. Von den Arbeitgebern wird bloss «Begünstigung» von Bildungsambitionen gefordert. Hochschulangebote haben dem Gebot der Kostenneutralität zu genügen, was für Teilnehmende heisst: tief in die Tasche greifen (können). In den Staaten des europäischen Nordens zum Beispiel denkt man anders. Entsprechend höher ist auch die Weiterbildungsbeteiligung und -nachfrage. Hier wie dort ist die Personengruppe Ü35 meist doppelt im Schneider: Sie muss sowohl Kurs- oder Projektkosten schultern wie ihre laufenden Lebenshaltungskosten decken (oft auch Versorgerpflichten gegenüber Kindern wahrnehmen), wenn die zusätzliche Qualifizierung eine Reduktion der Erwerbstätigkeit verlangt.

Kein Zweifel, es fehlt in der Schweiz nicht an diversen Weiterbildungsmärkten. Doch sie weisen Ungleichgewichte und Lücken auf und bedienen einerseits praktisch Orientierte und anderseits eine allgemein interessierte Klientel. Volkshochschulprogramme, IT-Kurse, Sport, Sprachen, Psychologie und Gesundheit, Yoga, Kunstreisen, textile Handarbeit, Malen, Botanik usw. stacheln Nachfrage an. Öffentliche und private Anbieter zu Hunderten sind im Dachverband SVEB organisiert. Der Migros-Genossenschaftsbund subventioniert über sein Kulturprozent auch die konzerneigenen Klubschulen, wo mehrheitlich in grösseren Gruppen unterrichtet wird. Bei qualifizierenden Kursen mit vereinzelter Individualisierung der Lernwege und abschliessendem Zertifikat rechnet man grob mit 800 bis 1200 Franken Kosten pro Tag. Bei Weitem nicht alle potenziell Interessierten können solche Preise berappen. Jüngeren Kaderleuten greifen die Unternehmen oft unter die Arme, vor allem wenn es um Management, Know-how für spezielle Funktionen oder Vorbereitung auf höhere Fachprüfungen geht; für reifere Mitarbeitende stehen kaum solche Ressourcen zur Verfügung. Erst recht nicht, wenn sie ans Um- und Aussteigen denken. Kein Wunder, gibt es immer mehr Erwartungen und überzeugend begründete Forderungen gegenüber öffentlichen Bildungsinstitutionen des sekundären und tertiären Sektors.

Auch Kantone und der Bund sehen sich im Zug der Digitalisierungswelle mit neuen Argumenten, Notwendigkeiten und Forderungen konfrontiert. Die sozialen Interessen – Vermeidung von Arbeitslosigkeit – paaren sich mit der demografischen Entwicklung. Eine alternde Gesellschaft und eine direkte Demokratie wie die schweizerische sind auf informierte und kompetente Mitbürgerinnen und Mitbürger über die ganze Lebensspanne hinweg angewiesen. Damit auch Achtzigjährige zu selbstverantwortlicher Lebensgestaltung fähig sind und sein werden, brauchen sie den Rückgriff auf angemessene Bildungsprogramme. Eine öffentliche Finanzierung von Pilotprojekten und ganzen Einrichtungen oder gezielte Leistungsaufträge machen Sinn. Private brauchen sich noch lange nicht vor Verdrängung zu fürchten.

Klar, ich rufe es gern nochmals in Erinnerung, formelle Weiterbildung ist nicht das einzige Tor in die Zukunft, im Arbeitsalltag findet beiläufig jeden Tag ein Kompetenzerwerb statt – ohne Berührung mit einer Kostenstelle. Doch während früher Wissen, zum Beispiel im Handwerk, über Generationen hinweg weitergegeben wurde, sind heute im raschen Wandel von Organisationen und Techniken solche Transferbrücken recht schmal geworden. Die Regeneration von Mitarbeitenden erfordert neue Quellen und Strukturen, folglich Investitionen. Wo und bei wem sind diese budgetiert?

Alte und neue Finanzierungsquellen

Die Entwicklung einer Weiterbildungsstrategie und Investitionen in neue Programme, Projekte und Strukturen sind das Eine; Ausbildungsbeiträge für Individuen das Andere. Werfen wir also einen Blick auf die Nachfrageseite und deren Finanzierungsmöglichkeiten. Noch immer sind viele staatliche Stipendien nur bis zu einer Alterslimite zugänglich; oft liegt diese bei 40 Jahren. Gern hätte ich «noch» eingefügt – in der Hoffnung auf zügige Beseitigung der Hürde. Parallel dazu richten die in der Schweiz für Bildung zuständigen Kantone Darlehen aus – mit dem Pferdefuss der Rückzahlungspflicht. Aus dem Ausland kennen wir das Problem hoher Schulden bei Ausbildungsabschluss; für manche Absolventen mit hohen Einkommen ist das ein Pappenstiel. Wer sich *mid career* einen Qualifizierungsschub geleistet hat, bewegt sich hinterher aber meist nicht mehr im Kreis der Grossverdienerinnen und -verdiener, sondern eher im mittleren Segment. Da können Schulden auch unter 100 000 Franken abschrecken und einen Weiterbildungsverzicht provozieren. Selbstverständlich können Darlehensverträge so ausgestaltet sein, dass die Rückzahlung zeitlich wie im Umfang eng ans spätere Lohneinkommen gebunden ist; der Darlehensgeber kalkuliert gewisse Ausfälle. Wer sorgt für das nötige Finanzpolster? Am ehesten der Staat, bzw. die Steuerzahler, und private Wohltäter. Ausbildungsprojekte von Berufsleuten in der Gefahrenzone des Jobverlustes können von Arbeitsämtern finanzielle Unterstützung erwarten. Teilzeitarbeit, für die meist neben einem Weiterbildungsprogramm genug Energie bleibt, generiert Einkommen. Gelegentlich erweisen sich Arbeitgebende als generös; sie investieren im Hinblick auf künftige Kooperation und Verträge. Neben Darlehen der öffentlichen Hand fallen selbstverständlich auch private in Betracht: kommerzielle, aus Freundeskreis oder Verwandtschaft sowie Erbvorbezüge.

In der vielfältigen schweizerischen Stiftungslandschaft gibt es einige Perlen für Weiterbildung zu entdecken – aus dem traditionell reichhaltigen Strauss privater Quellen zur Bildungsfinanzierung möchte ich die private Initiative EDUCA SWISS speziell herausgreifen. Die recht junge Stiftung verbindet die finanzielle Unterstützung für individuelle Qualifizierungsvorhaben mit begleitendem Coaching und stellt ein Ohr für unkonventionelle Ideen unter Beweis. Sie hat auch das Konzept der Studienaktie entwickelt, die direkte Investition in eine bestimmte Person in Ausbildung, einschliesslich einer Dividendenerwartung. Überwältigend gross ist der Kreis der Aktionäre noch nicht, die persönliche Abhängigkeit zwischen Student/-in und Geldgeber lässt viele junge Leute zögern. Die Aktie als Instrument ist für EDUCA SWISS ganz stark auf die Grundausbildung ausgerichtet. Diverse Weiterbildungsfonds – eine andere Quelle – sind bei Branchen- und Berufsverbänden angesiedelt. Zukunftsorientiert finde ich die Einrichtung paritätisch (heisst: von Arbeitgebern und -nehmern gleichermassen) alimentierter Weiterbildungsfonds im Rahmen von Gesamtarbeitsverträgen (GAV). Der Bankpersonalverband geht diesen Weg.

Im Gespräch sind seit Jahren auch Weiterbildungsgutscheine. Gewerkschaften plädieren fürs Verteilen solcher Wertpapiere an alle Erwachsenen ü45, beispielsweise von drei Stück jährlich, einlösbar und kumulierbar innerhalb von vielleicht fünf Jahren. Vielleicht tönt so die Zunftsmusik? Wer Gutscheine in der Hand hält, so die Vermutung, gibt sich mit hoher Wahrscheinlichkeit einen Schubs, sie in sinnvoller Weise einzulösen und nach passenden Lernmöglichkeiten zu fahnden. Die steigende Nachfrage zöge wohl die Entwicklung neuer Angebote nach sich und das Rad käme in Schwung. Gut möglich, dass auf diesem Weg Bildungsabstinente zu gewinnen wären.

Starke Argumente sprechen – dies ein anderer Weg – für neue Vorsorgepläne und Versicherungen in der 2. Säule unseres Rentensystems, die in bestimmtem Umfang angespartes Alterskapital für Weiterbildungsinvestitionen abrufbar machen. Für einen Hausbau steht diese Möglichkeit gesetzlich geregelt bereits heute offen. Kompetenzaufbau ist ja nicht weniger würdig, bloss schlechter zu verkaufen als Wohneigentum. Wer Sparkapital für Weiterbildung abruft, könnte im Gegenzug länger arbeiten oder eine tiefere Pension beziehen. Denkbar, aber weniger leicht realisierbar scheint mir das Anzapfen des AHV-Kontos; die komplexe Finanzierung und das Solidaritätsprinzip der 1. Säule der Altersvorsorge stehen solch individualisierten Nutzungen im Weg. Das persönliche Alterssparen in der 3. Säule dagegen eignet sich bestens für Rückgriffe zwecks zusätzlicher Absicherung der Erwerbskompetenz; in diesem Punkt wären gesetzliche Korrekturen politisch ziemlich schmerzlos.

Gelegentlich ist Reorganisation hürdenreicher als eine Neugründung: Diskutiert wird deshalb – im Rahmen der aktuellen schweizerischen Dreisäulenarchitektur – die Idee eines viertes Säulchens, das ganz nahe bei der 3. Säule steht und steuerbefreites Bildungssparen zum Zweck hat. Die Hochrechnung ist schnell gemacht: Wer flugs nach dem Eintritt ins Erwerbsleben trotz Unterbrüchen und Teilzeitbeschäftigung jährlich 2000 Franken auf sein Weiterbildungskonto transferiert, kann sich immer mal wieder schöne Höhenflüge mit Lernzuwachs leisten.

Entlastend für Lernlustige, aber kaum als Anreiz oder Impuls für Bildungsferne wirken Steuerabzüge für Weiterbildungskosten. Überdies ist die bürokratische Handhabung echter und weniger eindeutiger Weiterbildungskosten eine Knacknuss.

«Spektrum»: Eine Struktur für Neuorientierung und Regeneration von Arbeitskräften[1]

Ausgangssituation: Komplementäre Problemfelder

In jeder privaten und öffentlichen Unternehmung treffen wir suboptimal platzierte unzufriedene, aus strukturellen oder konjunkturellen Gründen im Job nicht mehr gebrauchte, nach langen Jahren müde und dequalifizierte, aus Krankheitsabsenzen zurückkehrende Mitarbeitende. Aber auch Personen in beruflichen Orientierungsphasen – ausgerüstet mit frischem Lehrabschluss, Trainees nach Studienende oder zurück von einem Auslandsaufenthalt – sind alltäglich. Sie alle suchen Experimentier- und Lernraum, um sich neu auszurichten.

Komplementär zu dieser personenbezogenen Thematik ist die Tatsache einer knappen Personaldecke. Ist der normale Betriebsablauf gestört, stehen spezielle Projekte an oder fällt jemand für gewisse Zeit aus, werden Leiharbeitsfirmen und Spezialisten für Temporärarbeit mobilisiert.

«Spektrum» kombiniert die Ansprüche von Flexibilitätsreserve und Reorientierungsort und als Strukturlösung, nicht als Sammlung individueller Einzelmassnahmen. Inspirierendes Vorbild fürs Konzept ist eine zentrale Dienstleistungseinheit bei ArcelorMittal in Bremen unter der Leitung des Wirtschaftspädagogen Olaf Gayk, die als spezielle produktive Abteilung funktioniert, die eigenen Kosten bequem deckt, ihre Mitarbeitenden im Betrieb und ausserhalb vielfältig einsetzt und sie dual, also in Theorie und Praxis, zusätzlich qualifiziert.

Grundannahme und entscheidend für den Erfolg von Olaf Gayk ist das Verständnis von Personen, die nicht mehr oder noch nicht leisten, was erwartet wird. In eine Krise oder in eine Sackgasse

---

[1] Diese innovative Lernwelt wurde von einer engagierten Expertengruppe im Rahmen des Netzwerks Silberfuchs ausgearbeitet, aber bisher nicht realisiert; die detaillierten Planungsunterlagen stehen Interessierten gern zur Verfügung.

geraten kann jeder und jede; solche Vorkommnisse sagen wenig aus über das verfügbare Leistungspotenzial. Sie bekunden nur, dass aktuell weder die Person selbst noch ihre Vorgesetzten noch die umgebende Gruppe Zugriff auf dieses Potenzial oder Arbeitsvermögen haben. Ein Wechsel von Umgebung und Anforderungen setzt meist neue Kräfte frei. Zusammen mit dem Erwerb zusätzlicher Kompetenzen ergibt sich eine Grundlage für erfreuliche und produktive weitere Erwerbsphasen.

«Spektrum» versteht sich keineswegs als soziale Einrichtung. Erfolgreiche, anspruchsvolle Sacharbeit, Deckung der Kosten, besser noch: Erwirtschaften eines Deckungsbeitrags ist als Zielsetzung mit derjenigen von Personal-Regeneration gleichwertig. Die Unternehmenslogik muss stimmen. Arbeitsfelder und -einsätze sind real, nicht im Schonraum, und von grosser Vielfalt. Die Organisation ist agil und von hoher Kommunikationsdichte geprägt, ihre Kultur wohlwollend/fordernd. Die Mitarbeitenden wechseln freiwillig (vielleicht auf Empfehlung) aus anderen Unternehmenseinheiten ins «Spektrum»; manche bleiben sehr lange, weil die Abwechslung sie motiviert. Selbstverständlich ist das Führungsteam speziell kompetent; seine Mitglieder verfügen über umfassende People's Skills, können Vertrauen schenken, und sie verstehen es aus dem Effeff, verdauliche Lernschritte logisch, einleuchtend zu Sequenzen zu fügen.

«Spektrum» als Unternehmenseinheit

Ziele der Abteilung sind

- Mobilisierung des (schlummernden) Leistungspotenzials von Arbeitskräften durch Erschliessung für sie neuer Tätigkeitsfelder.
- Berufliche Orientierung (z. B. nach Ausbildungsabschluss) und Re-Orientierung im Prinzip für Mitarbeitende aller Stufen und Vorbildungen.
- Zusätzliche Qualifizierung für neue Arbeitsfelder.

- Einrichten eines internen, subito zugänglichen Personalpools, der Flexibilität in einer schlank aufgestellten Organisation erhöht und Lücken überbrücken hilft.
- Leisten wertschöpfender Arbeit für andere Abteilungen der Firma.

Produkte der Abteilung

Die Produkte von «Spektrum» sind punktuell (Lücken füllend) oder dauerhaft, und sie werden intern oder ausserhalb des Unternehmens angeboten. Zu den Daueraufgaben gehören Tätigkeiten, die auch ausgelagert werden könnten (Outsourcing):

- Projektarbeit (v. a. Management und administrative Begleitung).
- Vermittlung der temporären Arbeitskräfte intern und extern.
- Öko-/Energiemanagement.
- Assistenzaufgaben (Organisation/Koordination, Stabsaufgaben, Reisebüro, Eventorganisation, Betreuung der Gäste etc.).
- Immobilienmanagement.
- Sponsoring.
- Vorschlagswesen.
- Betreuung des Kunden-Feedbacksystems, Reklamationen.
- Aus- und Weiterbildungsorganisation.
- Gewisse Tagesgeschäfte (Sekretariat? Raumverwaltung?).
- Entwicklung und Herstellung von speziellen Produkten (z. B. Kundengeschenke).

Die Prozesse der persönlichen Reorientierung umfassen

- Standortbestimmung und Entwicklung von Perspektiven.
- Informelle Zusatzqualifizierung in praktischen Einsätzen oder im wechselseitigen Austausch.
- Evtl. formelle Qualifizierung, massgeschneidert oder ab Stange.
- Suche, Erprobung und Auswahl eines neuen Beschäftigungsfeldes.

Materielle und personelle Ressourcen

Materielle Ressourcen

- Geringer Bedarf nach fixem Kapital (Räume, IT u. a. m.).
- Aufbaukredit; eventuell Investitionen für neue Produkte und fürs Marketing ausserhalb des Unternehmens.

Personelle Ressourcen mit folgenden *generellen* Kompetenzen und Merkmalen

- Organisationskenntnisse (Produkte, Abläufe, Techniken usw.).
- Kostenbewusstsein, Controlling-Know-how.
- Kompetenzen in Personalentwicklung und Personal-Allokation.

Personelle Ressourcen mit folgenden *spezifischen* Kompetenzen und Merkmalen

- Fähigkeit, persönliche Potenziale bei Dritten zu identifizieren und zielführende Impulse zu vermitteln.
- Eigene Erfahrungen mit beruflicher Reorientierung (evtl. im «Spektrum»).
- Kompetenz in Didaktik und Coaching.
- Intensive soziale Vernetzung innerhalb wie ausserhalb der Organisation.
- Fähigkeit/Erfahrungen in der Platzierung/Zuordnung von Arbeitskräften in stimmige Anforderungen und Kontexte.

Rentabilitätsaspekte

Für jede übertretende Person gilt das Prinzip der Lohngarantie, mindestens ein Jahr lang wird die vereinbarte Vergütung aufs Konto überwiesen. Dabei kann das Einkommen sinken, denn Zulagen fallen weg und Teilzeitpensen werden als solche vergütet. Die Mitarbeitenden von «Spektrum» werden intern für ihre Einsätze zu den effektiven Lohnkosten verrechnet, über Tarifstufen lässt sich allenfalls reden. Bei Aussenplatzierung wird der höchst mögliche Honoraransatz verlangt.

Dem «Spektrum»personal stehen auch Mittel aus dem Budget für Weiterbildung und Standortbestimmungen des Unternehmens zu. Das Management von «Spektrum» teilt mit den Mitarbeitenden die Verantwortung für Gewinne und Verluste.

Rechtliche Überlegungen

«Spektrum» wirft eine Reihe von juristischen Fragen auf. In privatrechtlichen Organisationen steht den Vorgesetzten ein Weisungsrecht zu, was den Übertritt in «Spektrum» vereinfacht. In öffentlich-rechtlichen Organisationen müssen Versetzungen begründet und zumutbar sein, Funktionswechsel sind an Voraussetzungen gebunden, Statusveränderungen erfordern komplexere Vereinbarungen. Rekrutierungsprozess und temporäre Einsätze sind also mit Fingerspitzengefühl und juristischem Know-how anzugehen. Externe Leiharbeit ist an die Vorgaben des Arbeitsrechts gebunden.

«Spektrum» lässt sich in Grossorganisationen wie Versicherungen, Spitalgruppen, Banken, Detailhandelsriesen, Pharmafirmen, Schulgemeinden, regionalen Verkehrsbetrieben, Industrie-Holdings usw. verhältnismässig einfach einrichten. Mindestens so überzeugend – aber komplexer – wird das Modell, wenn sich verschiedene Träger (z.B. eines Branchenverbandes, KMUs einer Region, Heime usw.) für eine Realisierung zusammenschliessen. Vertraut sind uns solche kooperativen Konstrukte aus dem Lehrlingswesen. Die Steuerung der Einrichtung wird dann einer Betriebsgesellschaft übertragen, die verschiedene Ansprüche koordiniert, strategisch plant und für Interessenausgleich sorgt.

Vielfältige Pfade
zwischen Erwerbsarbeit
und Altersfreiraum

Während die Art und Weise, wie «man» die Zeit zwischen 1 und
20 Jahren verbringt, in unseren Breitengraden ziemlich klar und vergleichbar ist, fallen die Vorstellungen über Inhalte, Struktur und Gestaltung der Zeit zwischen 60 und 90 sehr bunt und heterogen aus.
Obschon Frühpensionierungen aus finanziellen Gründen an Bedeutung verlieren, geht nahezu jede vierte erwerbstätige Person vor
dem gesetzlichen Rentenalter in Pension – freiwillig oder aufgrund
Vertragsauflösung gezwungen. Gut die Hälfte orientiert sich am offiziellen Rentenalter und verabschiedet sich mit 64 (Frauen) oder
65 (Männer) aus ihrem Arbeitsverhältnis. Der Rest, das sind gegen
ein Viertel, arbeitet mit Unterbrüchen und nicht selten «schwarz»
weiterhin gegen Geld, meist teilzeitlich oder punktuell, oft selbstständig, bzw. im Auftragsverhältnis. Allmählich, häufig weil die Rekrutierung von Nachfolgenden harzt, lockern Arbeitgebende die
bestehenden Regeln und führen Verträge bis zum Ende der siebten
Lebensdekade weiter. Von Pensionierungsautomatismen unberührt
scheinen neben Freiberuflern wie Beraterinnen und Beratern, Therapeuten und Anwälten vor allem Kulturschaffende und Künstler.
Filme drehen und schneiden, malen oder Orchester dirigieren kann
ein Könner, eine Könnerin noch mit 85 erwiesenermassen prima.

Das traditionelle Drei-Phasen-Muster, wie wir es von Eltern
und Grosseltern kennen, steckt noch immer tief in den Köpfen der
nachfolgenden Generationen. Es umfasst Ausbildung, Berufs-

arbeit, Ruhestand. Starb der Grossvater Mitte des letzten Jahrhunderts mit 73 Jahren, standen ihm acht Jahre als Rentner zur Verfügung, die er mit Reisen, Hobbys, Enkeln, Freundschaftspflege und Krankheiten füllte. Mit der durchschnittlich längeren gesunden Lebensspanne haben sich Wünsche, Möglichkeiten, Ansprüche, Angebote (und selbstverständlich auch Frustrationen) vervielfacht. Die Rede ist von vier bis fünf interessanten Berufsphasen zwischen 20 und 80. Oder vom neu anbrechenden *Age of no retirement*, also von einem biografischen Abschnitt, der bis Mitte des 19. Jahrhunderts die Normalität darstellte, weil sich alle bis zum Eintreten von Altersinvalidität produktiv betätigten und das Konzept eines Ruhestandes noch gar nicht erfunden war.

Seit Jahren füllt die Klage über einen Mangel an Fachkräften die medialen Kanäle; die fitten Älteren wären zweifellos ein Reservoir für anspruchsvolle Aufgaben. Eine Studie, im Auftrag des Versicherers AXA 2016 durchgeführt, belegt bei mehr als 40 Prozent der Befragten Interesse an beruflichem Engagement im Rentenalter. Doppelt so viele befürworten Erwerbsarbeit ü65, allerdings gern auf freiwilliger Basis, nicht als Pflicht. Und die meisten wünschen sich einen anderen als ihren letzten Arbeitgeber vor der Pensionierung. Andere Studien legen nicht deckungsgleiche Zahlen auf den Tisch; die Art der Fragestellung und die mit einer Option verbundenen Voraussetzungen und Chancen beeinflussen das Ergebnis. Alleinlebende äussern stärkeres Interesse an Arbeitseinsätzen als Paare. Und Frauen mit älterem Partner reduzieren ihr Pensum früher als solche in gleichaltrigen Paarkonstellationen. Noch frustriert viele, dass unter Ü65 die Nachfrage nach bezahlter Beschäftigung deutlich grösser ist als das Angebot an Einsatzmöglichkeiten. Doch die Verhältnisse wandeln sich von Jahr zu Jahr. Was grosse Künstler wie Pablo Picasso oder der *Rolling Stone* Mick Jagger vorlebten, wird auch für Hinz und Kunz alltäglicher.

Erhöht ein Staat das obligatorische Rentenalter, verbessern sich die Chancen auf dem Arbeitsmarkt für Personen ü50. In Norwegen liess sich dies genau beobachten, als man auf gesetzlichem Weg den Arbeitsausstieg ans steigende Durchschnittsalter koppelte und damit dem «Ruhestand» einen festen zeitlichen Rahmen setzte. Arbeitgebende folgerten rasch, dass mit einer ausgedehnten Erwerbsspanne die Wahrscheinlichkeit steigt, reifere Arbeitskräfte länger im Job zu halten; da lohnen sich auch für Ü50 die Investitionen in eine aufwändige Einarbeitungsphase. Oder das Absolvieren anspruchsvoller Lernmodule.

Studien zeigen, dass Personen mit tiefem Bildungsniveau sich nach Abschluss der Erwerbsarbeitsphase besser und zufriedener fühlen als zuvor. Offenbar profitieren sie von weniger Zwängen und gewonnenem Autonomiespielraum. Vielleicht war ihre Identifikation mit dem Beruf ohnehin gering? Schwächer jedenfalls als bei den höher Qualifizierten, die sich öfter als unverwechselbar und prägend erfahren und die Arbeit als Entwicklungschance wahrnehmen können. Intellektuelle sind allerdings auf dem Holzweg, wenn sie weniger angesehene, «einfache» Tätigkeiten als unattraktiv und wenig sinnstiftend bewerten. Das Reinigen von Privathaushalten oder Reparaturarbeiten zum Beispiel können – auch das ist untersucht – begeistern. Auch aufgrund der Gestaltungsmöglichkeiten, klarer Verantwortung und individueller Einsatzfelder.

Seit einigen Jahren profilieren sich nicht nur kleinere Unternehmen – die punkto Diversität ohnehin meist die Nase vorn haben –, sondern auch mächtige Konzerne mit der Möglichkeit, bis 70 auf der Lohnliste zu bleiben. Die Raiffeisenbank gehörte zu den Pionieren; inzwischen praktiziert auch das Basler Pharmaunternehmen Roche zwei Modelle:

- Punktuelle Tätigkeit im Stundenlohn oder mit befristetem Vertrag, wobei die Einsätze in Projekten, in Vertretung, als Hilfe bei Engpässen oder als Mentor/Mentorin im Vordergrund stehen.

- Weiterführung des bestehenden Vertrages, eventuell mit verändertem Pensum, in der bisherigen Abteilung oder einer anderen, die entsprechenden Bedarf anmeldet. Dabei werden die Altersversicherungsleistungen aufgeschoben. Man kann weiterhin in die Pensionskasse einzahlen und den AHV-Bezug zurückstellen. Keine dieser Firmen räumt ein Recht auf Weiterarbeit ein; nötig sind Situationsanalysen und frische Vereinbarungen zwischen Vorgesetzten und Arbeitnehmenden. Und keine hängt solche Reformen an die grosse Glocke, im Bestreben, nicht den Ruf eines Altersheims zu erwerben, sondern für junge Talente hoch attraktiv zu bleiben.

Was spricht aus Sicht der «Ruheständler» für eine weitere Erwerbsarbeit? Als Argumente nennen sie die Einbettung in einen Kollegenkreis, das Ausüben einer geliebten und sinnvollen Tätigkeit, Wertschätzung und das Gefühl eigener Bedeutsamkeit. Die Strukturierung der Tage und Wochen durch festgelegte Pflichten wird als hilfreich erlebt; persönliche Lern- und Entwicklungsperspektiven öffnen und bereichern den Horizont. Mehr und mehr – wenn die ausbezahlten Pensionen kleiner ausfallen – spielt zusätzliches Einkommen eine Rolle, speziell für Frauen mit schmaler 2. Säule. Gesellschaftlich und gesundheitspolitisch gesehen ist die Integration und Aktivierung der Bevölkerung ü65 mehr als sinnvoll, speziell in einer Demokratie mit hohem Mitwirkungsgrad, und sie ist ein Betrag zur Gesundheitsprävention im Alter. Die Hirnforschung lässt keinen Zweifel offen, dass die Meisterung auch unangenehmer und anspruchsvoller Aufgaben für Menschen ü70 förderlich ist. Erwerbstätige sind gesünder als Pensionierte im gleichen Alter, wobei engagierte Ehrenamtliche mit den Lohnarbeitenden gleichziehen. Vielen allein lebenden Reiferen und Paaren in einer konsumorientierten Komfortzone fehlen wesentliche Herausforderungen, die sie zur gesunden Überwindung von Grenzen animieren.

Ein Recht auf Arbeit im reiferen Alter existiert nicht. Die Schweiz ist eines der wenigen OECD-Länder, das auf gesetzlicher Ebene kein Verbot der Altersdiskriminierung kennt. Wer seine

Stelle verliert und Grund hat anzunehmen, dass seine Seniorität bei der Kündigung eine wesentliche Rolle spielt, hat keine Chance, sich mit Rechtsmitteln zu wehren und wenigstens eine finanzielle Genugtuung zu erstreiten. Im Ausland sind solche – eher seltenen und teuren – Prozesse meist aufschlussreich, weil sie einen Blick hinter die Kulissen erlauben. Eindrücklich ist für mich zum Beispiel der Fall einer internationalen Grossbank, die auf dem Finanzplatz London rund 6000 Personen beschäftigt, wovon bloss 2 Prozent über 50 Jahre alt sind und 26 Prozent der Altersgruppe zwischen 45 und 49 innerhalb eines Jahres vor die Türe gestellt wurde. Ein Devisenhändler leistete sich den Schritt vor Gericht, es gab eine saftige Busse und die Medien solidarisierten sich mit dem mies behandelten Mann im besten Alter.

Im September 2009 hat der schweizerische Nationalrat eine parlamentarische Initiative zur Einführung eines Gesetzes gegen Diskriminierung (aufgrund von Geschlecht, ethnischer Herkunft, Religion, Weltanschauung, sexueller Orientierung, Behinderung oder Alter) abgelehnt. Man zeigte sich stolz auf den liberalen Arbeitsmarkt und überzeugt, dass ein Verzicht auf solche Regeln der Beschäftigung eher nützt. Eine amerikanische Untersuchung von 2013 (von Neumark und Song) befördert dagegen nur positive Effekte einer solchen Gesetzgebung auf den Tisch: Die älteren Arbeitskräfte bleiben länger im Erwerbsleben, sie werden häufiger angestellt und erweisen sich als mobiler. Gut möglich, dass das letzte Wort in der Schweiz noch nicht gesprochen ist. Auch Symbolpolitik hat reale Auswirkungen.

Immer wieder äussern sozial verantwortungsbewusste Personen Bedenken gegenüber längerem Verweilen am Arbeitsplatz, weil sie um die Jobchancen der jungen Jahrgänge fürchten. Arbeitsmarktökonomen pusten solche Befürchtungen in den Wind. Die Generationen bewegen sich weitgehend in unterschiedlichen Bereichen der Arbeitswelt und alle Daten belegen, dass hohe Beschäftigungsanteile von Älteren sich parallel zu denjenigen der Jüngeren entwickeln. Die Flut, wenn sie steigt, hebt alle Schiffe. Wichtig sind allerdings Funktionswechsel; Führungsaufgaben oder Lehrstühle zum Beispiel sollten nur ausnahmsweise jahrzehntelang in denselben Händen liegen. Machtwechsel und ein frischer Blick auf die Verhältnisse sind wichtig für Beweglichkeit und Erneuerung von Organisationen.

Jahrringe zulegen

Beschleunigung ist das dominierende Phänomen: Technik dynamisiert alle Prozesse, Trends und Werte wechseln rascher und das Lebenstempo wird durch immer mehr Handlungen pro Zeiteinheit erhöht. Damit verschieben sich auch die Kategorien von «jung» und «neu» in der Arbeitswelt laufend. Man altert rasch und gerät früh unter den Druck, sich neu zu erfinden. Die andere Seite der Medaille zeigt, wie beruflicher Rollentausch mit 50 nochmals eine Laufbahn mit mehreren Funktionswechseln begründen kann. Die Clichés beginnen sich zu verflüssigen. Eine 80-jährige Bekannte, langjährige Kinderärztin, ist am Fertigstellen ihrer zweiten Doktorarbeit, diesmal im Fach Kunstgeschichte.

Nach Ausbildungsabschluss werden junge Leute als High Potentials gehandelt. Ab Mitte 30 rutschen sie in die Gruppe der Fachkräfte mit klar fassbarem Leistungsprofil, ab 40 gelten sie bereits als «reif», beschränkt beweglich und anspruchsvoll zu führen. In vielen privatwirtschaftlichen Organisationen ist zu diesem Zeitpunkt die höchste erreichbare Hierarchiestufe erklommen oder in Griffnähe. Danach werden Beförderungen und Lohnerhöhungen rar; Erwerbstätige erwarten die Erfüllung ihrer beruflichen Wünsche nicht mehr in der Zukunft, sondern fordern in der Gegenwart stimmige Verhältnisse. Damit steigen die Ansprüche an einen befriedigenden Arbeitsalltag. Die Führungsqualität und -beziehung wird leistungsfördernd, neutral oder belastend erlebt; freundliche Einbettung in kollegiale Zusammenhänge sowie der Wunsch, wahrgenommen und anerkannt zu werden, gewinnen an Stellenwert.

Die Beschleunigung beruflicher Karrieren und der rasche «Verschleiss» des von Dritten wahrgenommenen und bewerteten Potenzials stehen in merkwürdigem Widerspruch zum längeren Leben und zur Ausdehnung der Erwerbstätigkeit. Vielleicht wehren sich die Reiferen deshalb mit Slogans wie «50 sind die neuen 30»? Die Gesellschaft lernt in kleinen Schritten, gängige Vorstellungen und damit solche Widersprüche den Realitäten anzupassen – zum Beispiel die Einschätzung des Arbeitsvermögens oder der schwindenden körperlichen Kräfte 60-Jähriger. Solche Korrekturen sind dringend nötig, wenn in den kommenden Jahren laufend mehr Männer und Frauen bis 70 und länger Erwerbschancen suchen oder brauchen.

Offensichtlich werden Berufsleute in verschiedenen Branchen und Tätigkeiten nicht im gleichen biografischen Abschnitt «alt». Das Durchschnittsalter der Google-Belegschaft liegt bei 30 Jahren; da ist man mit 40 eine Greisin, die sich randständig und deplatziert fühlt. Ein gepflegter Sechziger kann dagegen glaubwürdig teure Teslas oder Bentleys verkaufen. In der Luxusbijouterie sind runzlige Verkäuferinnenhände unerwünscht, im Alterszentrum dagegen darf der Mann vom Technischen Dienst schon längst Enkel spazieren führen. Die Kultur muss stimmen, das Umfeld sollte mit der eigenen biografischen Situation in einem produktiven Verhältnis stehen. Günstig ist eine parallele Entwicklung mit der Kundschaft: So pflegt die ältere Frisörin hauptsächlich grauhaarige Kundinnen und entwickelt spezielle Talente fürs Styling reiferer Köpfe.

Im Allgemeinen bevorzugen Menschen die Kooperation in der gleichen Alterskohorte. Nicht erstaunlich, folgt die menschliche Neigung zu homogener Gruppenbildung doch einer generell gültigen Regel. Offenbar trifft zu, dass gleichaltrige Personen historisch ähnlich geprägt sind, verwandt ticken und damit eher Einverständnis herstellen, was die aufreibende Konsenssuche erspart. Wer als reifere Person eine neue berufliche Chance sucht, findet sie deutlich schneller und einfacher bei Altersgenossen als bei jüngeren Vorgesetzten.

Das kalendarische Alter ist aktuell auf dem Arbeitsmarkt von überwältigender Bedeutung, elektronische Selektionsfilter geben dem Jahrgang zusätzliche Relevanz. Wer 55 Jahre auf dem Buckel hat, bekommt (als Selbstständiger) vielleicht Aufträge, aber keine Anstellung mehr. Und dies unabhängig vom Bildungsniveau; Akademiker haben gegenüber Ungelernten Mitte 50 kaum Vorteile. Die offiziellen Arbeitslosenzahlen für Personen in der sechsten Lebensdekade sind in der Schweiz nicht alarmierend, doch wer seine Stelle in dieser Phase verliert, muss einen langen Atem haben, bereit sein, sich auf Alternativen einzulassen und zu seiner Motivation Sorge zu tragen. Wer sich in die Selbstständigkeit wagt, kann oft seine Existenz sichern; wem die Gestaltung eines Portfolios mit verschiedenen überschaubaren Aufgaben gelingt, der oder die äussert sich zufrieden; viele landen am Ende ihrer Bezugsberechtigung für Arbeitslosengelder aber in der Sozialhilfe. Oder Partner und Kinder müssen in die Erwerbslücke springen.

Schlussstein setzen oder Schritte ins Offene?

Das offizielle Pensionsalter ist für die Mehrheit der Erwerbstätigen nach wie vor eine grosse Hürde. Das Ende des Arbeitslebens von einem Tag auf den anderen wird von den einen als Befreiungsschlag, von anderen aber auch als unnatürlicher Schnitt erlebt; manche meiner Bekannten bezeichnen ihren 65. Geburtstag als Guillotine. Was wäre, wenn wir den gesetzlich vorgegebenen Rücktritt von der Arbeit flexibler gestalten und über den Zeitpunkt individuell entscheiden liessen?

Abbau ganzer Jahrgänge

Die Schweiz pflegt die unrühmliche Tradition, bei Reorganisationen und in wirtschaftlich schwierigen Zeiten die älteren Mitarbeitenden als Manövriermasse zu behandeln. Kollektive Frühpensionierungen sind gang und gäbe. In vielen Ländern wird genau diese Praxis als unfair – weil nicht leistungsbezogen – und diskriminierend eingestuft und ist deshalb verboten. Die federführenden Sozialpartner in der Schweiz achten auf soziale Abfederung und konkrete finanzielle Bedingungen; das Prinzip fechten sie nicht an. In Kanada, Australien, den USA und in Grossbritannien ist zwangsweise Frühpensionierung ganzer Jahrgänge generell verboten, andere OECD-Länder erlauben sie erst ab einem gewissen Alter. Frankreich und Norwegen lassen sie beispielsweise ab 70 Jahren zu.

Lassen wir uns mit einem Blick über nationale und kontinentale Grenzen hinweg zu alternativen Konzepten für den Übergang vom aktiven in ein dem Alter angepasstes Erwerbsleben inspirieren. Arbeitsrecht und Sozialversicherungen sollten uns nicht am Experimentieren hindern. Wie wär's mit dem mexikanischen Modell, welches das Pensionsalter auf 75 anheben will – bei gleichzeitiger Reduktion aller Arbeitspensen für Leute ab 60 auf drei Tage pro Woche. Damit werden ein ausgedehnteres Erholungsbedürfnis und der Wunsch nach mehr persönlichem Freiraum respektiert und zugleich die Aufgabenbündel so getrimmt, dass die Arbeitsmarkt-Verhältnisse flüssig bleiben und junge Generationen interessante Beschäftigung und Aufstiegspfade finden.

Die englische Bewegung für ein *Open-End*-Arbeitsleben *(Age of no retirement)* knüpft, wie oben erwähnt, an Verhältnisse im frühen 19. Jahrhundert oder an aktuelle Realitäten in afrikanischen oder zentralasiatischen Ländern an. Allerdings unter ganz andern Rahmenbedingungen und mit beträchtlichen Risiken, fehlt doch in unseren Breitengraden – wo schon 55-Jährige auf dem Abstellgleis stehen – ein Arbeitsmarkt für Ü70. Aufträge für Selbstständige tröpfeln auch seltener in die Mailbox, freundliche Bemerkungen schubsen Männer und Frauen in der achten Lebensdekade aus Ehrenämtern und Stiftungsräten. Meist hat dies wenig mit Leistung, aber viel mit tradierten Vorstellungen und Erwartungen an Ältere zu tun. Doch alle sind am Revidieren ihrer Altersbilder. Je häufiger Ü70 in der Öffentlichkeit oder in Unternehmen kompetent auftreten und überzeugen, so meine Erwartung, desto rascher schmelzen die harten Konturen der Stereotype.

Bis rund 75 Jahre und auch darüber hinaus erfahren viele Menschen keine markante Einschränkung ihrer Leistungsfähigkeit und ihrer Lust an Teilhabe im Erwerbsleben; eine berufliche Position und Identität stärkt ihr Selbstbewusstsein. Fast immer wird das Engagement zeitlich zurückgefahren und die Vielfalt von Verpflichtungsformen weitet sich. Manche arbeiten nur punktuell oder saisonal, andere kontinuierlich in kleinen Projekten oder Teilzeit-Verpflichtungen; sehr häufig komponieren reifere Menschen ein Portfolio mit Arbeitseinsätzen und ehrenamtlichem Engagement.

Schon heute lassen sich Funktionen und Bereiche mit stabiler Nachfrage nach Fachleuten im Pensionsalter identifizieren. Zum einen beobachte ich den Trend in langjährigen Beziehungsgeschäften; kein wohlhabender Kunde oder keine Kundin schätzt den Beraterwechsel bei der Bank. Auch Anwalt und Treuhänderin, die genau Bescheid wissen über alle privaten Verstrickungen, hält man sich gern an der Wärme.

Für die Wartung langlebiger Investitionsgüter wie Kraftwerke ist niemand kompetenter als die Generation der Erbauer; bei der Reparatur antiker Fenster können spritzig junge Anbieter nicht helfen; nur ältere Handwerker beherrschen noch alle Techniken zur Renovation historischer Bausubstanz.

Zwischen Erwerb und Ruhestand

Aktuell beobachte ich fünf unterschiedliche Gestaltungsmuster für die Übergangszeit (siehe nächste Seite); neben dem weit verbreiteten Mainstream zeichnet sich ab, dass die Generation der reformfreudigen Achtundsechziger das Älterwerden neu erfindet.

Es ist Allgemeingut, dass Übergänge im Lebenszyklus wichtig und stilvoll zu gestalten sind. Irgendwann zwischen 54 und 75 oder später drehen Arbeitskräfte der Erwerbswelt den Rücken zu und schlüpfen in die Rentnerrolle. Viele Firmen und private Anbieter offerieren ihnen spezifische Unterstützung für die Bewältigung dieses Übergangs. Wie sehen diese Angebote heute aus und welche Elemente werden sie mutmasslich morgen umfassen?

In vielen Unternehmen finden die herkömmlichen Vorbereitungskurse zur Pensionierung weiterhin gute Resonanz. Sie werden oft als grosszügiges Geschenk an loyale Mitarbeitende in herrlicher Umgebung arrangiert und schliessen die Einladung an die Lebenspartnerin/den Lebenspartner mit ein. Das Programm solcher Kurse umfasst oft drei Themenblöcke und wird rund zwei Jahre vor der Verrentung absolviert. Themen sind:

- Die künftige Finanzlage: Voraussichtliches Einkommen aus AHV und Pensionskasse, Bedingungen für Ergänzungsleistungen im Pflegefall usw.
- Gesundheit und Partnerschaft in der Phase danach.
- Zeitressourcen und -strukturierung vor und nach der Pensionierung; Hobbys und Freiwilligenarbeit.

Gestaltungsmuster für die Übergangszeit

1. Zieleinlauf und Schluss

Das traditionelle Muster: Man stellt sich beizeiten auf die Pensionierung ein; ihr Zeitpunkt richtet sich nach finanzieller Lage, Gesundheit und Politik des Arbeitgebers. Nach einer ersten Phase ohne Verpflichtungen legt man sich eine neue Ordnung zurecht. Den Takt bestimmen die familiäre Situation, die persönlichen Interessen und Talente, Freundschaften, allfällige Betreuungspflichten und die Reiselust. Auch Freiwilligenarbeit lassen sich viele schmackhaft machen.

Das Muster ist weit verbreitet, vor allem bei Personen, die mit weitblickender Lebensplanung nix am Hut haben, damit auch als Berufstätige gut gefahren sind und nicht mit beruflichen Erfolgserlebnissen verwöhnt wurden. Sie fühlen sich oft nicht topfit und richten sich auf Symptome des Alterwerdens ein. Immer häufiger versuchen Pensionierte allerdings, nach einer ein- bis zweijährigen Verschnaufpause wieder einen zeitlich begrenzten Job zu finden.

2. Gedehnter Abschied, sanfter Ausstieg ohne Geleisewechsel

Immer öfter lockern Arbeitgeber ihre Anstellungsregeln und machen den Weg frei für weitere Beschäftigung nach 65 in verschiedenen Rechtsformen. Dazu gehören «normale» Anstellungsverträge mit Voll- oder Teilzeitpensum; Vereinbarungen über eine verbindliche Sockelbeschäftigung mit Möglichkeiten zu kurzfristiger Aufstockung; Arbeit auf Abruf für kürzere oder lange Einsätze, etwa Stellvertretung während eines Mutterschaftsurlaubs und Engagement in Projekten unterschiedlicher Art – einschliesslich längerer Pausen zwischen solchen Verpflichtungen. Absolute Spezialisten, die als Einzige noch über ein besonderes Kapitel Firmengeschichte Bescheid wissen, bleiben gelegentlich auch jenseits von 80 auf der Lohnliste.

3. Die radikale Alternative

Das berufliche Kleid war zu eng, zu lang oder unzulänglich geschneidert; wichtiges persönliches Potenzial blieb lange ungenutzt, lebhafte Motivation und starke Interessen kamen nicht zum Zug. Da wird die Pensionierung zum Tor für eine ersehnte andere Welt. Rentner und Rentnerinnen kompensieren Defizite; sie wandern in den Süden oder fernen Osten aus, verschwinden im Malatelier bis zur nächsten Vernissage, werden Bergbauern, vertiefen sich in Botanik, Kunstgeschichte, Theologie oder alte Sprachen, starten eine Plakatsammlung, werden Tageseltern eigener oder angelachter Enkel und können sich dies alles finanziell auch leisten.

4. Durchstarten für eine neue Erwerbsphase mit Blick darüber hinaus

Mit der Angst vor Routine, Bedeutungsverlust und Abstieg im Blickfeld oder aufgrund unerfüllter Erwartungen beschliessen manche Ü50 eine weitere berufliche Investition, nutzen ein Sabbatical für Weiterbildung, einen Erfahrungszugewinn, ohne aber das Tätigkeitsfeld zu verlassen. Vielleicht tauschen sie Führungsaufgaben gegen eine Expertenfunktion oder sie wechseln die Seite (zum Beispiel vom städtischen Planungsamt in eine private Firma) bzw. die Perspektive (etwa beim Wechsel von Profit- zu Non-Profit-Organisationen). Aus neuen Zielsetzungen schöpfen sie frische Schubkraft, die häufig deutlich über 65 hinausreicht.

5. Nächste Karriere starten, neu wählen

Viele Golden Agers haben «es» in ihrem Job gesehen, möchten schlummernde Potenziale befreien, haben im Lauf der Jahre ihre Interessensschwerpunkte verlagert und verfügen, weil die Kinder aus dem Haus sind, über finanzielle Spielräume. Sie wählen neue berufliche Schuhe und wechseln Tätigkeitsfeld und/oder Aufgabe, oft nach substanzieller Investition in Weiterbildung. Viele wagen den Sprung in eine Form von Selbstständigkeit. Solche «Umstiege» sind oft vom Wunsch nach Kompensation getrieben; zu kurz gekommene Aspekte der Persönlichkeit drängen nach Aktivierung, Sinnsuche kann wichtig werden. Natürlich gelingt eine solche Laufbahnwende vor 60 eher leichter als später.

Und nach dem festlichen Abschiedsapéro? Nur ausnahmsweise werden Pensionierte ein paar Monate nach vollzogenem Abschied von der Lohnarbeit zu einer Nachbereitung des Übergangs eingeladen. Vielleicht wird das Thema im Kreis von Pensionierten-Vereinigungen, wie sie viele Grossfirmen kennen, episodisch und informell aufgegriffen? Organisationen wie «Innovage», das Netzwerk freiwillig Engagierter, finden mit Backup-Veranstaltungen gutes Echo. Denn wie bei anderen Lebensereignissen zeigt sich auch beim Start in den Ruhestand, dass umsichtige Planung zwar nützt, sich die Situation im Ernstfall aber anders als erwartet anfühlt. Das Risiko für ernsthafte Erkrankungen steigt zu diesem Zeitpunkt deutlich an. Fast die Hälfte der Rentnerinnen und Rentner lebt allein; ihnen schlägt der Verlust des selbstverständlichen sozialen Austausches an einem Ort, an den man hingehört, besonders aufs Gemüt. Streit und Reibereien hin oder her. Fast alles hängt an den persönlichen und familiären Netzwerken und die differieren bezüglich Umfang, Dichte und Tragfähigkeit sehr stark. Frauen binden sich öfter und solider in Freundschaften ein als Männer und können für den Austausch über Probleme leicht offene Ohren mobilisieren. Männer weisen im Adressbuch mehr Namen von Kumpels auf, mit denen sie etwas machen oder unternehmen können; Persönliches und Befindlichkeiten haben da aber selten Platz. Ärztinnen und Ärzte kennen als unverdächtige Anlaufstellen für Unbehagen sowohl den Mangel wie das Bedürfnis nach experimentellen, Aktivität stimulierenden, gesinnungsneutralen Begegnungsplattformen gut.

Niederschwellige Kontaktmöglichkeiten ohne sofortige Verpflichtung, wie sie zivilgesellschaftliche Organisationen oder Gemeinden anbieten, finden Anklang, können aber nicht alle gesellschaftlichen Zielgruppen aufs Mal bedienen. Internetportale wie *Rent a Rentner*, die bezahlte und unbezahlte Einsätze für Erfahrene vermitteln, verdienten noch mehr Zuspruch seitens der Nachfrager nach Leistungen. Ganz ohne Stirnrunzeln beobachte ich, das gebe ich zu, die Altersgruppenghettos nicht. Besser fände ich integrierte Erweiterungen des Arbeitsmarktes, also Auftragsvermittlung via gewöhnliche Temporär-Personalvermittler und Gig-Economy-Plattformen.

Alle, junge und ältere Alte, die zu einem bestimmten Zeitpunkt ihren Job an den Nagel gehängt haben, sollen diesen Entscheid revidieren können. Vor allem frühzeitig ausgestiegene Personen, die nach einer ersten Phase völliger Freiheit Hunger auf bezahlte Aufträge oder temporäre Einsätze entwickeln, brauchen vorläufig aber noch starke Fürsprecher bei einem Wiedereinstieg. Ob der angekündigte Arbeitskräftemangel das ändert? In England entscheidet sich bereits heute ein Viertel aller Pensionierten innerhalb von fünf Jahren für einen Rücktritt vom Altersrücktritt.

Im Ausland erlebe ich das Engagement zur Überbrückung des Grabens zwischen Arbeitswelt und Ruhestand als vielfältiger und differenzierter denn in der Schweiz. Mir leuchten beispielsweise Workshops für definierte Zielgruppen, etwa Singles oder Männer und Frauen, die auswandern möchten, sehr ein. Die Auseinandersetzung mit Fakten und Träumen im sozialen Rahmen vermittelt allen mehr Klarheit. Denn es fehlen gültige Schnittmuster für das «dritte» Alter, Orientierungs- und Entscheidungshilfe ist gefragt. Berufs- und Laufbahnberater konstatieren einen deutlichen Trend, nach 60 nochmals eine Standortbestimmung vorzunehmen und neue Ziele fürs junge Alter ins Visier zu nehmen.

Menschen um die 60 entwickeln ein riesiges Spektrum an Bedürfnissen, Lebenskonzepten, Interessen und Zielsetzungen. Allerdings stehen Weichenstellungen immer auch unter dem Einfluss von Rahmenbedingungen: berufliche Umgebung und Aktivitäten des Partners, der Partnerin, Gesundheitszustand, Interessenshorizont, Lebenszufriedenheit, Betreuungsansprüche und -chancen gegenüber Eltern oder Enkeln, finanzielle Lage, Qualifikationsniveau, Hobbys, konkrete Arbeitsmarktchancen, das Verhalten der Vorgesetzten, aufgeschobene Wünsche und Lebensträume kanalisieren Konzepte und Wünsche. Hoch ansteckend sind Trends in der sozialen Referenzgruppe; man wird animiert und beeinflusst und lernt von Peers und Umgebung. Zum Beispiel von reformlustigen 68ern, die das Älterwerden neu erfinden, den Beruf nicht so rasch an den Nagel hängen oder viel Energie in politische Bewegungen lenken, zum Beispiel die Grossmütterrevolution. Wenig bewusst, aber ebenfalls prägend ist das enge familiäre Umfeld, speziell die vorangehenden zwei Generationen. Man rechnet mit einer ähnlichen Lebensspanne wie die Vorfahren, übernimmt deren biografische Muster als Selbstverständlichkeit und altert oft so, wie man es von sich erwartet (Ursula Staudinger). Und staunt, dass es doch immer weiter geht...

Impulse für den Umstieg im Baukastensystem

Der demografische Wandel schenkt uns im Durchschnitt gegenüber unsern Grosseltern eine gute Lebensdekade; wie füllen wir die Wochen und Monate, um später von erfüllter Zeit sprechen zu können?

Der Buntheit der Lebensmuster entsprechend wären die Inspirationen, Bestärkungen und Wissenspakete für den Umstieg ins Rentenalter auf diversen Ebenen und auf vielen Wellenlängen zu platzieren. Ich denke an Baukastensysteme mit kombinierbaren Modulen, die Informationen vermitteln, aber auch Reflexion und Austausch bis hin zu neuen Vernetzungen fördern. Wer soll sie entwickeln? Schon heute haben wir es mit zwei Arten von Anbietern zu tun: Spezialisierte private Anbieter oder die gemeinnützige Pro

Senectute offerieren ihre Dienste; Unternehmen kaufen bei ihnen fixfertige Kurse oder solche mit kundenspezifischem Finish ein. Grössere Unternehmen oder Verwaltungen verfügen über intern entwickelte Formate. Umfassendere, modulare Systeme legen Kooperationen nahe: Gewerbe, Handwerk und KMU können mittels Vernetzung die Optionen für ihre Mitarbeitenden erweitern.

Ein gutes Dutzend interessierter Männer und Frauen ü50 ist meiner Einladung gefolgt und skizzierte Workshops und Events, die sie gern absolvieren möchten, zum Beispiel:

- Unverzichtbar, also eher Pflicht als Kür, ist das Themenfeld Geld, mit Nachdenken über Lebenshaltungskosten, Sozialversicherungsbeiträgen, Geldanlagen, Erbfragen, Vorsorgeauftrag, Patientenverfügung sowie Optionen für flexible Pensionierung und ihre Konsequenzen.

- Beim Thema «letzte Berufsetappen» für reifere Personen stellt man sich eine strukturierte persönliche Standortbestimmung und die Bewertung realistischer alternativer Zukunftsperspektiven vor. Als Inhalte werden auch Voraussetzungen für die Gründung einer eigenen Firma, die fünf oben skizzierten Ausstiegskonzepte sowie Fallstricke in der ersten nachberuflichen Phase vorgeschlagen, wenn Status, Identität, Zeitstruktur und vielleicht Werte sich ändern.

- Gern besucht würde ein Marktplatz, auf dem sich verschiedene Akteure mit ihren ehrenamtlichen Engagements präsentieren; da liessen sich Vergleiche anstellen und Unterschiede diskutieren.

- Der rasche Wandel stellt alte Selbstverständlichkeiten infrage; es mangelt an Vorbildern. Man möchte sich «auf der grünen Wiese» mit diversen Lebensstilen und -strukturen, einschliesslich Wohnformen, auseinandersetzen und dabei Personen begegnen, die beim Planen und Erproben von Alternativen schon ein paar Schritte weiter sind.

- Auswanderung in verschiedene geografische Richtungen und Distanzen mit unterschiedlichen Genuss- und Aktivitätszielen ist für Tausende eine Option. Harte Fakten, Bewertungsfragen und Entscheidungshilfen sind gefragt. Alterspendler mit mehreren Wohnsitzen und Lebensschwerpunkten könnten in solchen Workshops Auskunft und Rat geben.

■ Orientierungshilfe in der Vielfalt von zielgruppenspezifischen Weiterbildungsmöglichkeiten; auch Information über Vereine, die Wissen vermitteln (wie Museumsfreunde, Eisenbahnfreaks oder botanische Gesellschaft). Interessant sind Programme, Zugangsregelungen und Verbindlichkeiten – und gleich damit verknüpft eine Eignungsabklärung.

■ Job-Fair für Very Experienced People: Unternehmen (einzeln oder in Gruppen) präsentieren Tätigkeitsfelder, Mandate und Projektmitarbeit für Personen im Pensionsalter; im Rahmen von Workshops werden die Einsatzmöglichkeiten nicht nur vorgestellt, sondern Interessierten gleich auf den Zahn gefühlt und Beauftragungen möglichst verbindlich fixiert.

■ Reges Interesse weckte das Thema «Tipps und Einstiegshilfen für Rückkehrende», die nach ein, zwei Jahren Rentner-Freiheit wieder Erwerbseinsätze leisten und kleine Bildungslücken füllen möchten. Der Unsicherheit punkto Vorgehen und Organisationen, in die man sich erneut einfädelt, wäre im Workshop-Format vermutlich wirksam beizukommen.

Nicht ganz zum Baukastensystem, aber in seine Umgebung fügt sich bestens der Vorschlag meiner Fokusgruppe, die Strukturen des Arbeitgebers für einen kühnen Absprung nutzbar zu machen. Anstelle von Frühpensionierungen wünscht man sich Vorschläge und Ermutigung zu Projekten und Unternehmensgründungen. Austretende dürften in definiertem Umfang den Arbeitsplatz sowie Dienstleistungen wie die Stabsstelle Recht, Administration, IT, Buchhaltung, Human Resources und Marketing dafür nutzen.

Der bewährte Chirurg in der Abschiedsphase vom Operationssaal, der seine Fühler nach Afrika ausstreckt, ist nur ein Beispiel: Dem Wunsch von Ü60 nach internationalen Einsätzen im Job oder Ehrenamt begegne ich häufig. Nach dem Muster von Studierenden, die im Rahmen des europäischen Erasmus-Programms ein Semester im Ausland absolvieren, versuchen Frauen und Männer um 60 Auslandserfahrung nachzuholen oder zu ergänzen. Dabei stellen sie sich leistungsmässig auf die Probe, setzen sich mit Unbekanntem auseinander, korrigieren ihr Weltbild und geben ein Stück ihrer Erfahrung weiter. Vielleicht sind Tochterfirmen, ferne Kunden und Zulieferer interessiert? Vielleicht auch Hilfswerke, Mikrokredit-Finanzierer und Umweltverbände? Eine entsprechende Vermittlungsagentur aufzubauen, taugt doch bestens als Geschäftsidee für einen reiferen Gründer oder eine Gründerin…

Schmalhans und dicke Marie

Falsch! Umgekehrt wird ein Paar Schuhe draus: Altersarmut bedroht vor allem Frauen; in ihren Taschen steckt der schmale Geldbeutel. Männer, die entsprechend ihrer Rolle als «Ernährer» mehrheitlich stets Vollzeit gearbeitet haben und keine Erwerbslücken aufweisen, freuen sich am Ende über das Maximum an Rentenzahlungen aus AHV und betrieblicher Vorsorge. Frauen hingegen jonglieren über Jahre hinweg mit Familienarbeit und teilzeitlichen Jobs in variablem Umfang; manche kehrten der Arbeitswelt für ein paar Jahre vollständig den Rücken. Besuchen sie mit 60 eine Veranstaltung zwecks Aufklärung über ihre finanzielle Situation im Alter oder lassen sie sich beraten, weiten sich ihre Augen mehr und mehr. Zum einen ersetzen die Versicherungszahlungen generell nicht mehr wie bei den Eltern 80 Prozent des letzten Lohnes; erwartbar ist heutzutage grosso modo eine monatliche Auszahlung im Umfang von etwa 60 Prozent des Betrags vor der Verrentung.

19 Prozent der Männer, aber 38 Prozent der Frauen mussten 2016 in der Schweiz ihr Leben einzig und allein auf der Basis von AHV-Überweisungen bestreiten. Die Minimalrente pro Person be-

trägt 2017 14 100 und das Maximum 28 200 Franken jährlich; rund die Hälfte der Bezüger erhalten das Maximum. Die Lebensführung mit gut 2300 Franken Ausgaben pro Monat funktioniert nur unter der Voraussetzung preisgünstigen Wohnens in einer eigenen oder langjährig gemieteten, kaum renovierten Liegenschaft oder in Gemeinschaften und mit Rückgriff auf Erspartes. 78 Prozent der Männer und 55 Prozent der Frauen können sich auch auf eine 2. Säule stützen und beziehen Leistungen aus der betrieblichen Vorsorge. Und was – alles zusammengerechnet – resultiert unter dem Strich? Frauen müssen sich mit rund 40 Prozent tieferen Rentenzahlungen zurechtfinden als Männer. In der Schweiz wie überall in Europa. Das ist die Quittung für geschlechtsspezifisch tiefere Löhne und die langjährige Präferenz von Frauen für Teilzeitarbeit. Rentenrelevant ist einzig und allein die ausbezahlte Lohnsumme. (Auf detaillierte Unterschiede zwischen Ledigen, Geschiedenen, Ehefrauen und Verwitweten weise ich nur hin; es geht hier um den Grund-Sachverhalt.) Eigentliche Not wenden staatliche Ergänzungsleistungen und Sozialhilfe ab.

Materielle Knappheit reduziert die Wahlmöglichkeiten im Übergang vom Erwerb in den Altersfreiraum; Sorgen belasten und untergraben die Gesundheit; sie verkürzen das Leben. Nützlich und sozial hilfreich ist oder wäre ein offener, flüssiger, unkonventioneller Arbeitsmarkt für Personen, die auch nach 65 Einkommen generieren müssen und wollen. Ob der generelle Mangel an Fachkräften in unseren Breitengraden hilft? Alle, die bei Erwerbstätigen ü60 bezahlte Leistungen nachfragen und einkaufen, also Privathaushalte, Organisationen, öffentliche Verwaltung und Firmen einerseits, aber auch Arbeit suchende Männer und Frauen anderseits, stärken Wachstum und Dynamik in diesem noch unterentwickelten Markt.

Kollektive und persönliche finanzielle Ressourcen

Noch im 19. Jahrhundert war es für weite Teile der europäischen Bevölkerung gang und gäbe, bis zur Gebrechlichkeit Erwerbsarbeit zu leisten. In Ländern wie Georgien oder auf dem afrikanischen Kontinent zum Beispiel denken auch heute noch bloss wenige in späteren Jahren an «Ruhestand», weil Kultur und Gesellschaft keinen solchen biografischen Abschnitt vorsehen, die Menschen früher sterben und die dazu nötigen Finanzmittel – weil weder kollektiv noch individuell angehäuft – fehlen. Eltern oder alleinlebende Tanten wurden traditionell über Jahrhunderte hinweg von der Verwandtschaft oder dem früheren Dienstherrn bis ans Sterbebett begleitet und unterstützt. Noch 1920 waren in der Schweiz vier von fünf Männern zwischen 64 und 69 Jahren erwerbstätig.

Später organisierten sich Bruderschaften, Zünfte und Berufsgruppen zu Wohlfahrtverbünden, die Geld für den Notfall sammelten, verwalteten und in starker sozialer Vernetzung in überschaubaren geografischen Räumen für einen gewissen Risikoausgleich sorgten. Einzelne Arbeitgeber profilierten sich als sozial verantwortlich und richteten für ihre Angestellten Rentensparkassen ein. Schon Ende des 19. Jahrhunderts begannen verschiedene Staaten, allen voran Deutschland, mit dem Aufbau von Rentenkassen, die allerdings nur kleine Beträge akkumulierten und auszahlten, die wiederum bloss eine Minderheit der Bevölkerung erreichten, weil die Altersgrenze für einen Bezug hoch angesetzt war. Erst die wirtschaftlichen Krisen der 1930er-Jahre mit massenhafter Verarmung und dem Zulauf zu faschistischen Parteien weckten ein breites Bewusstsein für politische Gefahren, wenn namhafte Teile der Bevölkerung ins Elend fielen. Die westlichen Demokratien begannen, im Geiste einer sozialen Marktwirtschaft verlässliche, kollektive, staatliche Lösungen gegen Altersarmut zu entwickeln. Dabei flossen allmählich auch Vorstellungen von «verdienter Musse» nach langen Entbehrungen und entfremdeter Tätigkeit in die biografischen Konzepte ein.

Das Altersrisiko war ursprünglich recht präzis als altersbedingte Erwerbsunfähigkeit definiert. Nach dem Zweiten Weltkrieg machte sich unwidersprochen die Meinung breit, dass die Leistungsfähigkeit ab etwa 60 Jahren langsam schwindet; entsprechend legten die Staaten den Eintritt ins Rentenalter fest, bzw. sie tradierten frühere Annahmen. Aufgrund des demografischen Wandels, der steigenden durchschnittlichen Lebenserwartung und gewandelter Vorstellungen zum erfüllten dritten oder vierten Lebensalter stehen wir vor neuen Fragestellungen: Wie und wie lange soll ein «gesunder» erwerbsloser Ruhestand gewährleistet und zum Teil kollektiv finanziert werden? Und wie nachhaltig stabil ist der gesellschaftliche Konsens, auch einen gewissen Komfort staatlich abzusichern?

Diese Grundsatzfragen stellen sich im nationalstaatlichen Rahmen, weil alle Systeme sozialer Sicherheit bisher aufgrund politischer Entscheide innerhalb der Länder entwickelt wurden. Je öfter aber Menschen massenweise migrieren und Arbeitsplätze über den Globus umverteilt werden, desto häufiger werden diese Systeme dysfunktional, überlastet und reformbedürftig. Die Grundfragen gesellschaftlicher Absicherung existenzieller Risiken müssten aktuell und noch dringender morgen wohl im grösseren Zusammenhang, vielleicht innerhalb kontinentaler oder internationaler, staatlicher Verbünde, gesehen und beantwortet werden.

Experten aller grösseren Thinktanks, so auch des *World Economic Forum* (WEF), zerbrechen sich den Kopf über die Altersvorsorge in älter werdenden Gesellschaften. Auch, aber nicht nur wegen der enormen Kapitalien, die geäufnet und rentabel (auch ethisch?, ökologisch?) anzulegen sind und die – relativ anonym – eine immense Wirtschaftsmacht darstellen. Und zugleich den Unwägbarkeiten, Krisen und Schwankungen des globalen Finanzsystems ausgeliefert sind.

Das WEF sieht die Europäer auch noch mit 80 in Jobs, möglicherweise nicht fünf Tage pro Woche, aber solid integriert. Und es ist – ähnlich wie andere Experten – überzeugt, dass jede/jeder sein Erwerbsleben lang zwischen 10 und 15 Prozent des Bruttolohnes auf die hohe Kante legen muss, um im später als heute startenden Ruhestand schliesslich über etwa 70 Prozent des gewohnten Einkommens zu verfügen. Derart hohe Sparbeiträge sind nicht leicht zu schultern, vor allem nicht für jüngere Generationen und in Ländern, die seit der Finanzkrise von 2008 mit praktisch stagnierender Lohnhöhe leben.

Werfen wir zum Beispiel einen kurzen Blick nach England: Seit 2012 sind alle Arbeitgeber verpflichtet, Rentensparprogramme einzurichten und auch selbst einen Teil der Lohnsumme in den Sparhafen zu legen. Individuen steht es frei, sich vom Programm zu dispensieren, was aber nur wenige tun. Die offizielle britische Staatspension schmilzt derweil im Steuerwettbewerb und verliert laufend an Bedeutung. Ungelöst bleibt auf der Insel die Altersvorsorge der selbstständig Erwerbenden, heute bereits etwa ein Fünftel aller Werktätigen mit steigender Tendenz in der Gig-Ökonomie. Erst recht wacklig wird das Konstrukt, wenn künftig immer mehr Personen projektorientiert, mit begrenzten Verträgen und diskontinuierlich arbeiten.

Die Pensionsprogramme sind überall unter Druck, einerseits, weil niemand bei ihrer Etablierung mit immer längeren Bezugsdauern gerechnet hat und andererseits, weil es vor gut 50 Jahren keine Kunst voraussetzte, mit Geldanlagen 5 Prozent Gewinn oder mehr zu erwirtschaften und aus dem Ersparten mit den Jahren eine erkleckliche Summe zu akkumulieren. Die aktuelle Niedrigzinsphase und die munter alternden Rentenbezüger drängen zu Korrekturen bei früheren Versprechungen. Denkbar wäre natürlich auch ein neuer Gesellschaftsvertrag zwischen gutverdienenden Erwerbstätigen und alten Menschen, der materiell sorglose alte Tage absichert. Weil die politische Grosswetterlage keinerlei Signale in diese sozialfürsorgliche und solidarische Richtung erkennen lässt, wird die Variante an dieser Stelle nicht weiter ausgemalt.

Wo lassen sich im Rahmen bisheriger Errungenschaften Hebel ansetzen? Folgende sind möglich:

- ▪ Senkung der ausbezahlten Rentenbeträge.
- ▪ Gewinnsteigerungen auf Ersparnissen.
- ▪ Höheren Einkommen auf breiter Front.
- ▪ Massive Zuwanderung Gutverdienender, die hohe Beiträge leisten.
- ▪ Späterem Übertritt ins Rentenalter.
- ▪ Erschliessung zusätzlicher Finanzquellen, z. B. durch Steuern.

Welche der Stossrichtungen – oder welche Kombination – schliesslich gewählt wird, hängt vom gesetzlichen Rahmen, von den politischen Mehrheitsverhältnissen und Mitwirkungsrechten der Versicherten und Betroffenen ab. Dabei ist unbestritten, dass steuerfinanzierte Auszahlungen je nach Mehrheitsverhältnissen im Parlament rascher und leichter verändert werden können als durch persönliche Beiträge angesparte Vermögen. Wer einzahlt, begründet einen Rechtsanspruch, der zwar modifiziert und von den Finanzmärkten beeinflusst, aber von späteren Generationen nicht aus der Welt geschafft werden kann.

Biegsame Varianten statt starre Säulen

Die Schweiz war stets recht stolz auf ihr Dreisäulenmodell der Alterssicherung, die unterschiedliche Finanzierung der Vorsorge versprach dabei eine clever balancierte Stabilität. Die Entwicklung der letzten zwölf Jahre hat auch Schwachstellen ans Licht gebracht.

- Die solidarisch konzipierte, staatlich geführte AHV (1. Säule mit dem heute klar abgespeckten Ziel der Existenzsicherung) wird auf Erwerbsarbeit erhoben, sowohl Arbeitgebende wie Arbeitnehmende entrichten Beiträge. Dabei werden laufend sprudelnde Einnahmen – gemäss Umlageverfahren – unmittelbar in Rentenzahlungen umgegossen. Verschiebt sich das Zahlenverhältnis zwischen aktiv zahlenden und Renten beziehenden (passiven) Personen grossräumig, ergeben sich Deckungslücken.

- Die berufliche Vorsorge (2. Säule, welche die Fortführung der gewohnten Lebensführung in Aussicht stellte, die alten Versprechen aber nur eingeschränkt erfüllen kann) funktioniert nach dem Versicherungsprinzip. Arbeitgeber und Mitarbeitende leisten Beiträge und setzen sich über die Erwerbsphase hinweg ein Leistungsziel (Rentenhöhe) für die Zeit des Ruhestandes. Das Kapital soll wachsen; es wird über Jahrzehnte hinweg sowohl sicher wie gewinnträchtig angelegt. Beim Eintritt ins Rentenalter, konkret der Festsetzung monatlicher Rentenzahlungen, spielt dieser Kapitalgewinn und seine Zurechnung an Rentner mittels Umwandlungssatz eine entscheidende Rolle. Bisher wird er politisch festgelegt; die Versicherer kämpfen für das freie Spiel des Finanzmarktes.

- Die 3. Säule (mit dem Zweck, spezielle individuelle Bedürfnisse abzusichern) wird aus individuellen Sparbeträgen (auf speziellen Konten) gebaut und bis zu einer bestimmten Höhe steuerlich begünstigt. Ganz offensichtlich fällt es Gutverdienenden leichter, eine solche Säule einzurichten und materiell respektabel auszustatten als Personen und Haushalten, die ihr Einkommen für die Lebensführung fast restlos aufbrauchen.

Der grosse demografische Wandel und die Finanzmärkte machen aus einst gut organisierten Systemen Baustellen und Kampfgebiete. In der Schweiz mit ihren direktdemokratischen Entscheidungsrechten sind Anpassungen im Rentensystem besonders schwierig zu vollziehen, weil sich Zahlende und Begünstigte rasch einmal direkt gegenüberstehen und Solidarität im Vergleich zu Interessen-politik in diesen Zeiten schlechte Karten hat.

Ich möchte hier kein Seminar in Sozialversicherungsrecht ab-halten und keine detaillierten Reformschritte skizzieren und be-gründen, sondern in einer ersten Runde auf Probleme hinweisen, die kurz- und mittelfristig auf der politischen Agenda stehen wer-den und danach ein paar Postulate für Entwicklungen in der Zu-kunft formulieren.

Alle Rentensysteme mit *Umlage-Finanzierung*, nicht nur das schweizerische, stecken in der Demografie-Falle: Vielen geburt-enstarken Jahrgängen im Ruhestand stehen zahlenmässig magere Jahrgänge mit Beitragspflicht gegenüber. Politik und Stimmvolk haben für die schweizerische AHV schon vor Jahrzehnten den Pfad der reinen Lehre verlassen; sie führen dem Vorsorgewerk auch Steuergelder zu. Ursprünglich handelte es sich um Abgaben auf Alkohol und Tabak. Zwischen 1964 und 1973 wurden die Renten substanziell erhöht; es brauchte zusätzliche Einnahmen. 1997 be-schloss der Souverän Reformen im Sinn der Geschlechtergerechtig-keit, Familienfrauen wurden bessergestellt mit der Konsequenz, dass das Sozialwerk steigende Finanzmittel absorbierte. Vor allem Konsumsteuern (auf geschaffenen Mehrwert) sorgen für einen Ausgleich zwischen Einnahmen und Ausgaben beim Umlagever-fahren, doch unumstritten ist die Deckung steigender Kosten für Altersrenten längst nicht mehr.

AHV nur für Bedürftige

Ist es eine Verschwendung, wenn vermögende Leute zusätzlich noch mit AHV-Zahlungen beglückt werden? Die Befürworter dieser Frage orten da bedeutende Sparmöglichkeiten. Gegner erwidern einerseits, dass niemand Rente beziehen muss, sie landet nicht automatisch auf dem Konto, sondern nur auf Antrag. Das ist jedoch ein schwächeres Argument. Ein stärkeres lautet: Nur wenn alle profitieren, lässt sich ein Solidarwerk mit beträchtlicher Umverteilung auf Dauer gesellschaftlich am Leben erhalten. Würden Wohlhabende vom AHV-Bezug ausgeschlossen, kämen ihre Beiträge einer Sozialsteuer gleich – und wohl politisch unter Druck. Als Drittes ist zu bedenken, dass bei einer Bedürftigkeits-AHV die Rentner genauso scheel beäugt würden wie heute die Sozialhilfeempfänger.

Die von Erwerbstätigen angesparten Rentenkapitalien werfen spätestens seit der Finanzkrise und im Zuge geringer Zinserträge *zu wenig Gewinn* ab, um die vereinbarten Leistungsziele zu finanzieren. Frische Rentner erhalten kleinere Renten; bisherige Rentenbezüger können auf die versprochenen Beträge zählen, was aber nur funktioniert, weil im Rahmen der Vorsorgekassen von den laufend einbezahlten Beträgen, also auch von jüngeren Generationen, ein Teil flugs verflüssigt und verteilt wird. Während gewisser Zeit und mit Aussicht auf eine Umkehr der Verhältnisse, zum Beispiel höherem Gewinn auf Finanzanlagen, lässt sich solcher Generationentransfer riskieren. Aber auf Dauer? Und dies zugunsten von vielen nicht armutsbedrohten «jungen Alten»? Nach wie viel Zeit müssen die Lampen auf Rot wechseln? Um den politisch fixierten, nicht marktgesteuerten Umwandlungssatz/Zins aufs Rentenkapital wird denn auch seit Jahren im Parlament erbittert gefochten. Interessanterweise sind die tiefen Gräben nicht zwischen den Generationen, sondern zwischen politischen Parteien zu beobachten.

Betriebspensionskassen versuchen, in gewissen Zeitabständen Deckungslücken auch aus erwirtschaftetem Gewinn zu stopfen; manche Patrons aus altem Schrot und Korn fühlen sich gelegentlich verpflichtet, für ihre Leute auch in älteren Tagen gut zu sorgen und aus dem eigenen Vermögen Transfers zu tätigen. Versicherer und grosse Stiftungen gehen im Gegensatz dazu immer öfter zu Regeln und Verträgen über, die keine festen Leistungsverpflichtungen mehr enthalten.

Die Mehrzahl der Pensionskassen aus dem 20. Jahrhundert funktionierte nach dem Leistungsprimat, das heisst, die versicherte Person durfte beim Übertritt ins Pensionsalter auf eine festgelegte monatliche Rente in Relation zum letzten Lohn zählen. Für die Lösung aller implizierten Probleme übernahmen Arbeitgeber und Versicherer die Verantwortung. Zug für Zug wechselten Firmen und Kassen zum Beitragsprimat. Damit wird die Höhe des im Lauf der Jahre angesparten Kapitals zur Basis der erwartbaren monatlichen Auszahlungen. Ganz offensichtlich findet im Rahmen solcher Entwicklungen eine Individualisierung statt; der Solidargedanke verliert an Bedeutung. Werden die Bindungen von Berufsleuten an bestimmte Arbeitgeber immer kurzlebiger und wechselhafter, verlieren Betriebspensionskassen weiter an Bedeutung und der Ruf nach freier Wahl des Vorsorgers und auch der Anlagestrategie mit mehr oder weniger Risiko gewinnen an Boden.

Nicht nur magerer Gewinn aufs Kapital und längere Bezugsdauer schwächen die 2. Säule, auch die Entwicklung der Lohnhöhe intensiviert das Stirnrunzeln. Die Väter der AHV gingen vor 70 Jahren von steigenden Löhnen im Lauf der Berufsbiografie aus. Entsprechend ergiebig flossen die Lohnprozentabgaben jenseits von 50 und erreichten knapp vor der Pensionierung ihren Höhepunkt. Seit rund 15 Jahren verlaufen die Lohnkurven flacher, immer öfter sinken sie bei der Gruppe ab Mitte 50 ab; tendenziell stagnieren die Löhne für die breite Mittelschicht seit Langem. Und aus der Vogelperspektive betrachtet sinkt in den westlichen Gesellschaften seit Kurzem der Anteil der Arbeitseinkommen an der erwirtschafteten Wertschöpfung gegenüber dem Eigentümeranteil – eine Aufteilung übrigens, die während Jahrzehnten recht stabil war. Vielleicht ist die Behauptung deshalb nicht falsch, dass die Grundlagen und das Rohmaterial für die 2. Säule deutlich fragiler geworden sind. Auch an dieser Stelle sind neue Ideen und Konzepte gefragt.

Zurück von der Zukunft in die Gegenwart der 2. Säule und zur Frage, wie komfortabel heutige Pensionierte in ihren Säulengebilden leben. Die Credit Suisse hat 2017 eine Studie vorgelegt und dafür Daten aus vielen Quellen ausgewertet. Dass insbesondere teilzeitlich beschäftigte Frauen mit niedrigen Löhnen am sog. Koordinationsabzug (Freigrenze bei der Pflicht für Einzahlungen von Arbeitgebenden und -nehmenden in die 2. Säule) hart zu beissen haben, ist seit der Publikation von Forschungsergebnissen aus dem nationalen Programm «Gleichstellung der Geschlechter» bekannt. Von Armut im Alter sind vor allem alleinlebende Frauen betroffen, das Ausmass ist bereits jetzt erschreckend und wird rasch zunehmen. Diese Personen sind zwingend auf günstigen Wohnraum, Selbstproduktion, Bescheidenheit und Zustupf von Verwandten und Freunden angewiesen. Wir müssen trotz Dreisäulentempel zur Kenntnis nehmen, dass 40 Prozent aller Pensionierten vorwiegend aus der AHV (2100 bis 2550 Franken monatlich) leben und nur wenig Aufstockung – unter 1000 Franken – aus einer betrieblichen Vorsorge beziehen. Die mittleren 20 Prozent der Bevölkerung (für jeden Fünftel wird ein Durchschnittsbetrag errechnet) verfügen offenbar über gut 1800 Franken aus der 2. Säule; bei dieser Einkommensgruppe fliessen überdies auch gewisse Einnahmen aus Vermögen und Vermietung eigener Liegenschaften ins laufende Budget. Im bestgestellten Fünftel übersteigt die Rente aus der betrieblichen Pensionskasse die AHV deutlich, und erwartungsgemäss trägt die freiwillige 3. Säule namhaft zur Finanzierung eines komfortablen Lebensstils bei. Zu den dringenden Verbesserungen gehört also die Abschaffung oder radikale Absenkung des ominösen Koordinationsabzuges, damit sich auch Beiträge aus tieferen Lohneinkommen, also kleinen Arbeitspensen, zu Rentenkapital in der 2. Säule äufnen lassen.

Ein zentrales Problem in allen westlichen Ländern sind die hohen Kosten für Pflege im hohen Alter und die Tatsache, dass in der Schweiz nie eine verbindliche allgemeine Pflegekostenversicherung eingerichtet wurde. Wieso nicht rasch eine solche ins Leben rufen? Pflegebedürftigkeit ist ein allgemein verbreitetes Risiko. Wer sich heute privat für diesen Fall versichern will, bezahlt enorm hohe

Prämien, weil das Risiko nicht auf viele oder alle Schultern verteilt ist. Wer nicht über ein beträchtliches Vermögen verfügt, kann beim Eintreten von Pflegebedürftigkeit Ergänzungsleistungen (seit 1966 als Zustupf für sozial Schwächere etabliert) und Hilflosenentschädigung beanspruchen, sieht sein Sparkonto aber trotzdem meist rasch schmelzen. Und politisch sind diese Ergänzungsleistungen unter Druck, sie wachsen jedes Jahr und belasten die öffentlichen Finanzen auf Bundes- und Kantonsebene in zunehmendem, schlecht planbarem Mass. Selbstverständlich könnten sich reiche Länder wie die Schweiz oder Deutschland höhere soziale Transferzahlungen leisten, wenn sie es denn wollten und zum Beispiel hohe Einkommen stärker progressiv besteuerten. Derzeit gibt es aber schlicht keine Hinweise auf einen entsprechenden politischen Mehrheitswillen.

Alternative Rentenmodelle

1. Gemeinschaften für Risikoausgleich

Der Schutz vor Altersarmut wurde in jüngerer Vergangenheit staatlich organisiert, nicht einfach durch Steuergelder, auch mittels Zwangssparen. Immer wieder kommt die Frage nach Alternativen aufs Tapet, nach supranationalen Institutionen beispielsweise, die in ganz grossem Stil Risiken auszugleichen und zu managen wüssten. Informationstechnologie bietet dazu günstige Voraussetzungen; sie kann leicht Daten sammeln, auswerten und Personen vernetzen. Im Silicon Valley wird von unternehmerisch gesteuerten *Cloud Communities* geträumt, die weltweit komplementäre Interessen miteinander verknüpfen und den Ausgleich sicherstellen. Zum Beispiel Investitionen in die Ausbildung junger Menschen im Tausch gegen Beiträge an den Lebensunterhalt von Greisen. Denkbar sind solche virtuellen oder auch realen Solidargemeinschaften sehr wohl, doch ihr Funktionieren setzt ein Vertrauens-

kapital voraus, das über längere Zeit der Bewährung und Krisen-
bewältigung erst wachsen muss.

2. Versicherung von Arbeitslosigkeit

Im Umkreis der englischen Bewegung «The Age of No Retirement»,
die für eine Gesellschaft ohne einengende Alterskategorien kämpft,
werden grundsätzliche Alternativen zum ganzen lebensbegleitenden Rentensparen diskutiert. Zum einen wird das Konzept eines
Ruhestandes im Alter zu Grabe getragen, zum anderen die ur-
sprüngliche Vorstellung einer Kompensation für altersbedingte
Arbeits- und Erwerbsunfähigkeit wieder belebt. Eine Lösung, die
gute Argumente für sich hat, besteht einerseits in einer soliden,
lebenslangen Invaliditätsversicherung und anderseits in einer
lebensbegleitenden Versicherung gegen Arbeitslosigkeit. Beide
Versicherungen sind als privat/öffentliche Mischsysteme mit
Solidarcharakter gedacht. Hochaltrige mit gesundheitlichen
Einschränkungen würden gleich behandelt wie psychisch kranke
oder verunfallte Vierzigjährige. Selbstständig Erwerbende sind
bereits heute mit Lohnausfallversicherungen vertraut – das Prinzip
und Konzept liesse sich auf alle und die ganze Erwerbsbiografie
bis zum Lebensende ausdehnen. Diese Alternative passt gut
zu den Prognosen eines zersplitterten, auf kürzere Verträge ausgerichteten Arbeitsmarktes.
Selbstverständlich sind in dieser radikal anderen Variante private
Ersparnisse mitgedacht.

3. Grundeinkommen

Die gesellschaftliche Idee aus Thomas Morus «Utopia» ist bestechend: Jedes Mitglied ist wertvoll und hat ohne zusätzliche
Voraussetzungen das Recht, am kollektiven Wohlstand teilzuhaben.
In vielen Ländern wird ein Basiseinkommen für alle diskutiert,
werden regionale Umsetzungen ausprobiert (zum Beispiel in Alaska
seit 1976, finanziert durch Öleinnahmen und aktuell in einer Region

Finnlands). In der Schweiz gab's bereits eine Volksabstimmung zum Konzept eines bedingungslosen Grundeinkommens für alle Erwachsenen. Es sollte an die Stelle von Sozialhilfe, Stipendien, Ergänzungsleistungen, Arbeitslosenunterstützung und staatliche Rente treten und einen monatlichen Betrag von rund 2000 Franken pro Person ausschütten.

Auffällig war die breite Unterstützung des Projekts bei jüngeren Stimmbürgern. Nicht, dass sie sich auf die faule Haut legen wollten, im Gegenteil. Ihre Vorstellungen der kommenden Jahrzehnte Erwerbsarbeit sind mit denjenigen ihrer Eltern nicht zu vergleichen. Lange «monogame» Berufsbeziehungen können sie sich kaum vorstellen; sie engagieren sich in Projekten, nomadisieren auf verschiedenen Kontinenten, übernehmen Aufträge, für Sinn und einen guten Zweck auch schlecht bezahlte, sammeln Erfahrungen mit eigenen Business-Ideen und übernehmen Teilzeit-Jobs. Dabei ergeben sich immer wieder Lücken im Fluss der Honorare und Lohnzahlungen, die dank eines Grundeinkommens keine existenzielle Bedrohung darstellen. In Erwartung schmerzlicher Umwälzungen in der Arbeitswelt plädiert auch ein Topbanker wie Michael Strobaek von der Credit Suisse für ein garantiertes Grundeinkommen, weil er in einer demokratisch verfassten Gesellschaft ohne solche materielle Absicherung massiven Widerstand gegen den Wandel befürchtet.

Immer wieder sind im längeren Erwerbsleben substanzielle Weiterbildungen oder Umschulungen nötig; ein Grundeinkommen kann Kurskosten und vor allem die Kosten der alltäglichen Lebensführung ein gutes Stück weit sicherstellen. Doch wie und wo soll der namhafte Finanzbedarf für ein generelles Grundeinkommen eingesammelt werden? Einsparungen bei den administrativen Aufwendungen für verschiedene Sozialleistungen, die im Grundeinkommen aufgehoben würden, wären bloss Tropfen auf einen heissen Stein.

4. Finanzierung

Was uns vertraut ist: Erzwungenes und freiwilliges Sparen lässt Kapital für fragile Phasen im Leben zusammenfliessen; individuelle und gemeinschaftliche Vorsorge ergänzen einander. Möglich, aber im Zusammenhang mit dem Grundeinkommen wenig realistisch, wäre die Mittelbeschaffung über das etablierte Steuersystem mit seinen eigenen Prinzipien von Belastung und Verschonung verschiedener Einkommensgruppen. Ernstzunehmende Finanzexperten wie Professor Marc Chesney von der Universität Zürich schlagen eine Mikrosteuer von vielleicht 0,2 Prozent auf alle elektronische Finanztransaktionen vor – vom Kauf mit der Kreditkarte bis zum Aktienerwerb. In Amerika gibt es Stimmen, die Abgaben auf gewonnene Daten erheben und diese einem Fond zur Finanzierung von Grundeinkommen zuführen möchten. Bestechend, solche Ideen. Bei allen unseren Bewegungen im Internet melken Hightechfirmen, Detailhändler und Kreditkartenunternehmen Informationen ab, die gutes Geld wert sind, die sie selbst nutzen oder weiterverkaufen. Die Erdöl-Bonanza hat seinerzeit wichtige Staatsfonds gespiesen. Daten als neues Gold können der Gesellschaft neue Optionen eröffnen, wenn sie ein Preisschild erhielten und nicht bloss die Gewinne der involvierten Firmen steigern. Weniger ausgereift scheint die Idee einer Robotersteuer, die technischen Fortschritt bremst und unlösbare Abgrenzungsprobleme für technische Lösungen nach sich zöge.

Solche Alternativen beweisen, dass tatsächlich Wahlmöglichkeiten existieren und wir keineswegs aussichtslos in Sackgassen und Handlungszwängen gefangen sind. Zugleich wird auch die Fristigkeit neuer Lösungen sofort deutlich; Systemwechsel sind von langer Hand vorzubereiten, zu beschliessen und schrittweise umzusetzen. Und die demokratische Willensbildung setzt intensive Überzeugungsarbeit und oft mehrere Anläufe bis zur Zielerreichung voraus.

Flexibles Rentenalter und Kompensationen

In der Schweiz ist 65 eine fast magische Zahl. An diesem Geburtstag beginnt die freie Verfügung über die eigene Lebenszeit. Wer will, kann weiterhin Arbeitsverpflichtungen eingehen, doch mit dem Eintritt ins offizielle Rentenalter fliessen Zahlungen aus AHV und betrieblicher Rentenkasse. Damit endet auch die staatlich organisierte Versicherung von Arbeitslosigkeit (ALV); die offizielle Grenze zwischen Erwerbsalter und Ruhestand macht Schluss mit Einzahlungen, aber auch mit dem Anspruch auf Bezüge. Wer mit 68 über Nacht entlassen wird, klopft vergeblich bei der Arbeitslosenkasse an. Dagegen sind und bleiben abhängig beschäftigte Personen via Arbeitgeber obligatorisch gegen Unfall versichert und dies in jedem Lebensalter. Wer in Rente geht, verliert diesen Schutz.

AHV-Beiträge sind anders als ALV-Beiträge lebenslang auf jede bezahlte Arbeit abzuliefern, etwa von einem 85-jährigen Dirigenten, auch wenn sie in keiner Weise mehr rentenbildend wirken. Man kann diese Abgabe als zusätzliche Steuer oder als unfreiwillige Solidaritätsleistung interpretieren.

Das offizielle Rentenalter zieht weite Kreise im gesellschaftlichen Alltag – sowohl rechtlich wie psychologisch. Es prägt uns im Selbstverständnis als Personen, in den Erwartungen an uns selbst und im Entwurf der eigenen Biografie. Es prägt die Erwartungen anderer an uns. Es ist eine kulturelle Bruchstelle, die unsere Lebens- und Wahlmöglichkeiten unzeitgemäss abrupt einschränkt. In vielen Kantonen, aber auch privaten Unternehmen erlöschen mit 65 nämlich die Arbeitsverträge automatisch. Auch mit der Invalidenversicherung ist Schluss; fortan gilt das Dreisäulensystem des Alters. Vor allem gewerkschaftliche Organisationen halten trotz demografischem Wandel eisern am «Recht» fest, mit dem 65. Geburtstag die Löffel wegschmeissen zu dürfen, und sie verschliessen die Augen vor dem Diskriminierungsaspekt der starren Rentengrenze. Wenn in den Reformdebatten neu der Begriff «Referenzalter» auftaucht, um die alte Schwelle (oder Guillotine) zu benennen, ist das zweifellos im Sinn einer Verflüssigung, aber vor allem dann ein Schritt in eine sinnvolle Richtung, wenn dieser rein versicherungsmathematisch fixierte Kompass auf spätere Jahre verschoben wird. Ich plädiere für ein Rentensystem, das eine vielfältige, individuell abgestimmte Wahl ermöglicht. Jede und jeder soll sich selber entscheiden dürfen – und dies nicht erst ab 60. In späteren Jahren besonders sorgfältig abgestimmt auf Interessen, soziale Einbettung, gesundheitliche Ressourcen, Kompetenzen und Nachfrage nach Arbeitsvermögen. Rahmen und Voraussetzung für unterschiedlichste Episoden-, Mosaik- und Patchwork-Laufbahnen sind in meinem Verständnis allerdings längere Erwerbsbiografien und eine zeitlich sehr variable Integration in herausfordernde Arbeitszusammenhänge bis in die achte Lebensdekade hinein.

Anders als das Konzept Referenzalter könnte eine fixe Anzahl Beitragsjahre vor dem ersten Rentenbezug helfen, die Bruchstelle 65 zu verflüssigen. Deutschland ist bei der letzten Korrektur (zugunsten früh im Leben Erwerbstätiger) diesen Weg gegangen. Denken wir kurz und ganz fantasievoll an eine Beitragszeit von 50 Jahren. Herr M., der mit 16 eine Berufslehre startete, wäre in der Folge mit 66 pensionsberechtigt (ohne dass er verpflichtet wäre, die Berechtigung einzulösen). Frau X., die nach 24 mit Hochschulabschluss ihren ersten Arbeitsvertrag unterzeichnete, müsste mit Einbussen rechnen, wollte sie vor 74 ihren Job an den Nagel hängen. Sympathisch an diesem Konzept ist ein Element von Fairness: Personen mit geringerer formaler Bildung, weniger gesellschaftlich mitfinanzierten Ausbildungskosten und oft geringeren Handlungsspielräumen dürfen sich früher ganz ihren Hobbys zuwenden, wenn sie denn wollen. Oft haben sie auch in belastenden Jobs gedient, erfahren Arbeitsleid und im Durchschnitt sind sie kränker. (Der Zusammenhang zwischen erreichtem Ausbildungsniveau und Gesundheitszustand ist ja viel deutlicher, als man sich ihn wünscht.) Ganz simpel wäre die Umsetzung eines solchen Konzepts nicht, weil auch Gymnasiasten schon Minimalbeiträge in die Rentenkasse legen können, wäre der Start in zählbare Beitragsjahre mit Bedacht zu definieren.

Den demografisch veränderten Verhältnissen angepasst ist am ehesten ein Verzicht auf jede verbindliche «normale» Grenze zwischen Erwerb und Ruhestand. Möglichst viele Aus- und Umstiegslösungen sind zwischen Arbeitskräften und Auftraggebenden oder Vertragspartnern zu vereinbaren. Von Pensionskassen wünscht man sich den Ehrgeiz, vielfältige Varianten von Vorsorgeplänen für unterschiedliche Lebensentwürfe zur Wahl zu stellen. Zum Wunsch gehört auch die Voraussetzung, dass Ansprüche und Pflichten leicht vermittelbar sind. Diese vielfältigen, auf einem Bierdeckel darstell- und erklärbaren Menüs müssen – angesichts rasch sich ändernder Arbeitsmarktverhältnisse – auch in hohem Mass revidierbar sein. Dieses Szenario setzt Kassen von gewisser Grösse voraus. Bei der Verwaltung der BVG-Gelder sind die Mitwirkungsrechte der Arbeitnehmenden in der Schweiz gesetzlich verlässlich verankert; diese Rechtsposition könnten gewählte Vertreter und Vertreterinnen grundsätzlich und gern häufiger auch zur Beschleunigung von Produktinnovationen nutzen.

Jede Person sollte den Zeitpunkt von Ausstieg oder Reduktion der Arbeitsverpflichtung selbst wählen können, das Postulat sei hier wiederholt. Selbstredend mit finanziellen Konsequenzen im Sinn von Einbussen sowie Belohnungen. Wird im Ganzen länger gearbeitet, darf, das zeigen ausländische Beispiele, mit guten Gründen auf eine Verflüssigung des Arbeitsmarktes für Ü50 spekuliert werden. Auftraggebende zählen dann auf die Potenziale der Reiferen und Einarbeitungszeiten rechnen sich. Dies würde viele Ältere mit schmaler Rente entlasten, sind sie doch über Jahre auf Verdienstmöglichkeiten angewiesen. Und es liegt nicht im gesellschaftlichen Interesse, die Betroffenen ins Feld der Schwarzarbeit oder in die verunsichernde Selbstständigkeit zu drängen.

Fazit: Die automatische Aufhebung von Arbeitsverträgen an einem bestimmten Geburtstag wird, so hoffe ich, bald verschwinden. Nötig sind Absprachen und massgeschneiderte Vereinbarungen. Die Kehrseite der Medaille gilt es hier aber auch zu beleuchten: Ein Recht auf Beschäftigung existiert nicht, der leicht erhöhte Kündigungsschutz für Mitarbeitende reiferen Alters, wie die Schweiz ihn kennt, wird von Gesetzgeber und Gerichten wohl nicht diskussionslos bis 80 ausgedehnt. Neue Regeln werden sich aus der grauen Suppe herauskristallisieren.

Sehr wichtig sind ausgeglichene, lineare Abzüge für die 2. Säule über die ganze Erwerbsbiografie hinweg. Erster Grund: Die Annahme, dass dieses Zwangssparen in späteren Erwerbsjahren bei höheren Löhnen leichter falle, entspricht nicht den heutigen realen Verhältnissen mit Bogenkarrieren und flachen Lohnentwicklungen. Zweiter Grund: Wenn die Abzüge für Reifere deutlich höher ausfallen als für Junge, haben Ü50 schlechtere Karten im Bewerbungsverfahren, weil sie (mit höheren Arbeitgeberbeiträgen) zu teuer sind. Dritter Grund: Alle Prognosen zur Arbeitswelt im Zeichen der Digitalisierung gehen für viele von dekonstruierten Laufbahnen mit vielfältigen, kurz- und mittelfristigen, nicht kontinuierlichen Engagements und Aufgaben-Portfolios aus. Konsequenz daraus ist, dass Altersguthaben zum Teil auch schubweise, verbunden mit Entlöhnung und Honoraren, und mit Unterbrüchen angespart und aufgehäuft werden. Wahrscheinlich funktioniert das alles nur mit ebenfalls flexibilisierten Leistungszielen. Hier öffnet sich ein buntes Feld für kreative Versicherungsmathematiker/-innen und IT-Programme.

Wahrscheinlich stützen solche Innovationen und Lockerungsübungen eine Ausdehnung der Erwerbsphase. Sie liegt im Trend. Und ist zweifellos eine grosse Chance (vgl. Kapitel «Laufbahnen und Entwicklungspfade»). Der internationale Vergleich, dokumentiert auch in den Publikationen der OECD, rückt Konzepte und Wünsche für frühes Ausscheiden aus dem Erwerb in ein skeptisches oder eindeutig negatives Licht. Wir bleiben mental und intellektuell als Partner, Nachbarinnen, Stimmbürgerinnen und politisch Verantwortliche fitter, wenn wir in anspruchsvolle, stimmige Aufgabenfelder integriert bleiben. Die Vorbereitung auf die Rente muss sicher nicht bereits den Sechzigjährigen ans Herz gelegt werden.

Früher Eintritt in den Ruhestand ist immer öfter sozial Schwächeren nur möglich, wenn kollektiv finanzierte Überbrückungen politisch sanktioniert werden oder ganze Branchen, wie heute das Baugewerbe, Sonderzüge mit speziell umfassendem Vorsorgegepäck ausrüsten. Für den gesellschaftlichen Zusammenhalt scheint es mir ratsam, eine wachsende Lücke zwischen länger Erwerbstätigen und früh aus dem Prozess ausgestiegenen Menschen im Auge zu behalten und im Gemeinwesen zu überbrücken. Immer öfter beziehen auch junge Leute Invaliditätsunterstützung, weil ihre geringen (psychischen) Ressourcen für die Belastungen eines regulären Jobs nicht ausreichen. Unter den 40- und 50-Jährigen ist ein gewisser Prozentsatz gesundheitlich schwer angeschlagen und sieht sich zum Rückzug aus dem Erwerb gezwungen. Auch für diese Gruppen wirken angemessene Tätigkeiten ausserhalb des privaten häuslichen Raums oder Heims stabilisierend und ermutigend. Attraktive zusätzliche Strukturen mit Begegnungs- und Kooperationschancen im ersten und zweiten Arbeitsmarkt, kombiniert mit Freiwilligenarbeit und Mentoring, sind noch längst nicht flächendeckend entwickelt. Wer den Bettel früh schmeisst, hürdenfrei Zugang zu Ergänzungsleistungen erhält oder in einen Warteraum verwiesen wird, findet so weniger schnell Zugang zum eigenen Potenzial, wie wenn sie dabei unterstützt werden. Ihre Prognosen für ein erfülltes Alter sind erst rosiger, wenn niemand unter 70 ohne Chance auf ausserhäusliche Beschäftigung bleibt. Gutbetuchte verfügen beim Bestimmen ihrer Beschäftigungen ü60 wie auch bei der Finanzierung ihrer alten Tage zweifellos über deutlich grössere Wahlfreiheiten.

Souveränität am Ende des Erwerbslebens

Berufslaufbahnen sind heute schon vielfältig, Menschen altern höchst unterschiedlich. Wünsche oder Zwänge, Beruflichem den Rücken zu kehren, variieren individuell wie konjunkturell und sind stark vom Persönlich-privaten wie vom Arbeitsumfeld mitbestimmt. Gern engagiere ich mich für die Erweiterung der Wahl- und Gestaltungsmöglichkeiten, ohne dabei die Solidargemeinschaft zu strapazieren oder jüngere Generationen zu benachteiligen. Massstab sind selbstständig Erwerbende und Kunstschaffende. Niemand hat Picasso zum Weglegen der Pinsel ermutigt. Alle sollen ähnlich frei über Altersrückzugsfragen entscheiden können.

Herr und Frau Schweizer können bereits heute gestuft mittels Teilpensionierung in Rente gehen. Der schrittweise Umstieg wird von vielen Betroffenen einem radikalen Bruch vorgezogen. Nichts spricht gegen weitere Verfeinerungen, vielfältige Teilschritte, beliebig gewählt zwischen 60 und 80 Jahren zum Beispiel, um einen organischen Übergang zwischen Vita activa und Vita contemplativa zu realisieren.

Für substanzielle Reformen eignet sich vor allem die 2. Säule als Treiberin, denn die AHV (1. Säule) ist im Widerstreit politischer Interessen ziemlich blockiert. Die Voraussetzungen für massgeschneiderte Flexibilisierung sind vor allem bei Betriebskassen und im Rahmen von Branchenlösungen deutlich günstiger als etwa bei grossen Versicherungs-Sammelstiftungen. Schade, dass die Letzteren Jahr für Jahr deutlich an Bedeutung gewinnen.

Wer auch nach 65 Erwerbsarbeit leistet, verbindet dies gern mit der Vorstellung, seine Rentenanwartschaft zu erhöhen. Barrieren, die dies behindern, sind zügig zu schleifen. Entscheidet sich Herr A. vor dem Pensionierungstermin für ein reduziertes Arbeitspensum, sollte er genauso wie Frau B., die über das kalendarische Rentenalter hinaus ihrem Job treu bleibt, unbegrenzt sein 2. Säulen-Konto äufnen können. Ob sich bei verlängerter Erwerbsarbeit die Arbeitgeberseite an zusätzlichem Rentensparen beteiligt oder nicht und in welcher Höhe, muss Gegenstand von Verhandlungen und Vereinbarungen sein. Fast überflüssig zu fordern, weil selbstverständlich, ist die Möglichkeit, Beitragslücken in der AHV bis ins reifere Alter hinein schliessen zu können.

Zur Erweiterung individueller Gestaltungsfreiheiten von Rentenberechtigten gehört die Möglichkeit, bei vorzeitigem Altersrücktritt weiterhin aus dem eigenem Sack Pensionskassenbeiträge zu überweisen, um einen erwünschten Kapitalstock zu erreichen. Oder das angestrebte Rentenvermögen auch dann durch persönliche Zuzahlungen sicherzustellen, wenn das Einkommen jenseits von vielleicht 55 sinkt. Um damit keine unfairen Steuerschlupflöcher zu schaffen, ist der Bezug dieser Kapitalien auf die Rentenform zu begrenzen.

Flexibilisierende Reformen umfassen auch das Recht, den Rentenbezug selbst dann bis 80 zu vertagen, wenn man den Job an den Nagel gehängt hat. Wer immer das will, soll seine Rente (mit angemessener Anpassung des Umwandlungssatzes) nach eigenem Zeitplan im Alter beziehen; niemand kommt ja aufgrund solcher Wahlmöglichkeiten zu Schaden.

Ein wichtiger Spielball im Feld widersprüchlicher Interessen und Werte in der Altersvorsorge betrifft die Gleichstellung der Geschlechter. Das Nebeneinander ganz unterschiedlicher Lebensformen – traditionelle familiäre Arbeitsteilung und Erwerbstätigkeit der Partner – macht faire Lösungen für alle zur Knacknuss. Gutschriften für Betreuungsjahre sind gewiss richtig; erwerbstätige Frauen mit Kindern erhalten keine solchen und schlucken gelegentlich leer. Die Unterscheidung zwischen individuellen und Ehepaar-Renten beschert vielen aufgeschlossenen Männern und Frauen Bauchweh. Ich verzichte auf detaillierte Ausführungen und steuere direkt auf eine Zielvorstellung zu: Wie im Steuersystem gilt es, Anstrengungen nicht zu scheuen, um vom Geschlecht unabhängige, für Einzelpersonen gültige Regeln zu etablieren. Soziale Verpflichtungen gegenüber Eltern und Kindern dürfen dabei durchaus eine Rolle spielen. Mit solchen Entwicklungen wachsen die Chancen, dass das Ganze auch für gleichgeschlechtliche Paare, Regenbogenfamilien und Transgenderpersonen funktioniert.

Erwerbslücken und die alten Tage versichern

Wer für eine Verlängerung der Erwerbsphase plädiert, muss gleichzeitig Massnahmen zur Sicherung eines hohen professionellen Kompetenzniveaus der Arbeitskräfte bis zum Ende des – sagen wir – achten Lebensjahrzehnts ins Auge fassen. Selbst Personen mit solidem Weiterbildungsengagement geraten jenseits von 45 in Situationen, in denen substanzielle Zusatzqualifizierung unerlässlich ist. Wer sich um Kompetenzzuwachs weniger gezielt gekümmert hat und durch Roboter ersetzt wird, kommt früher und zwingender an diesen Punkt. Die Finanzierung solcher Vorhaben durch Betroffene stösst in vielen Fällen an Grenzen. Wieso nicht auch Altersguthaben der 2. Säule für solche Bildungsinvestitionen freigeben? Investitionen in Wohnraum sind bereits möglich. Die Argumentation, zweckbestimmte Gelder nur ihrer direkten und niemals einer indirekten Bestimmung zufliessen zu lassen, ist zwar «sauber», leistet aber keinen Beitrag zur Lösung des wachsenden Problems von Qualifikationslücken im digitalen Wandel.

Denkbar ist sicher auch, das AHV-Konto oder Gelder der 3. Säule für die Finanzierung von Weiterbildungsphasen anzuzapfen. Design und Substanz der 1. Säule und das Solidaritätsprinzip mit sozialem Ausgleich zwischen Viel- und Wenigzahlenden legen mir nahe, die reformfreudigen Finger von diesen Guthaben zu lassen. Diese Säule hat im öffentlichen Raum eine bessere Zukunft, wenn sie einfachen Regeln untersteht.

Vieles spricht für den Einsatz der individuellen Vorsorgegelder (3. Säule) zugunsten substanzieller Weiterbildung auf dem langen Berufsweg. Gegenüber heute sollten nach meiner Überzeugung die Bezugsregeln und die existierende feste Obergrenze, also der Umfang der Säule, ohnehin gelockert werden. Grosse Attraktion dieser Sparaktivität ist die Steuerbefreiung. Und zugleich natürlich eine Versuchung für Steueroptimierer. Der Gesetzgeber könnte ohne Schaden weitere Freiräume für Sparende mit der Bestimmung erschliessen, dass die Gelder nur in Form von Renten oder Bildungsbeiträgen bezogen werden können. Und darauf zählen, dass Vermögende rentablere Anlagemöglichkeiten finden.

Alle Empfehlungen für den Einsatz persönlicher Vorsorgegelder für Weiterbildung dürfen den kleinen Bevölkerungsanteil, der über solche verfügt, nicht ausser Acht lassen. Es handelt sich dabei wohl um einen Personenkreis, der sich allfällige Bildungskosten kaum vom Maul absparen muss.

Wenn wir schon am Neuerfinden von Versicherungslösungen für eine längere und diskontinuierliche Erwerbslaufbahn sind: Auch die traditionelle Lebensversicherung könnte durch einen Jungbrunnen gezogen und für die Mitfinanzierung einkommensschwacher Phasen fitter werden. Leistungen wären auch in Form von Weiterbildungsbeihilfen denkbar und in der Folge an einen kleinen beruflichen «Tod» anstelle des leibseelischen Todesfalls gebunden.

Wer das Leben als Selbstständige/r verdient, kommt bisher kaum ohne Lohnausfall-Versicherung aus. Solche Produkte können künftig auch für zeitlich limitiert Beschäftigte oder unregelmässig Tätige Sinn machen, vor allem wenn sie auch Bildungsmodule finanzieren helfen. Natürlich im Einklang mit der Entwicklung der Arbeitslosenversicherung. Denn je länger, je öfter ziehen es Fachkräfte vor, neue Kompetenzen und Potenziale aktiv zu erschliessen, bevor sie aus dem Arbeitsmarkt purzeln und stempeln gehen.

Vier Generationen in der Arbeitswelt

Noch zu keiner Zeit in der Geschichte haben so viele Kinder mit ihren Urgrosseltern Erfahrungen sammeln und mit den Grosseltern aufwachsen können. Das Potenzial für intergenerationellen Austausch in den Familien ist umfassender als je zuvor. In der Berufswelt sind die Verhältnisse vergleichbar, doch das Zusammenspiel folgt anderen Regeln.

Von Erwachsenen 20 plus, die dabei sind, sich selbst und die berufliche Welt zu entdecken, über Arbeitskräfte in der «Stosszeit» ihres Lebens mit junger Familie, Erfahrungssammlung im Ausland und karrierefördernder Weiterbildung zu Erwerbstätigen mit eigenem Profil und gewissem Erfahrungsschatz, bis zu vielseitigen oder hoch spezialisierten, bewährten Füchsen jenseits der Lebensmitte begegnen Männer und Frauen einander im Arbeitsalltag.

Häufig differieren auch die Farbe ihrer Pässe, die Herkunft und die Bildungsbiografie. Alle wechseln im Lauf der Jahre mehrmals ihre Aufgaben, Funktionen, den Arbeitsplatz und die Auftraggeber; zu jeder «Generation» zählen folglich Erwartungsvolle und Desillusionierte, Etablierte und Grünschnäbel, Erfolgsverwöhnte und Schattenpflanzen. Stereotype Festlegungen auf generationenspezifische Verhaltensmuster oder Themen sind zwar in den Medien verbreitet und beliebt, bergen aber das Risiko, die komplexe Realität gerade nicht zu klären. Sie verleiten zu Etikettierungen und Rezepten, die ihre salopp skizzierten Ziele verfehlen. Immer wieder ist beispielsweise zu lesen, dass Arbeitgeber von den Millennials (Jahrgänge 1980 bis 2000) geringe Loyalität zu erwarten hätten, deutlich weniger als von den Achtundsechzigern. Schwächere Bindung an konkrete Arbeitsplätze ist allerdings eine intelligente Reaktion auf heutige Beschäftigungsverhältnisse und die wirtschaftliche Dynamik; Ältere haben flink gelernt, dass die früher hochgehaltene Tugend der Loyalität sie benachteiligt und ihre Konsequenzen gezogen. Sie verhalten sich ähnlich wie ihre Kinder und Enkel.

Ernsthaftes Generationen-Management verlangt, die spezifischen Themen und Reibungsverluste von Erwerbstätigen in verschiedenen Lebenssituationen während der ganzen beruflichen Laufbahn im Auge zu behalten, die Anliegen und Bedürfnisse ernst zu nehmen und – zur Stärkung des Arbeitsvermögens – Unterstützung und passende Rahmenbedingungen zu organisieren. Also Work-Life-Situationen, nicht Alterskohorten zu fokussieren. Eine Personalpolitik, die das ganze menschliche Potenzial wie auch wichtige Interaktionen und Einzelfälle im Auge behält und vielen Gruppierungen ebenso wie Individuen gedeihliche Konditionen sichert, stärkt das kollektive menschliche Arbeitsvermögen im Unternehmen nachhaltig.

Leistungsprinzip und Vorurteile

Seit den 1980er-Jahren, seit dem Erstarken von Frauen-, Schwulen- und Lesben- sowie Behindertenbewegung, befassen sich Politik und Arbeitswelt mit dem Thema vielfarbigen Personals in Organisationen. Die grossräumige Zuwanderung und die globale Mobilität auf den Führungsetagen der Wirtschaft haben ganz generell den Blick geschärft und die Sensibilität für Unterschiede erhöht. In den urbanen sozialen Schmelztiegeln sind kulturelle Vorurteile – das zeigen Volksabstimmungen deutlich – deutlich weniger wirksam als in ländlichen Zonen. Um Stereotype weiter zu verflüssigen, lenken Diversity-Managerinnen – aus ökonomischen wie gesellschaftlichen Gründen – die Aufmerksamkeit auf organisatorische Strukturen und Kulturen, die gewisse gesellschaftliche Gruppen systematisch diskriminieren. Erkennbar sind solche Benachteiligungen, wenn die Zusammensetzung der Belegschaft, gewisse Grösse vorausgesetzt, die Bevölkerung im Umland oder die Verhältnisse in der Branche oder bei Mitbewerbern nicht spiegelt und dafür keine einleuchtenden Erklärungen wie beispielsweise Ausbildungsvoraussetzungen beizubringen sind. Oder wenn die Verantwortlichen auf Geschäftsleitungsebene alle unter 40 sind, obschon der Kreis aller Mitarbeitenden sich zu 65 Prozent aus Männern über 52 zusammensetzt.

Derzeit stehen, angefeuert durch Fachkräftemangel und erschwerte Einwanderung, drei Personengruppen als unterschätzte, unter ihrem Potenzial Beschäftigte im Vordergrund:

- Frauen (mit Quoten für Spitzenpositionen und Postulaten wie Familienfreundlichkeit, *Eldercare*, vielfältigsten Arbeitszeitmodellen, Kinderbetreuung, Lohnungleichheit, einseitige Berufswahl usw.).

- Ältere Mitarbeitende, die an den Rand geschoben, stereotyp wahrgenommen, schlecht weitergebildet, suboptimal eingesetzt und ohne Entwicklungsperspektiven eingestuft werden.

- Zugewanderte Arbeitskräfte mit unterschiedlichen kulturellen Prägungen (Dutzende von Nationen mit entsprechender Sprache und Religion), deren Fähigkeiten und Fertigkeiten nur unzuverlässig einzuschätzen sind.

Systemische Zusammenhänge sind wichtig: Um die Erwerbschancen der Frauen zu stärken, hat das Diversity-Management auch Männer ohne Interesse an häuslicher Arbeitsteilung im Visier, die nur einen Teil des Berufsspektrums ins Auge fassen und als erfolgreiche Führungskräfte ihre persönlichen Muster wie eine generell gültige Norm handhaben.

Verschiedene Firmen mit erhöhter Sensibilität für gesellschaftliche Themen oder Verantwortung engagieren sich auch für Mitarbeitende mit «besonderen Bedürfnissen» aufgrund von Behinderungen oder chronischen Krankheiten, sie bauen ganz konkret

Arbeitsplätze um. Und sie schaffen Freiräume und Treffpunkte für verschiedene sexuelle Orientierungen.

Verfechterinnen von Diversität geht es um die Beseitigung leistungshemmender Barrieren und um schwellenlose Integration. Doch was genau meint der Begriff? Wer integriert? Muss sich jedes Individuum integrieren? Fällt die Aufgabe nur der Nicht-Mainstream-Seite zu oder meint Integration neue Bedingungen für alle? Ausgangspunkt sind ja Verhältnisse, die auf eine bedeutende Personengruppe und ihre Verhaltens- und Lebensmuster zugeschnitten sind. Also beispielsweise auf sportliche, heterosexuelle, weisshäutige Männer um 40, die sich recht frei von familiären Verpflichtungen ihre berufliche Laufbahn zimmern. Müssen sich Frauen, die auch beruflich reüssieren möchten, also möglichst ähnlich wie die massgeblichen Herren benehmen und auf eine eigene Familie verzichten? Oder sucht Diversity-Management nach organisatorischen und kulturellen Rahmenbedingungen, die Personen mit unterschiedlichen Voraussetzungen gleiche Entfaltung sichern?

Was verpassen Organisationen, die sich um Diversität nicht kümmern? Sie riskieren Vorwürfe oder Angriffe aus der Umwelt; Interessengruppen, Advocacy-Agenturen und humanistisch oder ethisch Engagierte sind wachsam und handlungsfähig. Geht es um Gruppen mit gesetzlichem Gleichstellungsschutz wie Frauen, ist mit gerichtlichen Klagen und Reputationsschaden zu rechnen. Liegt die systemische Einseitigkeit – ein stärkerer Begriff wäre Ungerechtigkeit – auf der Hand und ist sie via Facebook und Kununu wirksam verbreitet, sind skandalisierende Kampagnen nicht ausgeschlossen. Im schlimmeren Fall bröckelt die Rekrutierungsbasis für begehrte frische Kräfte und es werden Kunden vergrault. So schrecklich das tönt: Wichtiger scheinen mir die weniger offensichtlichen Risiken, die Wirkungen innerhalb der eigenen Mauern. Homogene Gruppen denken, handeln und innovieren – ohne dass es ihnen auffällt – mit einem begrenzten Set an Ideen und Mustern. Auch super kreative Gehirne sind in ihrer Produktion an ihre erworbenen Instrumente und Konzepte, vor allem aber an Kontexte und Milieus gebunden und dadurch beim Ideenliefern kanalisiert. Musterbrechern fehlt der Nährboden, wenn quere Vorstellungen im Alltag fehlen.

Wer Produkte oder Infrastruktur für eine alternde und kulturell immer heterogenere Gesellschaft verkaufen will, kann seine Güter nicht ohne Mitwirkung von Schwarzen und Gelben, Atheisten und Frommen, Silberfüchsinnen und Zwanzigjährigen austüfteln.

Zwischen Gerechtigkeit und ökonomischem Nutzen

Im Lauf der letzten 30 Jahre haben sich die Diversitätskonzepte gewandelt; die Fachleute fassen andere Ziele ins Auge, empfehlen andere Massnahmen und warnen vor anderen Risiken. Im Visier sind heute weniger bestimmte (diskriminierte) Personengruppen als die Verhältnisse und Regeln im Arbeitsalltag; diese Wende entspannt auch ein Stück weit den Kampf gegen Stereotypen. Aktuelle wissenschaftliche Konzepte zu Diversity lehnen sich gern an naturwissenschaftliche Modelle an, zum Beispiel an die These «In biology, a natural ecosystem needs diversity to thrive. In business, ditto». Oder an den empirisch belegten Befund, dass in Arbeitsumgebungen mit Personen unterschiedlicher Perspektiven, Herkünfte und Hintergründe der Stresspegel tiefer liegt als in homogenen Teams, wahrscheinlich weil man a priori mehr Achtsamkeit pflegt und sein Verhalten sensibler steuert.

In den 1980er-Jahren drehten sich Forderungen und Studien im Wesentlichen um den Begriff der Fairness (gerechte Teilhabe, gerechten Zugang zu Macht und Einfluss usw.) und um die Legitimität von Diskriminierungen. Die Schweiz erhielt 1981 einen Verfassungsartikel zur Gleichstellung von Mann und Frau und 1995 ein entsprechendes Gesetz; die Politik reagierte also auf veränderte Verhältnisse und öffentlichen Druck. 2002 folgte ein Behinderten-Gleichstellungsgesetz. Altersdiskriminierung dagegen ist (anders als in den Nachbarländern) nicht verboten. Käme es einzig auf Rechtsnormen an, wäre das Diversitätsproblem weitgehend gelöst. Doch die gesellschaftliche Realität wird langsam und von vielen und widersprüchlichen Kräften gestaltet.

Im Lauf der Jahre, mit wechselnden Fort- und Rückschritten und dem prägenden Trend zur Ökonomisierung des Alltags, bewegte sich das grundlegende Argumentationsmuster von menschenrechtlichem Idealismus weg hin zu pragmatisch/ökonomischen Nutzen- und Gewinn-Überlegungen. Arbeitgebende sollen wirtschaftlich vernünftig handeln und die verfügbaren menschlichen Potenziale ausschöpfen. Was sie offensichtlich noch nicht tun, wenn gut ausgewiesene, motivierte Fachkräfte ü55 vergeblich einen Job suchen und Frauen mit top Zeugnissen für obere Führungspositionen ausser Betracht fallen.

Betriebswirtschaftliche Untersuchungen der letzten Jahre belegen eindeutig, dass…

■ Praktiken, welche die Akzeptanz, Zufriedenheit und das Fortkommen bestimmter Personenkreise in einer Organisation beeinträchtigen, deren Leistungsfähigkeit reduzieren.

■ optimale Verhältnisse zwischen Homogenität und Heterogenität in sozialen Systemen die Problemlösungs- und Innovationsfähigkeit sowie die Chance steigern, dass anspruchsvolle Ziele erreicht werden.

Wirtschaftliche Überlegungen sprechen oft für soziale Vielfalt. Genau Beobachtenden ist aber klar, dass ökonomische Argumente und wissenschaftliche Belege nur dann Managemententscheide beeinflussen, wenn sie genehm und nicht im Widerstreit zu anderen Gesichtspunkten sind. Und homogene Teams (speziell auf Geschäftsleitungsebene) haben nun mal den Vorteil, dass die Beteiligten ähnlich ticken, Diskussionen schneller in Konsens münden und man sich in komplexen Bewährungssituationen oft wortlos versteht.

Auch die symbolische Bedeutung exponierter Funktionen relativiert das Diversitätspostulat: Unternehmungen legen in Medien und Öffentlichkeit Wert auf ein junges, dynamisches, sportliches Image. Sie lassen sich ungern durch Ältere, die mühsam aus der Limousine klettern, oder auffällig kleine Personen repräsentieren, ganz unabhängig von deren Kompetenz und Leistung. In einer Gesellschaft, die ihre patriarchale Tradition nur langsam verflüssigt, weisen Frauen selbst mit hohem Bildungsniveau einen Mangel an *social credentials*, an gesellschaftlicher Glaubwürdigkeit, auf. Man schreibt ihnen – vorbewusst – weniger Autorität, Überzeugungs- und Durchsetzungskraft und physische Kondition zu; in der Wirtschaft deutlicher als in der Politik. Bei den Älteren läuft der Prozess in umgekehrter Richtung; Anciennität verliert seit den 1970er-Jahren an Respekt. Dynamik, Zukunftsfähigkeit und Innovation prägen heute das Marketing erfolgreicher Unternehmen – kein Wunder, dass jugendliche Helden in dieser Umgebung mehr Glaubwürdigkeit und Vertrauen geniessen als Gestrige. Im Zuge rascher Veränderungen verliert Erfahrung ganz real schnell an Wert; dem Neuen wird fast automatisch unterstellt, dass er besser sei.

Wenn alles gut läuft, mischen sich vier Generationen ganz selbstverständlich in Grossraumbüros, Lehrerzimmern, Kantinen, Ateliers und Abteilungen. Doch wenn Monotonie statt Farbigkeit herrscht? Was können Organisationen tun? Umstritten sind kompensatorische Ansätze, also Dünger in die Schuhe der Zukurzgekommenen, weil sie Stereotypisierungen Vorschub leisten, von hilfebedürftigen Mängel-Wesen ausgehen und deshalb auch bei den Betroffenen selbst oft auf Ablehnung stossen. Sozusagen klassisch ist oder war ein dreistufiges Verfahren:

■ Identifizierung benachteiligter Gruppen,
■ Förderung/Bevorzugung solcher Gruppen im Sinn positiver Diskriminierung,

- Evaluation und Controlling von Veränderungen in der Personalstruktur.

Wirksamer sind Konzepte mit den zwei Stossrichtungen *Inclusion* und *Empowerment*. Zunächst geht es beim Einbeziehen und Einbinden um den Abbau von Hindernissen, konkret etwa um Anpassung der Arbeitsaufgaben und der -umgebung oder Sitzungszeiten an sich verändernde individuelle Bedürfnisse, andere Rekrutierungsmethoden, Jobrotationen, spezifische Weiterbildung, aber auch um Sprache und Kleidercode im Arbeitsalltag.

Diversitätssensible Unternehmen stärken (empowern) zum Beispiel Vernetzungen von erfahrenen Führungskräften oder von Mitarbeitenden mit chronischen Krankheiten und lassen sich von ihnen im Hinblick auf weiterführende Massnahmen beraten. Sie hieven Unterschätzte in besonders verantwortungsträchtige Aufgaben.

Erhöhung der Vielfalt bedeutet vorzugsweise: differenziert gestaltete Rahmenbedingungen, Wahlmöglichkeiten und organisatorische Agilität. Man ermutigt Selbstorganisation, leistet Artikulationshilfe für spezielle Bedürfnisse, schafft Raum für individuelle wie gruppenspezifische Wünsche und Stärken, ist bereit für Experimente und Pilotprojekte, richtet Plattformen für Austausch und Entscheidungsvorbereitung ein, finanziert Coaching und fordert zur Reflexion eingespielter Mechanismen (etwa bei Rekrutierung oder Beförderung) heraus. Voraussetzung dafür ist ein dichter und tabuarmer innerorganisatorischer Austausch zwischen Mitarbeitenden und Führung, bzw. HR-Expertinnen. Im Idealfall lässt sich im Unternehmen niemand finden, der aufgrund von Merkmalen benachteiligt ist, die er oder sie nicht verändern kann.

Stereotypisierungen

Wer Diskriminierungen reduzieren will, stösst auf das Problem gesellschaftlicher Stereotypisierung. Einerseits sind sie im sozialen

Leben unverzichtbar; sie geben Orientierung und helfen, rationell zu kommunizieren. Anderseits hindern sie uns daran, Individuen statt Gruppenzugehörigkeit wahrzunehmen. Zum Problem wachsen sich realitätsferne, tief verankerte, vorbewusste Vorstellungen aus. Etwa innere Bilder von Siebzigjährigen mit Rollator und ohne Ahnung von Skypen. Das mag sich auf den Grossvater mit Jahrgang 1915 beziehen. Heute Achtzigjährige sind körperlich und geistig im Durchschnitt so fit wie Siebzigjährige 1975.

Das Teuflische an Stereotypen ist, dass sie von den Betroffenen meist übernommen und damit bestätigt werden. Für sehr viele Frauen steht fest, dass sie von Natur aus mathematisch/naturwissenschaftlich weniger begabt sind als fürs Erlernen von Sprachen. Die neue Hirnforschung lässt dagegen keinen Zweifel, dass Männer und Frauen im Kopf nicht grundsätzlich, allenfalls graduell (und sozialisationsbedingt) verschieden funktionieren.

Personen lernen schnell in sozialen Konstellationen und übernehmen flink und oft unreflektiert die Rollenmuster, die in konkreten Zusammenhängen etabliert und erfolgreich sind. Angleichung ist das Resultat. Vielleicht erklärt sich damit die grosse Resonanz von Generationen-Etiketten wie beispielsweise die von den «Millennials». Die Unterschiede zwischen allen innerhalb einer Dekade Geborenen sind – bezogen auf Werte und Verhaltensmuster – grösser als diejenigen zwischen den Generationen X und Y. Es gibt neben dem PC im Kinderzimmer eine Reihe wichtiger Einflussfaktoren, denken wir nur an soziale Schichtunterschiede, Nachbarschaften, familiäre Brüche oder gesundheitliche Krisen.

Befreiung von Stereotypen ist nicht generell, aber situativ (z. B. in Auswahlverfahren) möglich, zumindest zeitweise, und bezogen auf konkrete Personengruppen. Verflüssigung lässt sich als Folge wiederholter Dissonanzen zwischen Erwartungen und Erfahrungen beobachten. Im Internet stehen verschiedene Trainingsangebote zur Überwindung von *unconscious bias* zur Verfügung.

Verschiedene Bäche füllen den See

Ein paar Engagierte sind prima, doch erst im Zusammenspiel von Impulsen auf mehreren Organisationsebenen sind kulturelle Öffnung und Vielfalt im Alltag zu erwarten. Auf der *Makroebene* ist die Unternehmensführung gefordert, zur Bekräftigung «bunter» Unternehmensidentität passende Kernwerte (Leitbilder) zu formulieren im Stil von *United Colors of Benetton*. Sie deklariert die gültige Politik, vermarktet sie intern nach allen Regeln der Kunst und bestätigt sie variantenreich mit konkreten Aktionen. Die Chefetage muss den Nutzen von Vielfalt in Wort und Tat leben, entsprechende Geschichten erzählen, Rollenmodelle präsentieren und differentielle Personalpolitik etablieren.

Wäre ein Beispiel hilfreich? Ich wechsle zweimal, zunächst in die Politik und danach vom Alters- zum Frauenthema und blicke auf die roten und grünen Parteien. Sie haben sich früh programmatisch zur Gleichstellung der Geschlechter bekannt, Strategien verabschiedet, entsprechende Gesetzesänderungen in den parlamentarischen Betrieb geschleust und sich auf verbindliche Regeln für die Auswahl von Kandidatinnen und Kandidaten auf ihren Wahllisten verpflichtet. Die eigenen Gremien wurden bunt besetzt, die nahestehenden Medien rapportierten frauenfreundliche Vorkommnisse, und an profilierten männlichen Aspiranten vorbei wurden Regierungs- und Bundesrätinnen auf den Schild gehoben.

Auf der *Mikroebene*, in Teams, Projekten und Abteilungen von Unternehmen, sind parallel zu den Impulsen und Bekenntnissen auf der Makroebene massgeschneiderte, an aktuelle Erfahrungen anknüpfende Lernschritte zur Stabilisierung von Vielfalt anzustossen und unermüdlich zu bestätigen. Die aktivierende Personalpolitik eines Versicherungskonzerns, der für ein langes, selbstbestimmtes Leben eintritt und programmatisch alle Mitarbeitenden regelmässig zum Betreten neuer Aufgabenfelder ermutigt, dafür auch wirksame Instrumente bereitstellt, kommt erst zum Ziel, wenn Vorgesetzte und Schlüsselpersonen jeden Vorstoss von Mitarbeitenden in Neuland begrüssen und bei Vakanzen tatsächlich auch Grossväter und -mütter rekrutieren. Alltägliche Interaktionen, die soziale Umgebung formen Gedanken, Verhalten und Gefühle gegenüber Minderheiten. Fragen und Feedback in Routinemeetings, Verweise auf Vorbilder und Erfolgsgeschichten bewirken Veränderungen in der Vorstellungswelt; ohne Wachsamkeit und humorvolle persönliche Rückmeldungen bei Denkblockaden sind Rückfälle auf alte Muster wahrscheinlich. Fantasievolle, auf Austausch bedachte Führungsarbeit verkleinert die Lücke zwischen deklarierten Normen und gelebter Realität. Das Thematisieren von *Empowerment* und *Inclusion* eigen-artiger Personen (mit Piercings, Rollator, muslimischem Bart, Neigung zu Nacktwandern usw.) kann Stereotypen aufweichen. Unvergessen bleibt mir eine Diskussion über Krankenpfleger mit Tatoos; die Tatsache bunter Bilder auf den Armen zog einen Rattenschwanz von unhaltbaren Zuschreibungen (persönliche Hygiene, Seriosität, Vertrauenswürdigkeit, Sensibilität usw.) nach sich, die erst ins Wanken kamen, als jemand mit massiver Übertreibung einer Aussage Gelächter auslöste und allen die Augen öffnete.

Voraussetzung für nachhaltige Einstellungsveränderungen ist eine kritische Masse «Bekehrter» oder Überzeugungstäter im sozialen System, vielleicht rund einen Drittel gilt es zu gewinnen, danach kann das Diversitätsprinzip selbstverständlicher funktionieren – zumindest bis zum nächsten Umbruch in der Organisation.

Diversity-Impulse und -programme sind in Übereinstimmung mit kongruenten Rahmenbedingungen und passendem Geschäftsmodell Erfolg versprechend. Erst wenn tatsächlich Ü55 in bedeutenden Rollen im Haus eine Anstellung gefunden haben und die Kundschaft positiv reagiert, ziehen erfahrene Frauen auch eine Bewerbung um Führungsfunktionen in Betracht. Vorausgesetzt, der Web- und Werbeauftritt zeigt nicht nur Mitarbeitende um 30. Bilder und Sprache sind Mittel zur Konstruktion von Welt.

Während sich die bunte Mischung auf Teamebene nur sukzessive realisieren lässt, kann sie auf speziell etablierten Plattformen (vgl. Wiener Kaffeehaus) bestens funktionieren.

Zyklenorientierte Personalpolitik

Denkfiguren und Schemata im Kopf steuern Wahrnehmung und Denken; sie begrenzen oder inspirieren auch Zukunftsideen. Das Konzept vieler übereinander gelagerter Zyklen, in denen sich jede und jeder Erwerbstätige bewegt, wobei sich im Ganzen wie in Teams die Zyklen überschneiden und ergänzen, inspiriert mich trotz Schematisierung in seiner tänzerischen Art. Es macht sichtbar, dass Menschen sich auf verschiedenen Ebenen ständig in «Jahreszeiten» und Reifungsprozessen bewegen. Beruflicher Stillstand käme einer Frostperiode gleich. Von Erwerbsumgebungen ist Push und Pull für nächste Zyklen zu erwarten. Aufgabe der Personalverantwortlichen wie des Linienmanagements in Unternehmen ist es, zyklusgerecht zu planen und zu handeln, Mitarbeitende zu fordern und zu fördern.

Der biosoziale Zyklus dehnt sich im demografischen Wandel. Interessen und Motivationen verschieben sich im Lauf der Biografie, sie verblassen, verschwinden oder intensivieren sich; die Lebensdauer hängt von vitalen Ressourcen wie Gesundheit, sozialen Beziehungen, Lernfähigkeit und persönlichen Grundorientierungen ab. Der familiäre Zyklus ist häufig etappiert und in Lebensabschnitts-Partnerschaften gegliedert; das kleine soziale Netz überdauert bei der Hälfte der Bevölkerung keine Jahrzehnte. Die Zahl Alleinerziehender und Alleinlebender steigt; die Suche nach Lösungen im Spannungsfeld zwischen beruflichem Engagement und Betreuungsaufgaben für die vorhergehende wie die nachfolgende Generation bleibt ein Dauerbrenner. Der berufliche Zyklus ist ein Improvisationsprojekt, wie im Jazz werden Motive variiert, abschnittweise Neuorientierungen sind mehr und mehr die akzeptierte Norm. Substanzielle Weiterbildung und Rekreationszeit sind in jede Dekade des Lebenszyklus integriert. Dynamische wirtschaftliche Entwicklungen mit unterschiedlichen Arbeitsformen in wechselnden Vertragsverhältnissen und Aufgabenfeldern verkürzen die betrieblichen Zyklen, wobei sich vermutlich die Altersgruppen innerhalb dieser Zyklen munterer als heute mischen. Personen, die sich neu vertraglich an eine Organisation binden, werden unter künftigen Bedingungen hoher Mobilität zwischen 25 und 55 Jahre zählen und wahrscheinlich kürzer in ihren Funktionen weilen bzw. innerhalb von Funktionen ihre Arbeit immer wieder neu organisieren. Erwartbar sind und bleiben Dissonanzen zwischen familiärem und beruflichem Zyklus, vor allem bei weiblichen Erwerbstätigen. Paare mit je eigenen betrieblichen Zyklen und beruflichen Ambitionen brauchen Koordinationsglück und Kompromissfähigkeit.

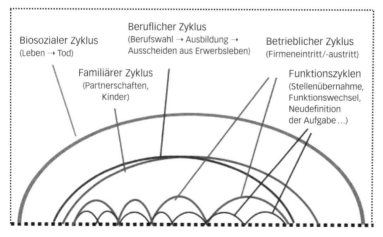

Biosozialer Zyklus
(Leben → Tod)

Beruflicher Zyklus
(Berufswahl → Ausbildung →
Ausscheiden aus Erwerbsleben)

Betrieblicher Zyklus
(Firmeneintritt/-austritt)

Familiärer Zyklus
(Partnerschaften,
Kinder)

Funktionszyklen
(Stellenübernahme,
Funktionswechsel,
Neudefinition
der Aufgabe ...)

Rahmenbedingungen
– Wirtschaftliche Trends, Umbrüche und Konjunkturen
– Gesellschaftspolitische Entwicklungen
– Demografie

Kooperation und Wissenstransfer

Noch nie in der Geschichte hatten Kinder Gelegenheit, sich so häufig und lange mit ihren Grosseltern oder gar Urgrosseltern auseinanderzusetzen. Dem demografischen Wandel sei Dank. Nachkriegseltern im 20. Jahrhundert suchten bei der Bewältigung des Generationenkonflikts Beratung; es flogen die Fetzen. Heutzutage ist man tolerant und befreundet, Papa trägt die Baseball-Cap mit dem Dächli im Nacken wie der Sohn. Innerhalb des Familiengefüges halten sich die Probleme in erträglichen Grenzen, fast alles ist zulässig. Im gesellschaftlichen Raum reiben sich die Generationen selten. Weil man sich in Distanz voneinander in unterschiedlichen Sphären und Szenen aufhält und bewegt. Die Segregation vertieft sich laufend; Subkulturen driften auseinander. Das Gemeinsame bei Sprache, Gewohnheiten, Medienkonsum, Interessen, Wohnstil, religiösen Praktiken, Treffpunkten hat in einem Fingerhut Platz. Unisex gewinnt an Terrain; Frauen finden es cool, wie Männer gestylt aufzutreten; Fünfzigjährige treiben Sport wie Jünglinge und feiern wie Konfirmanden. Nur umgekehrt haut es nicht (mehr) hin: Twens sehnen sich nicht im Geringsten danach, endlich richtig respektierte Männer zu werden. Und jüngere Chefs oder Chefinnen bevorzugen Gleichaltrige gegenüber Grufties im Team.

Weil fast keine relevanten Konfliktlinien zwischen den Generationen verlaufen, nicht einmal in der Rentendebatte, lässt sich Zusammenarbeit ziemlich gut organisieren. Auch wenn sich Menschen spontan eher homogen anziehen und zusammenfinden. Ausbildungsbetriebe sind fast immer gut altersdurchmischt und Unternehmen im Steady-going-Modus ersetzen Abgänge ganz selbstverständlich mit Generationenbewusstsein. Während Krisen, im Abbau und bei der Entwicklung neuer Geschäftsfelder sind andere Muster zu beobachten.

Ideal sind komplementäre Bedürfnisse in überschaubaren Zusammenhängen, zum Beispiel Jobsharing zwischen jungen Elternteilen und Ü60 oder einer Betreuerin alter Eltern, wenn die Arbeitsstandards übereinstimmen. Im Co-Working-Space lassen sich nicht nur Studienabgängerinnen, sondern auch Rentner zu neuen Projekten anregen; allerdings überwinden Ältere nicht ohne speziellen Grund oder Anreiz die Schwelle. Trainees und Praktikanten lösen ihre Orientierungsprobleme bestens in Gesellschaft von Mid-Career-Umsteigenden. Frisch Ausgebildete verfügen über den neuesten fachlichen Erkenntnisstand; Mittelalterliche wissen Bescheid über Märkte und Kunden. Arbeiten sie im Duett, können die Funken stieben.

Der Wunsch nach Wissenstransfer fasziniert. Man stellt sich gern vor, wie hübsche, nützliche Wissenspäckli von einer Hand in die andere wechseln, Impulse auslösen und bei dieser Transaktion nichts Wichtiges verloren geht. Dass sich zwischen ausgefuchsten und eher unbeleckten Fachleuten eine Art geschlossenes Übertragungssystem etablieren lässt.

Unterscheiden wir zunächst zwischen verschiedenen Arten von Wissen. Routine, Fingerfertigkeit oder rasche Situationsanalyse lassen sich nicht an Drittpersonen weitergeben. Übertragbar ist oder wäre am ehesten Handlungswissen, also «knowledge how to do». Technische und fachliche Zusammenhänge sind im Internet oft besser aufbereitet als im spontanen Gespräch. Probleme und Wirkungszusammenhänge im betrieblichen Kontext lassen sich leicht in direktem Austausch klären. Für Fakten und Zahlen gibt es Datenbanken; Abläufe und Projekte sind dokumentiert. Kundenkenntnis und Vernetzungen sind Gold wert, ihr Transfer aber aufwendig und alles andere als neutral.

In welchem organisatorischen Rahmen funktioniert Wissenstransfer generell und speziell zwischen den Generationen? Das Arrangement muss alle Beteiligten interessieren, wobei die Motivationen und Gewinne sich auf ganz verschiedenen Ebenen bewegen können. Es geht um Tausch – beispielweise IT-Fertigkeiten gegen Marktkenntnisse in Lateinamerika –, persönliche Begegnung, Beziehung und Resonanz. Auch im Mentoring-Format, wo sich zwei Personen zum Erreichen spezifischer Ziele unterstützen. Oder wo Arrivierte dem Nachwuchs Seil und Steigeisen in Form von Rat und Vitamin B fürs Klettern auf der Karriereleiter leihen und im Gegenzug Anschluss ans Denken und die Weltsicht der nachrückenden Generation erhalten.

Doch bei naher Betrachtung sind die Barrieren für den Wissenstransfer ziemlich hoch. In wettbewerbsintensiven Umgebungen, wo jede gegen jeden um Punkte oder Boni rangelt, hütet man seinen Wissensvorsprung. Verunsicherte Mitarbeitende, die um ihren Job bangen, und Dauergestresste sind in der Defensive und geben Wissen tendenziell persönlich taktisch, nicht im Unternehmensinteresse weiter. Und längst nicht immer wird offeriertes Wissen verstanden und tatsächlich genutzt.

In der Bilderbuchwelt lassen sich Erfahrene von Jüngeren helfen und umgekehrt. Spontan wendet man sich in jedem Alter aber zuerst an den vertrauten Spezi. Da gibt man sich keine Blösse. Interessant und inspirierend erlebe ich Wissenstransfer in strukturierten Situationen. Einerseits bei der Übergabe von Aufgaben und Funktionen mit dem Anspruch, Lücken im Informationsfluss zu vermeiden. Andererseits in Vernetzungsveranstaltungen mit dem Reiz, dass unerwartete und persönlich relevante Informationen fliessen (vgl. Konzept «Wiener Kaffeehaus»).

Altersdurchmischte Teams

Als Faustregel haben wir gelernt: Durchmischung führt zu besseren Ergebnissen. Stimmt das wirklich? Und falls ja: Welche Mischungsverhältnisse sind unter welchen Bedingungen ein Erfolgsrezept?

Teams werden nur in neuen Projekten oder bei Umstrukturierungen auf dem Reissbrett konstruiert, sie ergeben sich über die Zeitachse hinweg durch Zu- und Abgänge. Bei Ersatzbesetzungen spielen Überlegungen zum optimalen Kompetenzgefüge eine massgebliche Rolle – also Fachliches, EDV-Affinität, Vertrautheit mit bestimmten Problemen oder Marktsituationen sowie jobrelevante Vernetzung. Temperament und Typ, Alter und Geschlecht sind eher zweitrangige Auswahlfilter. Eine ausgeglichene, unauffällige Mischung persönlicher Merkmale und Erfahrungen verheisst ein breites Reservoir an Werkzeugen für Problemlösung, Bewertungen und Zukunftsideen. Treffen im Team polarisierte Subgruppen von Jung und Alt, Einheimisch und Fremd oder Männern und Frauen ohne vermittelnde oder glättende Figuren in der Mitte aufeinander, aktualisieren sich Spannungen und Konflikte vorzugsweise entlang der sozialen Merkmale.

Für die 17 Lastwagenfahrer eines Spediteurs und deren Wertschöpfung spielt es keine Rolle, ob alle männlich und zwischen 30 und 40 Jahren alt sind. Homogene Teams sind innerhalb klar strukturierter Abläufe ohne Handlungsspielraum sogar im Vorteil, weil diskussionslose Verständigung den Alltag erleichtert. Und selbstverständlich in Tätigkeiten mit eng definierten Voraussetzungen wie Spitzensport oder Mode-Modelling. Ein interessanter Spezialfall sind Führungsteams mit hoher öffentlicher Exposition. Sie tendieren zu Homogenität, um Kohärenz zu gewährleisten und den Diskussionsbedarf für Konsensbeschlüsse kleinzuhalten. Das ist im Hinblick auf Innovation und Risikokontrolle in der Organisation kaum von Vorteil. Machen Eingriffe da Sinn? Beobachtungen belegen, dass gutes Funktionieren im Alltag aufgrund von Homogenität immer wieder höher gewichtet wird – wobei dann ein abweichend denkender Verwaltungsrat für ein gutes Mass an kritischer Herausforderung und Komplementarität zu sorgen hat.

Diversität, und das ist ihr Reiz und ihr Pluspunkt, bedeutet Aufwand zur Bewertung alternativer Sichtweisen und zur Koordination. Und der lohnt sich weniger häufig, als die Rhetorik suggeriert, weil in vielen Jobs Vollzug, Regelkonformität und Verlässlichkeit angesagt sind, nicht Kreativität. Heterogene Teamzusammensetzung einzufordern und zu realisieren, ist bei Innovation von Produkten, Erschliessung unvertrauter Geschäftsfelder, Formulierung ergiebiger Forschungsfragen oder Dienstleistungsdesign für eine gemischte Klientel gerechtfertigt und lohnend. Erfolgreich funktionieren bunte Teams in strategischen Projekten und kreativen Prozessen; meist sind unterschiedliche Spezialisten gefragt, sodass transdisziplinäre Diversität die Zugehörigkeit zu Altersgruppen überlagert.

Erfahrungen und Studien belegen, dass in Teams eine Vielzahl von Faktoren hohe Produktivität erklärt; Alter oder Geschlecht sind nur zwei davon und oft nicht die ausschlaggebenden. Von Krankenpflegeteams, in denen auch körperliche Belastbarkeit eine Rolle spielt, ist zu lernen: Je höher der Arbeitsdruck, desto grösser der Wunsch nach Homogenität, denn sie reduziert Komplexität für Berufsneulinge wie für Ü50. Damit Unbehagen und Spannungen nicht an nur äusserlichen Unterschieden zwischen Personen (wie Alter) festgemacht werden («Hätten wir die langsamen Älteren nicht im Pflegeteam, wären wir viel effizienter»), gibt es ein probates Rezept: Reduktion des herrschenden Drucks an der Quelle. Damit verblasst die Sehnsucht nach Personen, die ähnlich ticken und auf die man sozusagen wortlos bauen kann.

Aus unternehmenspolitischen Gründen hergestellte Diversität bewährt sich, wie gesagt, bei einer interdisziplinär zu lösenden, wenig strukturierten Fragestellung und in einem längeren Zeithorizont. Wenn Sozialtechnik, dann aber sorgfältig und mit klaren Differenzierungsmerkmalen für die Mitglieder. Nicht jede beteiligte Person braucht das Etikett zu kennen, das ihrer Wahl oder Ernennung zugrunde lag, weil flugs übernommene Stereotype das Verhaltensrepertoire in störender Weise einschränken können. Komposition ist das eine, Unterhaltsarbeiten das andere, damit das soziale Gebilde gut über die Runden kommt. Verantwortliche in bunt gemischten Teams kümmern sich nachhaltig um Feedback zwischen den Mitgliedern, Evaluation des Funktionierens und gemeinsame Reflexion der Zusammenarbeit und sie brechen aufkommenden Konflikten rechtzeitig die Spitze. Es ist ein bisschen wie mit Autos: Regelmässiger Service garantiert Pannenfreiheit und Langzeittauglichkeit.

Wiener Kaffeehaus

Ein praktisches Konzept, um Vernetzung und Erfahrungsaustausch zwischen Generationen und Unternehmenseinheiten anzustossen, ist das Wiener Kaffeehaus. Grundgedanke ist, dass intergenerationell bedeutsames Wissen (also nicht via Internet abrufbare Fakten und Theorien) vor allem «Umgang mit» umfasst, also Herangehensweisen, Einschätzungen, Zusammenhänge, Personenkonstellationen, Ressourcen, Hintergrund usw. Nützliches Kontext- und Orientierungswissen ist meist standortgebunden und auf persönlichen Austausch angewiesen. Darüber hinaus wird Raum geschaffen für nicht bloss auf ein Ziel ausgerichtete Kooperation, sondern für die Begegnung unterschiedlicher Individuen mit ihren Lebensgeschichten, was erst völlig überraschende Ergebnisse ermöglicht.

Das Kaffeehaus-Konzept führt unterschiedliche Mitglieder einer Organisation zu halbstrukturierten Gesprächen zusammen; nach dem Einstieg entscheiden die Beteiligten selbst über Dauer und spätere Weiterführung des Austausches. Eingeladen wird zu aktuellen und grossräumigen (nicht engführenden) Themen wie Innovation, Arbeitszufriedenheit, Digitalisierung, Diversität, Stress usw.

Erster Schritt: Bildung von Duos

Jüngere (zum Beispiel U30) und ältere (zum Beispiel Ü50) Interessierte versammeln sich zum vereinbarten Zeitpunkt für maximal zwei Stunden und finden sich mithilfe pfiffiger Moderationsideen zu Dialog-Duos. Sie haben sich ein paar Informationen zu Person, beruflichem Weg, Position und einen plakativen Satz zum Thema des Anlasses auf den Rücken geheftet. Die Kriterien fürs Matching variieren und so soll es sein: Geschlecht, Tätigkeit, Äusseres, der Job im selben oder einem ferneren Bereich und verdeckte Absichten dürfen bei der Wahl eine Rolle spielen. Intuition ist prima, um sich auf ein Begegnungsexperiment einzulassen.

Zweiter Schritt: Spielregeln und erster Austausch

Natürlich kann das Duo sofort loslegen und als Eisbrecher die plakativen Sätze auf dem Rücken benutzen. Einen Zeitrahmen zu fixieren und ein paar Spielregeln zu vereinbaren, z. B. Vertraulichkeit, Bedingungen eines Gesprächsabbruchs, Tabuthemen, Anrede (Du/Sie) usw. ist nie falsch.

Dritter Schritt: Einander Fragen stellen

Um den Horizont zu öffnen und eine relevante Ebene zu betreten, empfiehlt sich ein strukturierter Einstieg mit vorformulierten Fragen, etwa:

- Als Sie Ihre Ausbildung antraten: Wie stellten Sie sich Ihren späteren beruflichen Weg vor? Und was erwarteten Sie am ersten Tag Ihrer Tätigkeit in diesem Haus?
- Wer und was haben Sie bei wichtigen Weichenstellungen beeinflusst?
- Wann und wie merken Sie, dass Sie im richtigen Job gelandet sind? Oder woran merken Sie, dass Sie noch nicht den passenden Job ausüben?
- Schildern Sie mir zwei Situationen, in denen Sie sich sehr kompetent erlebt haben?

- Welche Ihrer Überzeugungen teilt sicher niemand in dieser Firma mit Ihnen?
- Auf welche Konfliktlösung sind Sie stolz? Wie war das Vorgehen?
- Nun reden wir schon ein Weilchen: Wenn Sie mich genauer ins Visier nehmen: Was denken Sie, macht mich erfolgreich? Und was hindert mich gelegentlich, erfolgreicher zu sein?
- Wie könnte ich für Sie nützlich sein?
- Was war an diesem Austausch für Sie interessant? Was nicht?
- Unter welchen Bedingungen möchten Sie das Gespräch fortsetzen?

Der Fragenkatalog dient als Leitplanke; wichtig sind natürlich das Thema des Anlasses und der freie Dialog. Beide Personen stellen dieselben Fragen, der Einstieg ist persönlich, um Verbindlichkeit und Platz für Überraschungen und Gedanken zu schaffen, die man ohne den Veranstaltungsrahmen nicht gewagt oder gefunden hätte.

Vierter Schritt:
Bilanzieren, weitermachen oder stoppen

Vor dem vereinbarten Schluss riskiert das Duo eine Bilanz und formuliert gemeinsam Erkenntnisse oder Resultate zum Thema, die auch Dritten ein Licht aufstecken können; sie werden von den Organisatoren im Intranet veröffentlicht. Es folgen Verabschiedung oder die Vereinbarung einer Fortsetzung. Vielleicht wird beim nächsten Matching-Meeting ein neuer Dialogpartner oder eine neue Dialogpartnerin gesucht.

Fünfter Schritt: Nutzen identifizieren

Aus kurzer zeitlicher Distanz, vielleicht nach drei Tagen, starten die Organisatoren eine Online-Befragung zu den Wirkungen. Dimensionen sind kreative Impulse, Systemkenntnis, Einblick in den internen Arbeitsmarkt, Selbstreflexion, Erleuchtung, Personenkenntnis, Vernetzung in der arbeitsteiligen Organisation, Erkenntnisfortschritte im gesetzten Thema usw.

Gespräche moderieren und steuern, Dissens aushalten, Aussagen aus einem zugeknöpften Menschen locken oder jemanden zu bremsen, der zu viel Fahrt aufgenommen hat, mit Argumenten überzeugen, andere Standpunkte verstehen, eigene Überlegungen auf die Probe stellen… All dies kann man in solchen Kaffeehaus-Dialogen lernen und üben.

Selbstbilder und Selbstmanagement

Alles Kopfsache! Alter entsteht im Kopf. Wir altern so, wie wir es von uns erwarten. Und diese Erwartungen sind immer noch stark von tradierten Bildern geprägt und von der kindlichen Wahrnehmung der Grosseltern. So gehen wir ohne viel nachzudenken von vergleichbarer Tanzlust, Kreativität oder ähnlich gelagertem Lebenshunger aus. Doch solche Bilder entsprechen nicht mehr der Realität, haben sich in Vor- und Fehlurteile gewandelt und bedürfen der Korrektur. Veränderte Lebensumstände und -gewohnheiten (z. B. verschleissärmere Erwerbsarbeit, andere Ernährung) und medizinischer Fortschritt (Infektionskrankheiten enden kaum mehr tödlich; Herz-Kreislaufschwäche lässt sich kompensieren usw.) lassen die Lebenserwartung insgesamt deutlich steigen.

Ü50 heisst nicht automatisch «erfahren»; wer in diesem Alter Schwyzerörgeli spielen lernt, ist Anfängerin. 25 bedeutet genauso gewiss «körperlich kräftig». Ein Abbau der geistigen Fähigkeiten im Alter ist kein Automatismus, doch ohne Training stellt er sich ein. Nachweislich gibt es – Untersuchungen bei eineiigen Zwillingen belegen es –, einen genetischen Einfluss auf die Dichte der grauen Hirnsubstanz, also die neuronale Verkabelung, doch ist diese für die Leistungsfähigkeit nicht relevant. Das Gehirn ist plastisch angelegt, entwicklungsfähig und lebenslang wandelbar. Sein Potenzial und seine Reserven würden dem Individuum grundsätzlich erlauben, 5000 Sprachen zu lernen.

Aktuelle wissenschaftliche Studien gehen von der Grundannahme aus, dass jedes Alter seinen Wert, seine Unannehmlichkeiten und seine Chancen hat. Festgezurrte Kategorien wie Alter, Nation oder Geschlecht werden mit gutem Grund hinterfragt und relativiert, weil sie (zu) oft den klaren Blick auf individuelle Beiträge in Gesellschaft und Arbeitswelt verstellen. Wenn wir die Vielfalt von Perspektiven, Kenntnissen und Identitäten präziser abholen und Stereotype beiseiteschieben, stärken wir gesellschaftliche Leistungsfähigkeit und innovative Entwicklungen im Ganzen.

Man unterscheidet das biologische Alter, das Erfahrungsalter, das soziale Alter und das gefühlte Alter von Gruppen und Personen und kann die Zugehörigkeiten einer Person zu diesen Kategorien mittels Tests auch genau erfassen. Barocke Darstellungen vom zunächst aufsteigenden, blütenbesteckten Lebensbogen (bis ca. 40) mit anschliessendem Abstieg zu gebrechlicher Hinfälligkeit erweisen sich als sozialgeschichtliche Konstrukte einer bestimmten Epoche. Noch vor 100 Jahren musste ein Staatsmann reife Weisheit ausstrahlen und der Grossmutter mit Haarknoten im Nacken traute man unbesehen spezielle Erziehungskompetenz zu. In unseren Breitengraden wendeten sich die Konzepte von Reiferen erst in den letzten rund 50 Jahren ins Negative, parallel zur Kritik am Patriarchat, mit der deutlichen Sexualisierung des Frauenbildes und der Stabilisierung einer radikalen Idealisierung von Jugend. Weil gesellschaftliche Stereotype von den Betroffenen mehrheitlich übernommen werden, prägen sie negative Selbstbilder der Personen ü50, die ihre Ambitionen freiwillig mit welchen Gründen auch immer reduzieren, sich weniger zutrauen oder sich schrittweise in ihr Gärtchen zurückziehen. Empirische Studien zeigen erstaunliche Unterschiede zwischen Individuen jeder Alterskohorte, beispielsweise der Siebzigjährigen. Wie sind diese zu erklären?

Das episodische Gedächtnis umfasst, wer was wann wo mit wem gemacht hat. Hier ist die Streuung der Kapazität besonders krass. Eine Längsschnittstudie aus Seattle, USA, zeigt, dass rund zwei Drittel der über 70-Jährigen stabile Gedächtnisleistungen aufweisen oder gar noch dazugewinnen, während bei einem Drittel geringe bis substanzielle Verschlechterungen eintreten. Eine vergleichende Gedächtnisstudie in den USA und in China brachte frappante Unterschiede ans Licht. Die Ergebnisse bei älteren Chinesen fielen massiv besser aus. Warum? Ältere Menschen werden dort (wie in anderen asiatischen Ländern) sehr wertgeschätzt, sie geniessen einen hohen Status und bleiben sozial und erwerbsmässig solid integriert. Kulturell vermittelte Selbst- und Fremdbilder sowie reale Herausforderungen definieren, so müssen wir folgern, den Alterungsprozess massgeblich mit.

Gute Voraussetzungen für Erhaltung und Nutzung des Stirnhirns (Frontalkortex), in dem die spezifisch humanen Steuerungs- und Planungsfunktionen sitzen, schafft die Aktivierung des limbischen Systems, das für emotionale Vorgänge zuständig ist. Das geschieht zum Beispiel beim Anhören der Lieblingsmusik, welche die Nackenhaare aufstellt und zum Tanzen verführt – oder noch effektiver: beim Spielen geliebter Stücke mit dem eigenen Instrument. Emotionen haben erheblichen Einfluss auf kognitive Leistungen, Motivation ist hoch emotional und sehr häufig in der sozialen Umgebung verankert. Resultatunterschiede in Lern- und Gedächtnisaufgaben werden denn auch oft mit affektiver Beteiligung begründet. Der aktivierte Frontalkortex kann – Engagement macht's möglich – Personen vor Bequemlichkeit retten; er hilft aber auch bei der Abwehr wenig produktiver Verführungen, weil er Fokussierung unterstützt und Ablenkung ausfiltert.

Stehen von aussen, vom Hauseigentümer oder vom Arbeitgeber eingeleitete Veränderungen oder unerwünschte Weichenstellungen an oder öffnen sich Möglichkeiten zu einem substanziellen Wechsel, erleben wir immer wieder Reifere, die sich wehren oder zumindest Desinteresse signalisieren. E-Banking oder ein Arbeitsplatztausch zum Beispiel werden mit stichhaltigen Argumenten schwungvoll abgewertet. Es lohnt sich, solche Willensäusserungen nicht sofort für bare Münze zu nehmen und Zwängerei zu befürchten, sondern sorgsam hinter die Fassade zu gucken oder Überzeugungsarbeit zu leisten. Ablehnung von Neuem, von Lernschritten oder ein Mangel an Interesse können maskieren, dass sich Männer und Frauen Schritte ins Unbekannte nicht zutrauen, Blossstellung von Schwächen befürchten oder ein Risiko meiden. Der Typus des Misserfolg-Vermeiders lässt sich entweder auf ganz einfache oder enorm schwierige Aufgaben ein, Letzteres häufig, um den Unsinn gewisser Ansprüche zu beweisen. Erfolgsmotivierte – mit entsprechenden Vorerfahrungen – drängen vorwärts und lassen sich einiges einfallen, um die Wahrscheinlichkeit guten Gelingens zu steigern. Sie suchen Bestätigung in Problemstellungen selbst bei tiefer Erfolgsaussicht. Ihr Selbstverständnis und positive Erfahrungen von damals treiben sie an und auch weiter, wenn sie mal auf die Nase fallen.

Wie in der Schulzeit erfahren Menschen auch im Arbeitsalltag häufig Ablöscher und Demotivation. Auf Fehler gibt's meist sofort eine Rückmeldung, auch mit Beschämung verbunden. Gute Arbeit wird selbstverständlich erwartet und nicht speziell kommentiert. Erfolge werden nicht selten abserviert und Vorgesetzten oder raumgreifenden Selbstdarstellern zugeschrieben. Mangel an Wertschätzung und Anerkennung gehört zu den häufigst geäusserten Klagen von Arbeitskräften. Materielle Belohnungen, kleine Lohnerhöhungen oder Leistungslohnanteile wirken nicht nachhaltig. Sie freuen im Moment und sind kurz danach als selbstverständlich abgehakt. Selbst beachtliche Bonuszahlungen werden im Normalfall als Bestandteil des Geben-und-Nehmen-Pakets wahrgenommen, engen die Aufmerksamkeit auf Bonusrelevantes ein und wirken keineswegs als Energieschub für generelles Engagement. Im Lauf der beruflichen Jahre sinkt die Beförderungswahrscheinlichkeit, ohnehin verflachen Unternehmen ihre Hierarchien. Man bewegt sich horizontal auf verwandten Tätigkeitsstufen, da müssen Antrieb und Interesse schon solid im Persönlichen oder Zwischenmenschlichen verankert sein, etwa vom Durst nach Selbstwirksamkeit gezogen, damit der Weg zur Arbeit tagtäglich mit positiver Spannung beschritten wird.

Das persönliche Profil, Interessen und Erfolgsvorstellungen verändern sich im Lauf der Biografie. Als Jugendliche stehen wir unter starken Einflüssen seitens Familie, Lehrpersonen und Gleichaltrigen. Eltern delegieren eigene unrealisierte Berufswünsche zwecks Erfüllung an ihren Nachwuchs. Erst allmählich lernen wir sowohl die wirkliche Welt als auch unsere eigentlichen Stärken kennen, haben verlockende Möglichkeiten erprobt und ad acta gelegt oder bewiesen, dass die Zweifel gewisser Referenzpersonen zu Unrecht bestanden. Als Metapher könnte gelten: Wir starten als junge Erwachsene tanzend an den Fäden, die andere ziehen, und bewegen uns zu von Dritten komponierter Musik. Allmählich kappen wir Verbindungen, fassen die Fäden mit den eigenen Händen und tanzen eigenwillig zu Melodien, die wir selbst erfunden haben. Dieser Prozess ist vielleicht mit 40 (als Richtgrösse) abgeschlossen; dann kennen wir die Person einigermassen, die «ich» sagt mit unserer eigenen Stimme. Nicht selten hat dieser Individuationsvorgang den Wunsch zur Konsequenz, nochmals grundsätzlich neu zu wählen.

Bei aller Unterschiedlichkeit der individuellen Muster lassen sich über die Lebensspanne hinweg generell wechselnde Grundorientierungen (und damit Motivationen) beobachten, die Veränderungen im beruflichen Aufgabenfeld nahelegen. Es zeigen sich im jungen Erwachsenenalter eine starke Ausprägung generalistischer Interessen und Fähigkeiten. Man möchte die Welt verstehen und zur Verbesserung der Conditio Humana beitragen. In der Mitte des Lebens erfolgt eine Verschiebung auf Spezialistisches (Differenzierung, Vertiefung) nach dem Motto: Lieber etwas richtig als vieles halbpatzig. Im jungen und späteren Alter zeichnet sich eine neue Wende in Richtung generalistischer Orientierung (Ent-Differenzierung, Integration) ab; gesucht wird ein Standort, der verschiedene Erfahrungsfelder zusammen sehen und bearbeiten lässt.

Kontrollgewissheit nährt Appetit auf Wandel

Die an der Columbia-Universität in New York forschende deutsche Psychologin Ursula Staudinger bestätigt, wie noch um 1995 die Auffassung dominierte, dass Menschen mit ca. 30 Jahren ihren Charakter ausgeprägt haben und dann in einen Zustand von Verhaltenskonstanz einbiegen. Diese Vorstellung hat sich gründlich geändert; Beobachtungen und Messungen über Jahre hinweg, zum Teil mit speziell entwickelten Tests, belegen ein immenses Veränderungspotenzial des menschlichen Wesens – kognitiv wie emotional. Vielleicht erklärt sich daraus erst die erstaunliche Überlebensfähigkeit der Menschen auf dem Planeten Erde über Jahrhunderte hinweg, trotz Kriegen und Umwälzungen. Tiefgreifende Veränderungen bei Personen jenseits der Lebensmitte wurden früher – als tragische Ausnahmen – auf Krisen und Katastrophen der Betroffenen, zum Beispiel auf Partnerverluste, Unfälle oder bedrohliche Krankheiten, zurückgeführt. Diese Sonderfälle reichten aber nicht aus, die verbreitete Annahme unausweichlicher genetischer Prägung nachhaltig zu erschüttern. Heute schätzt die Wissenschaft den Einfluss der ererbten Biologie als ungefähr gleich gross ein wie die Wirkkräfte der – vor allem sozialen – Umwelt.

Bezugsrahmen für die Messung der persönlichen Plastizität sind in der aktuellen Diskussion oft die sog. *Big Five*, also die wissenschaftlich solid definierten Persönlichkeitszüge Umgänglichkeit, Zuverlässigkeit, emotionale Stabilität, Extraversion und Offenheit für Erfahrungen. Unabhängig von kulturellen und sozialen Grenzen zeigt sich über die Lebensspanne hinweg bei den Menschen eine Zunahme von Zuverlässigkeit, Umgänglichkeit und emotionaler Stabilität. Ganz einfach, weil diese Eigenschaften in sozialen Gemeinschaften, privaten und beruflichen, entsprechend eingefordert, geübt und bestärkt werden. Die Integration in soziale Umwelten wirkt sich also ohne spezielle Anstrengung der Person für manche Merkmale positiv aus. Oder negativ, wie bei der «Offenheit für neue Erfahrungen», die in unseren Breitengraden ab rund 40 Jahren abnimmt. Zunächst erklärte die Psychologie dieses Phänomen mit dem Konzept eines persönlichen Fassungsvermögens und mit Erfahrungssattheit. Nach dem Motto: Ist das Weltbild einigermassen gut ausstaffiert, richtet sich der Mensch – erschöpft – darin ein und kann die Thematik ein für alle Mal ad acta legen.

Psychologen um Ursula Staudinger gingen diesem biografischen Konzept in umfassend angelegten Experimenten auf den Grund und bewiesen, dass sich die Offenheit für neue Erfahrungen, die Haltungen und Weltbilder umkrempeln, auch bei Personen jenseits von 40 wieder deutlich steigern lässt. Die Mid-Career-Personen fangen Feuer für unbekannte Aufgaben, wollen ihnen gewachsen sein und entwickeln entsprechende Kompetenzen. Vor allem, wenn sie überzeugt sind, gewissermassen autonom zu entscheiden und die Situation im Griff zu haben. Solche Studien revolutionieren alte Glaubenssätze und ermutigen alle, sich der Dynamik eines längeren Lebens mit bedeutsamen Umbrüchen zu stellen.

Bereits mit 40 den Abschluss der persönlichen Entwicklung zu erwarten, ist eine veraltete Haltung. Sie passte perfekt in frühere Jahrhunderte. Nach den Wechseljahren hatten die Frauen zum Beispiel nichts mehr vom Leben zu erwarten. Die jüngere Geschichte hat uns in veränderte Umwelten transferiert, die neue Verhaltensmuster provozieren, erfordern und stützen. Wir nehmen die Einladung oder Herausforderung zu weiteren Häutungen oder zu Identitätskorrekturen an unter der Voraussetzung von persönlichen Interpretations- und Wahlmöglichkeiten und dem Eindruck internaler Kontrolle auch unter Bedingungen technischer oder äusserer Sachzwänge. Zwei psychische Vorgänge sind fürs Gelingen zentral: sich Gegebenheiten zu eigen machen bzw. Aneignung neuer Realitäten sowie Identifikation mit Künftigem, bzw. positive Bewertung von Kommendem. Im Persönlichen wie im Leben von Organisationen führen diese beiden Bewältigungsschritte zur Revision von Welt- und Selbstbildern. Erkenntnisse wie die von Ursula Staudinger finden erst ansatzweise Niederschlag in Methoden und Techniken von betrieblicher Reorganisation und Change-Projekten. Der Schlüssel zur Freisetzung organisatorischen Entwicklungspotenzials ist die Vermittlung internaler Kontrollgewissheit.

Wege zu Wohlbefinden und Weisheit

Personen können eine veränderungsfreundliche Sichtweise durchaus trainieren, ohne in anstrengende Change-und-Chancen-Euphorie zu kippen, indem sie mit eingeschliffenen Mustern brechen. Ausgangspunkt ist Nachdenken und eine kritische Sichtung alltäglicher Abläufe; im stillen Kämmerlein, beim Tagebuchschreiben oder im Austausch mit wohlwollenden Menschen. Konsequenz daraus kann eine Verschiebung der Aufmerksamkeit sein. Während eines Tages konzentriert sich Frau W. beispielsweise auf alle selbst getroffenen Entscheidungen mit Auswirkungen auf Dritte, etwa die Wahl des Restaurants fürs Mittagessen oder den Zeitpunkt für eine kurze Besprechung. Sie erinnert weniger und immer seltener Situationen, in denen sie sich in einer Opferrolle erlebte. Sie sieht Grautöne zwischen Schwarz und Weiss. Gegen Routine, die langsam einen Gefängnischarakter angenommen hat, wirkt das Auf-den-Kopf-stellen von Gewohnheiten, etwa das Auto in der Garage ruhen lassen und mit dem Velo ausfliegen. Tanzen statt joggen. Als soziale Wesen nutzen Menschen ihr Offenheits- und Veränderungspotenzial am wirksamsten, indem sie Referenzgruppen und -personen wechseln. Neue Partner, andere Klubs, Wohnortwechsel, eine Weiterbildung oder Engagement in Freiwilligenarbeit usw. wirken oft wie ein Jungbrunnen.

Die Persönlichkeitspsychologie typisiert (mit allen Fragwürdigkeiten solcher Modellierung) zwei positive biografische Entwicklungswege: den des Wohlbefindens und den der Weisheit. Beide haben ihren Wert und bescheren glückliche Momente. Individuen wechseln gelegentlich zwischen den beiden, viele zeigen durch Tun und Lassen eine Präferenz. Meist bewegen wir uns auf dem Wohlbefindensweg, achten darauf, Unliebsamem auszuweichen, unser Wohlbefinden und das der uns Nächsten zu hegen, erfreuliche Anlässe zu organisieren, Gesundheit und Genuss zu balancieren und uns aus Belastungen zurückzuziehen. Standardspruch dazu: «Das muss ich mir nicht mehr antun.» Häufig führt die Orientierung an dem, was uns guttut, zum Festhalten am Erreichten und zum Verzicht auf risikobehaftete Abstecher. Der Weisheitsweg ist definiert durch seine Orientierung an übergeordneten Zielen. Wer ihn über längere oder kürzere Strecken wählt, versucht «das Ganze» zu verstehen, ist humanen, politischen (im linken und rechten Spektrum) oder idealistischen Konzepten verpflichtet und bestrebt, etwas zum Wohl anderer Gruppen oder der Gemeinschaft, vielleicht auch für die Zukunft, zu unternehmen. Dafür nimmt Frau oder Mann Unannehmlichkeiten, Konflikte, neue Situationen, Ungewissheiten und Risiken auf sich. Und wird oft mit auch überraschenden Entwicklungschancen belohnt, was das Spurhalten auf dem Weisheitsweg bestärkt. Warum wer welchen Weg bevorzugt, weiss die Wissenschaft (noch) nicht. Kritische Lebensereignisse, die Sinn- und Orientierungsfragen aufwerfen und kein Ausweichen vor grundsätzlichem Nachdenken erlauben, scheinen von hoher Bedeutung. Sozialisation in Umgebungen mit religiösem, politischem und gesellschaftlichem Engagement sowie anhaltender Austausch mit entsprechenden Referenzgruppen stärken idealistische Haltungen und Verhaltensmuster (bei wechselnden Inhalten) über Jahrzehnte und bis ins hohe Alter hinein.

Neurobiologische, kulturelle, soziale, pädagogische und praktische Erfahrungseinflüsse treiben persönliche Entwicklungen voran. Während des ganzen biografischen Weges werden die intellektuellen und affektiven Fähigkeiten umorganisiert; auch jenseits von 70 können im Hirn neue Schwerpunkte aufgebaut werden (gut messbar z. B. als Folge intensiver Nutzung der linken statt der rechten Hand nach einer Verletzung). Speziell wenn es um kluge Gelassenheit geht, also die Expertise bezüglich Lebensbedingungen und Lebensführung, ist ein anhaltend hohes Funktionsniveau bis ins neunte Lebensjahrzehnt hinein nachweisbar. Erst im hohen Alter, deutlich jenseits von 80, lassen mit gewisser Wahrscheinlichkeit Tempo und Robustheit der Informationsverarbeitung nach und die Gedächtnisarbeit weist Lücken auf. Der grosse Pianist Arthur Rubinstein hat der Nachwelt seine drei Rezepte für den Umgang mit nachlassender Präsenz hinterlassen: Konzentration, Reduktion und Kompensation. Weniger Chopin-Walzer in Konzertprogramme aufnehmen, häufiger üben und langsame Passagen deutlich bedächtiger spielen, um im Kontrast dazu die schnellen Abschnitte rasanter erscheinen zu lassen.

Wandel der Identität

Michel de Montaigne schilderte den Menschen als einen Sack voller Bruchstücke, die sich immer wieder neu zusammenfügen. Interessen, Talente, konkrete Produkte in verschiedenen Rollen, Motivationen, Scheitern, erlebte Szenen, bestandene Bewährungsproben sind als solche «Bruchstücke» zu sehen. Mich inspiriert diese Metapher; sie hilft mir, die eigene Geschichte im Lauf der Zeit, aber auch Varianten der Selbstwahrnehmung in diversen Umgebungen besser zu verstehen. Menschen sind ja weder konstant noch gradlinig, widerspruchsfrei oder berechenbar. Sie versuchen, jede Bewährungssituation erfolgreich oder wenigstens ohne Schaden zu meistern, Konsequenzen aus unvermeidbaren Niederlagen zu ziehen, um Schlimmerem fortan auszuweichen und dabei ein Gefühl für sich selbst zu pflegen. Jede und jeder braucht eine Form von Gewissheit über persönliche Eigenart und Kontinuität, um auszutauschen, zu kooperieren, verbindliche Beziehungen zu pflegen und von anderen angesprochen, geliebt und verachtet oder in bestimmte gesellschaftliche Rollen gewählt zu werden.

Identität ist nie erreicht; sie ist das dynamische Produkt von Selbstreflexion, die laufend äussere und innere (z. B. Reifung, Träume) Impulse und Erfahrungen verarbeitet und Justierungen vornimmt. Selbstkonzept, Selbstwert und Kontrollinstanz – in individuell unterschiedlicher Mischung und Ausprägung – machen den Kern persönlicher Identität aus. In einer Gesellschaft mit geringen Selbstverständlichkeiten, wechselnden Bindungen, raschem Wandel und schier endlosen Wahlmöglichkeiten ist diese Identitätsarbeit sehr anspruchsvoll. Alte Gewissheiten wie religiöse oder regionale Zugehörigkeit oder Verankerung in gesellschaftlichen Milieus verflüssigen sich rasch. Wer Verankerung und Orientierung weitgehend verliert, flattert ohne Kompass im Wind – und benimmt sich neben den Schuhen. Selbstbewusst und ohne Realitätsverleugnung zu reifen und zu altern, erfordert in einer Umgebung, die Jugend und Sex idealisiert, intensive Identitätsarbeit. Mein Vater, der mit klarem Kopf im Alter von 98 Jahren starb, hat mich an einem solchen, im ganz hohen Alter von Verlusten und Einschränkungen geprägten Prozess teilnehmen und den immensen mentalen Aufwand spüren lassen.

Der Lebenszyklus stellt alle auf die Probe. Ich denke an Manager und Managerinnen, die über Nacht ihr Büro räumen müssen; nicht mehr gebrauchte Fachkräfte ohne Chancen für eine neue Anstellung; Frauen, die sich jahrzehntelang über ihre Schönheit definierten und eines Tages keine Bewunderer mehr finden; engagierte Berufspersonen, die jenseits des Pensionierungstages nicht mehr wissen, was sie auf Formularen in der Rubrik «Beruf» schreiben sollen; Hochtouren-Bergsteiger, die eines Tages nur noch den Üetliberg schaffen, aber auch junge Frauen, die am Ende einer

Schwangerschaft neben dem Studienabschluss Zwillinge zu betreuen haben. Die Weiterentwicklung der eigenen Identität muss keine einsame Angelegenheit sein; im Rahmen naher, aufrichtiger Beziehungen sind Verschiebungen und Neudefinitionen im Persönlichkeitsbild oft Thema und eine Chance zu wechselseitiger Selbstvergewisserung.

Der englische Soziologe Anthony Giddens unterscheidet zwischen epischen und episodischen Identitätskonstrukten. Was meint er? Erzählen uns Menschen aus ihrer Biografie, wird uns gelegentlich eine Kette kleiner Geschichten, Situationen und Ereignisse präsentiert, in denen der Berichterstatter eine wesentliche Rolle spielt und die Verbindung zwischen den Szenen herstellt. Jede Episode ist in sich sozusagen abgerundet und gewinnt oder bewahrt dabei ihre spezifische Bedeutung im Lebenslauf. Da steht die Schilderung eines tollen Flirts in London neben Bratwurstbraten in den sonnigen Tessiner Familienferien. Auf eine Rückfrage nach möglichen Spannungen zwischen den Ereignissen folgt mit Verve die Versicherung, dass die asiatische Studentin an der Themse nicht das Geringste mit der heiss geliebten Familie zu tun habe. Andere Erzählende versuchen – in der epischen Variante mit beträchtlichem Bericht- und Begründungsaufwand – Zusammenhänge und aufbauende Kontinuität zwischen ihren beruflichen Etappen oder ihren Partnerschaften herzustellen. Der erste Job wird so zum Baustein für den Erfolg in der aktuellen Funktion wie für die Laufbahn im Ganzen. Keines der beiden Konstrukte ist wertvoller oder hilfreicher als das andere, Glück liegt in beiden. Vor allem wenn wir die Unterschiede im Kreis unserer wichtigsten Bezugspersonen verstehen. Giddens beobachtet, dass Frauen eher zur epischen Variante und Männer zur episodischen neigen.

Länger jung – anders altern

Hohe Leistungsfähigkeit, Kreativität und Innovationslust werden weitherum mit Jugendlichkeit gleichgesetzt. Dieser nachzuhelfen ist in vielfältiger Weise möglich und gesellschaftlich – auch nach Geschlecht und Profession – ganz unterschiedlich akzeptiert. Wie hoch auch der Aufwand ausfallen mag, der Kampf gegen das Altern geht früher oder später verloren. Bis heute ist noch kein Mensch älter als 122 Jahre geworden.

Gestaltung des Alterungs- vorganges	Symptome	Alterungsprozesse
	– vorbeugen	– verlangsamen
	– kompensieren	– stoppen
	– verdecken	– umkehren
Lebensstil- Anpassungen	– mentale Programme	– Kosmetik für Haut und Haar
	– Stressreduktion	– Ernährung
	– sexuelle Aktivität	
	– medizinische Kontrollen und Analysen	– Bewegung; Training
Biomedizinische Interventionen	– Nahrungsmittel-Zusätze	– orthopädische und plastische Chirurgie
	– Hormontherapie	– Organersatz: sehen und hören
		– Medikamente
		– genetische Eingriffe

Die Situation ist paradox: Einerseits wehren sich Ältere mit guten Argumenten gegen Stigmatisierung und Alters-Clichés, anderseits schmieren sie sich Zaubercrème, die Pfirsichhaut verspricht, ins Gesicht und beugen sich einer sie einschränkenden Norm. Zeichen mehren sich, die auf eine Emanzipation von paternalisierenden Zwängen hinweisen: Die Umsätze der Anti-Aging-Kosmetik sinken. Lockert sich die Altersdiskriminierung, wird die Gesellschaft inklusiver? Weil die Gruppe der Ü50 laufend wächst? Weil sich mehr Frauen und Männer nicht über das Aussehen definieren? Weil äussere Altersmerkmale an Aussagekraft verlieren und immer schwieriger lesbar sind? Wer sich öfter in verschiedenen gesellschaftlichen Gruppen bewegt, kommt zur Einsicht, dass «Jugendlichkeit» viel mehr mit Einstellungen, Stil, Haltung, Zukunftsorientierung und Mentalität zu tun hat als der Jahrgang.

Gleichzeitig fällt auf, dass mit dem längeren Leben der Wunsch nach Unsterblichkeit befeuert wird. Wirtschaftlich hoch erfolgreiche Männer, vor allem in den USA, stecken namhafte Finanzmittel in Forschungen oder Experimente, etwa mit Gefriertrocknung, um die letzte humane Begrenzung vielleicht doch noch zu überwinden.

Berufliche Identität auch ü65

In Grossbritannien revidiert ein Viertel der vorzeitig oder *in time* Pensionierten seinen Eintritt in den Ruhestand und integriert erneut eine berufliche Rolle in die eigene Identität. Das Netzwerk Aging & Society lässt uns wissen, dass die Tür zwischen Erwerbswelt und Ruhestand immer öfter bewegt und die Schwelle in beide Richtungen überschritten wird. Pensionierung wandelt sich vom punktuellen Ereignis zum Prozess, der sich über Jahre erstreckt. Der demografische Wandel bewegt die fitten jungen Älteren zu neuen Erwerbsmustern, auch wenn der Arbeitsmarkt sie nicht willkommen heisst. Erfinderisch und zäh schaffen sie sich Stellen und besetzen Tätigkeitsfelder; sehr viele bieten ihre Leistungen als Selbstständige an. Warum sie dies tun, wird an anderer Stelle dieses Buchs vertieft diskutiert. Auf die Schnelle wiederholt sind es das Bedürfnis nach anspruchsvollen Aktivitäten, die Sinn stiften, Einbettung in kollegiale Zusammenhänge und die Aufbesserung der Renteneinnahmen.

Sie sind ein beachtliches Arbeitskräfte-Reservoir. Das US Bureau of Labor Statistics wagt die Prognose, dass keine Alterskohorte wie die zwischen 65 und 74 und die über 75 bis 2024 zahlenmässig so stark wachsen wird. Die amerikanische Encore Organization vergibt ausschliesslich Älteren Weiterbildungsstipendien, um den Rücktritt vom Rückzug abzufedern.

Der Zugriff auf diese Ressourcen lässt sich dank Informationstechnologie relativ leicht organisieren. Am einfachsten funktionieren Plattformen, die Angebot und Nachfrage innerhalb von Unternehmen bzw. zwischen Ehemaligen und ihren früheren Arbeitsgebern koppeln. Ihre Ressourcen bewähren sich vor allem in den folgenden Arbeitsbereichen:

- Ausfüllen temporärer Lücken, Interim-Einsätze,
- Leitung komplexer Projekte,
- Lotsendienste beim Bewältigen anspruchsvoller Konflikte,
- Vermittlung früher genutzter Techniken/Technologien, die bei langjährigen Kunden noch installiert und zu warten sind,
- Begleitung in schwierigen Führungssituationen; Einführung von Führungskräften, die von aussen kommen,
- Tipps für die Gestaltung von Veränderungsprozessen in Sounding Boards usw.,
- Umgang mit anspruchsvollen Mitarbeitenden (Suchtkranke, Burnoutbedrohte usw.),
- Impulse für den Aufbau persönlicher Netzwerke,
- Mentoring bei Laufbahnschritten,
- Organisation von Wissenstransfer,
- Job-Sharing auf Zeit oder längerfristig.

Internetportale ohne institutionelle Bindung an Arbeitgebende sind auf geniales Marketing angewiesen; im Normalfall sind die Leistungsangebote üppig und die Nachfrage schmal. Nicht profit- sondern gemeinwesenorientierte Unternehmen fischen gern im Teich der ü60. Erstens weil Interesse und Talent für soziales oder ökologisches Engagement gross sind, in dieser Altersgruppe finden sich viele Weisheit-Suchende. Und zweitens weil die Lohnansprü- che deutlich bescheidener skaliert sind als bei Erwerbstätigen in der Mitte ihrer Laufbahn.

Sollte der Trend aus England in die Schweiz überschwappen und sich für die Rekrutierung neuer Mitarbeitender aus dem Aus- land Barrieren aufbauen, kann die Situation rasch drehen.

Selbstmanagement

Der Stossseufzer des Freundes kommt aus der Tiefe: «Endlich muss ich nichts mehr beweisen und darf sein, wer ich bin.» Er stand kurz vor dem vorzeitigen Schritt ins Pensionsalter. Die Erleichterung ob dieses Befreiungsschlages war nicht zu überhören. Die Denkfigur ist wohl allen vertraut: Weit weg vom pubertierenden Kind, ohne den kontrollierenden Chef im Nacken, ohne Druck eines wichti- gen Kunden können wir endlich loslassen, sind glücklicher und näher bei uns selbst. Allein auf der Welt würde nichts uns stören. Stimmt. Doch als soziale Wesen sind Menschen (nach gelegentli- chen Pausen) auf Austausch angelegt. Wir strengen uns an, ein be- stimmtes Bild von uns zu vermitteln, eigenen und fremden Erwar- tungen zu genügen, Herzen zu erobern, uns Respekt zu verschaffen. Interaktion fördert Entwicklung und gehört zu einem guten Le- ben, denn sie mündet in Zufriedenheit. Anstrengung hin oder her. Menschen, die nur sich selber genügen, wählen wir kaum als Vor- bilder – unabhängig vom Alter. Daher: Auch ältere Erwerbstätige erwarten Resonanz auf ihre Leistungen und wollen in Teams integriert bleiben.

Stillstand und das Ende aller Anstrengung sind Vorstellungen aus der «alten Welt», in der Personen vermeintlich mit etwa 40 ein definitives Format und damit eine Art Dispensierung von Anpassungsleistungen erreichten. Gelegentlich begegnen wir reiferen Personen, die viele Fragen für sich abschliessend beantwortet haben, felsenfeste Überzeugungen absondern und ihre gesellschaftliche Umgebung entsprechend strapazieren. Die soziale Isolation als Folge solchen Verhaltens ist keine Seltenheit. Beklagt sich jemand über Vereinsamung, erkundige ich mich freundlich nach der eigenen Rolle in Nachbarschaft und Gesellschaft, nach tragfähigen Beziehungen oder Zugehörigkeiten und nach aktuellen Themen, die besser zu verstehen hilfreich wäre. Bekomme ich kaum Argumente, aber kiloweise Bewertungen zu hören, fühle ich mich zu keinerlei Diskussion eingeladen. Ich finde es nicht weltbewegend, wenn Herr X. die Bundesrätin Y. eine blöde Kuh findet. Erst wenn er mir vermitteln kann, in welchem Geschäft ihm ihre Begründungen und das Vorgehen Bauchweh bescherten, kann der Funke zünden und ich lasse mich auf das Thema ein.

Mein Verständnis von gutem Älterwerden ist gleichbedeutend mit: in vielfältigem Austausch bleiben, am liebsten mit verschiedenen Generationen und Personen anderer politischer Ausrichtungen und kultureller Hintergründe, um nicht Opfer von bequemen Denkgewohnheiten zu werden; am persönlichen sozialen Netz weiterknüpfen, entstehende Lücken anders füllen. Voraussetzung dafür sind Antworten auf vielleicht unbequeme Fragen. Was macht uns für wen wertvoll und attraktiv? Wie bewähren wir uns als Ressource für andere? Einverstanden, es gibt Pflichtbeziehungen, vor allem in der familiären Verwandtschaft, auf die man sich gern verlässt. Darüber hinaus werden Beziehungen heutzutage stärker situativ und nach Wahl gepflegt; sowohl das Lust- wie das Realitätsprinzip spielen eine Rolle. An dieser Stelle kommen Selbstreflexion und Selbstmanagement ins Spiel. Es bleibt weder Männern noch Frauen erspart, die eigene Beziehungsrealität kritisch zu überprüfen, eigene und Fremderwartungen abzugleichen und Anpassungen vorzunehmen oder neu auszuhandeln.

Wie sind und werden wir im beruflichen wie im privaten Umfeld zu wertvollen Ressourcen? (Unverzichtbar sind wir gelegentlich auch, doch wer durchwegs unverzichtbar sein will, schafft vielleicht ethisch heikle Abhängigkeiten.) Jede Beziehungsgeschichte ist komplex und vielschichtig. Wer an konkrete Leistungen denkt, liegt nicht grundsätzlich falsch, greift aber sehr kurz. Tun und Lassen, Sein und Haben, Machen und Träumen, Denken und Fühlen, Reden und Schweigen, um nur ein paar Begriffe zu nennen, spielen eine Rolle in konkreten Beziehungsepisoden und langjähriger Verbindlichkeit.

Ressource sein für die Arbeitsorganisation wie für Vorgesetzte und Kolleginnen/Kollegen, Kunden usw., darauf kommt es an. (Das Prinzip hat seine Gültigkeit auch im privaten und familiären Umfeld.) Und anderen nicht ungebührlich vor der Sonne stehen. Also erworbene und lieb gewordene Positionen loslassen, um die Chancen Dritter zu erhöhen. Platz für die nächste Generation schaffen und andere tatkräftig fördern. Aktiv Veränderungen im Aufgabenfeld suchen und allfällige Routine durch Übernahme von Sonderaufgaben oder herausfordernde ausserberufliche Tätigkeiten ergänzen. Und wenn trotz mentalem Training und Selbstbeschwörung zu viel Reibungsfläche und zu wenig Stimmiges bei der Arbeit bleiben? Veränderungsvorschläge in der Hierarchie wirkungslos verhallen? Wenn auch bewährte Allianzen keine Unterstützung gewähren? Gegenüber Gefahren wie konstantem Ärger, frustrierten Werten und Mangel an Erfolgserlebnissen ist ein Jobwechsel das kleinere Übel, selbst wenn nur noch wenige Jahre bleiben.

Selbstmanagement ist Ressourcenmanagement, auch bezogen auf die eigene Person. Von sozialen Beziehungen war schon ausführlich die Rede; Anpassungsleistungen an neue Vorgesetzte und

Kollegen und Kolleginnen sind obligatorisch und dienen der «sportlichen» Ertüchtigung. Achtsamkeit im Austausch mit Umwelt und Natur, Balance zwischen Aussen- und Innenorientierung, Lernbereitschaft, sorgfältiger Einsatz von Zeit und Energie, die Fähigkeit, sich abzugrenzen und zu engagieren, Einflussnahme auf persönliche Stimmungen, Entwicklung von emotionaler Intelligenz auch in Konflikten und Misserfolgen. Die Liste ist weder neu noch vollständig.

Literaturliste

Achermann, Simone; Sigrist, Stephan. Wie wir morgen leben. Denkanstösse für das Zeitalter der Langlebigkeit. Verlag NZZ Libro, Zürich 2017

Bauer, Joachim. ARBEIT. Warum unser Glück von ihr abhängt und wie sie uns krank macht. Verlag Karl Blessing, München 2013

Bolles, Richard N.; Nelson, John E. Die besten Jahre. Aus dem Englischen. Verlag Campus, Frankfurt/New York 2008

Bruch, Heike; Kunze, Florian; Böhm, Stephan. Generationen erfolgreich führen. Konzepte und Praxiserfahrungen zum Management des demographischen Wandels. Verlag Gabler, Wiesbaden 2010

Cappelli, Peter; Novelli,William. Managing the Older Worker: How to prepare für the new organisational order. Harvard Business Press, Boston 2010

Campiche, Roland J.& Kuzeawu, Afi Sika. Die jungen Alten: Vom Bildungssystem vergessen. Verlag Seismo, Zürich 2017 (französisches Original 2014)

Davenport, Thomas H.; Kirby Julia. Only Humans Need Apply. Winners and Loosers in the Age of Smart Machines. Harper Business, New York 2016

Düll, Nicola (Hrsg.). Arbeitsmarkt 2030. Digitalisierung der Arbeitswelt. Im Auftrag des Bundesministeriums für Arbeit & Soziales. Verlag Bertelsmann, Bielefeld 2016

Eberhardt, Daniela; Meyer, Margareta. Mit Führung den demografischen Wandel gestalten. Verlag Rainer Hampp, München 2011

Erikson, Erik H. Der vollständige Lebenszyklus. 2. Auflage. Verlag Suhrkamp, Frankfurt a.M. 1992

Filipp, Sigrun H.; Staudinger, Ursula (Hrsg.) Entwicklungspsychologie des mittleren und höheren Erwachsenenalters. Enzyklopädie für Psychologie. Göttingen 2005

Frei, Felix. Hierarchie. Das Ende eines Erfolgsrezepts. 2. Auflage. Pabst Science Publishers, Lengerich 2016

Gächter, Thomas; Locher, Thomas. Grundriss des Sozialversicherungsrechts. 4. Auflage. Verlag Stämpfli, Bern 2014

Giddens, Anthony. Wandel der Intimität. Verlag Fischer, Frankfurt 1993

Gigerenzer, Gerd. Bauchentscheidungen. Die Intelligenz des Unbewussten und die Macht der Intuition, 6. Auflage. Verlag C. Bertelmann München 2007

Gratton, Lynda & Scott, Andrew. The 100Year Life. Living and Working in an Age of Longevity. Bloomsbury, London 2016

Handy, Charles. The Second Curve. Thoughts On Reinventing Society. Random House Books, London 2015

Herrmann, Norbert. Erfolgspotenzial ältere Mitarbeiter. Den demografischen Wandel souverän meistern. Verlag Carl Hanser, München 2008

Höpflinger, François. Bevölkerungssoziologie. Einführung in demografische Prozesse und bevölkerungssoziologische Ansätze. Verlag Beltz Juventa, Weinheim 2012

Jäncke, Lutz. Lehrbuch der Kognitiven Neurowissenschaften. 2. überarbeitete Auflage. Verlag Hogrefe, Bern 2017

Jäncke, Lutz. Ist das Hirn vernünftig? 2. Auflage. Verlag Hogrefe, Bern 2016

Kromm, Walter; Frank, Gunter (Hrsg.). Unternehmensressource Gesundheit. Weshalb die Folgen schlechter Führung kein Arzt heilen kann. Symposion Publishing, Düsseldorf 2009

Levinson, Daniel J. et al. The Seasons of a Man's Life. Ballantine Books, New York 1978

Lovegrove, Nick. The Mosaic Principle: The Six Dimensions of a Successful Life & Career. Public Affairs, New York 2016

Meissner, Jens O.; Weichbrodt, Johann; Hübscher, Bettina, et al. Flexible neue Arbeitswelt. Eine Bestandsaufnahme auf gesellschaftlicher und volkswirtschaftlicher Ebene. Verlag der Fachvereine, Zürich 2016

Michel-Alder, Elisabeth. Sich in Organisationen kompetent bewegen und Diversity-Management. In: Kälin, Karl & Müri, Peter (Hrsg.). Sich und andere führen. 16., vollständig überarbeitete Auflage. Verlag Hep, Bern 2015

Obermüller, Klara. Ruhestand – nein danke! Konzepte für ein Leben nach der Pensionierung. 3. erweiterte Auflage. Verlag Xanthippe, Zürich 2007

OECD. Vieillissement et politiques de l'emploi: SUISSE 2014, Paris 2014. Bundesamt für Sozialversicherungen verantwortet die deutsche Ausgabe. Bern 2014

Oesterreich, Rainer; Volpert, Walter (Hrsg.). Psychologie gesundheitsgerechter Arbeitsbedingungen. Darin: Lüders, E. & Pleiss, C. Werkzeuge gesundheitsgerechter Arbeitsgestaltung – von der Analyse zur Praxis. Verlag Huber, Bern 1999

Perrig Chiello, Pasqualina; Höpflinger, François. Die Babyboomer. Eine Generation revolutioniert das Alter. Verlag Neue Zürcher Zeitung, Zürich 2009

Reemts Flum, Brigitte & Nadig, Toni. Mit Erfahrung punkten. Berufliche Neuorientierung mit 50+. Verlag Orell Füssli, Zürich 2011

Reemts Flum, Brigitte & Nadig, Toni. 50plus. Neuorientierung im Beruf. Beobachter-Edition, Zürich 2016

Rimser, Markus. Generation Resource Management. Nachhaltige HR-Konzepte im demografischen Wandel. Rosenberger Fachverlag, Leonberg 2006

Rosa, Hartmut. Resonanz. Eine Soziologie der Weltbeziehung. Verlag Suhrkamp, Frankfurt 2015

Rüegg-Stürm, Johannes; Grand, Simon. Das St. Galler Management Modell. 2. vollständig überarbeitete und grundlegend erweiterte Auflage. Verlag Haupt, Bern 2015

Schmidt-Hertha, Bernhard. Kompetenzerwerb und Lernen im Alter. Verlag wbv, Bielefeld 2014

Schmidt-Hertha, Bernhard et al. Learning across Generations in Europe: Contemporary Issues in Older Adult Education. Sende Publishers, ESREA, open access 2014

SHARE, Survey of Health, Ageing and Retirement in Europe (laufende Datenpublikation auf www.share-project.org).

Sennett, Richard. Der flexible Mensch. Die Kultur des neuen Kapitalismus. Berlin Verlag. Berlin 1998

Sennett, Richard. Zusammenarbeit. Was unsere Gesellschaft zusammenhält. Verlag Hanser, Berlin 2012

Simon, Fritz B. Gemeinsam sind wir blöd? Die Intelligenz von Unternehmen, Managern und Märkten. Verlag Carl Auer, Heidelberg 2004

Stamm, Margrit. Talent Scout 60+. Eine Längsschnittstudie zur Talent- und Expertiseentwicklung älterer Menschen. Schlussbericht. Bern 2015

Staudinger, Ursula. Images of aging: Outside and inside perspectives. Annual Review of Gerontology and Geriatrics 2015

Strelecky, John. The Big Five for Life, 21. Auflage. Verlag dtv, München 2017

Tempel, Jürgen; Ilmarinen, Juhani. Arbeitsleben 2015. Das Haus der Arbeitsfähigkeit im Unternehmen bauen. Verlag VSA, Hamburg 2013

Tippelt, Rudolf; Schmidt, Bernhard; Schnurr, Simone; Sinner, Simone; Theisen, Catharina. Bildung Älterer. Chancen im demografischen Wandel. Deutsches Institut für Erwachsenenbildung. Verlag Bertelsmann, Bielefeld, 2009

Tuomi, K., Ilmarinen, Juhani. et al. Aging, work, life style and work ability. Scandinavian Journal of Work, Environment & Health 1997

Ulich, Eberhard. Arbeitspsychologie, 7. erw. Auflage. Verlag der Fachvereine, Zürich 2011

Ulich, Eberhard; Wülser Marc. Gesundheitsmanagement in Unternehmen. Arbeitspsychologische Perspektiven. 5. Auflage. Springer/Gabler, Wiesbaden 2012

Wahl, Hans-Werner. Die neue Psychologie des Alterns. Kösel-Verlag. München 2017

Wehner, Theo; Güntert, Stefan. Psychologie der Freiwilligenarbeit: Motivation, Gestaltung und Organisation. Verlag Springer, Berlin und Heidelberg 2015

Zimmermann, Bénédicte. Ce que travailler veut dire. Une sociologie des capacités et des parcours professionnels, 2e ed. Editions Economica, Paris 2011

Zölch, Martina; Mücke, Anja (Hrsg.). Fit für den demografischen Wandel?, 2. Auflage Verlag Haupt. Bern 2015

Zölch, Martina; Swoboda, Noémi. «Gute Praxis» eines demografiegerechten Personalmanagements. Verlag Haupt, Bern 2015

Zölch, Martina; Oertig, Marcel. HR Strategien zur Flexibilisierung der Personalressourcen. Verlag Haupt, Bern 2017

Dank

Bücher sind kollektive Leistungen, die unter einem individuellen Namen veröffentlicht werden. Als Schreiberin habe ich über längere Zeit hinweg eine Fülle von Denkanstössen und Ideen in meinem Tätigkeitsfeld ausgetauscht, gesammelt, strukturiert und in eine schriftliche Form transformiert. Allen, die mich im Lauf der letzten Jahre inspiriert und korrigiert haben, danke ich sehr. In erster Linie sind dies Frauen und Männer, die sich im Netzwerk Silberfuchs bewegen. Aber auch dem kompetenten Team des Ressorts «Work and Career» der Financial Times möchte ich ein Kränzchen winden.

Beim Blättern durch die Seiten tauchen Erinnerungen und Gesichter von Frauen und Männern auf, die mit den Inhalten verbunden sind. Gespräche und Kooperationen mit ihnen haben mich in den letzten Jahren zum Weiterdenken angeregt. Ich danke ihnen allen sehr und hoffe, dass sie mich weiterhin auf Trab halten. Ein paar Namen mich inspirierender Personen seinen genannt: Hansjörg Siegenthaler vor allen anderen, aber auch Claudia Rüegg, Marco Humbel, Annemarie Gehring, Gudrun Sander, Johannes Rüegg-Sturm, Gabriele Bartsch, Ulrich Alder, François Höpflinger, Nadja Tan, Thomas Gächter, René Lichtsteiner, Pasqualina Perrig-Chiello, John Wäfler, Stefanie Becker, Jarmila Woodtli, Klara Obermüller.

Esther Hürlimann, die neugierige, umsichtige, empathische Lektorin war ein Glücksfall für die Zähmung und Abrundung des Manuskripts.

Wer sich nach der Lektüre des Buches weiterhin mit dem Thema auseinandersetzen möchte, findet regelmässig Impulse in meinem Blog: **www.silberfuchs-blog.ch**

Alfred E. Zips

Kriegsursachen
Kriegsschuld
Kriegsverbrechen
Kriegsfolgen

„Es ist unmöglich, daß Ungerechtigkeit,
Meineid und Lüge zu dauernder Macht gelangen.
Solche Lügengebäude können nur eine Zeit lang täuschen.
Aber sie werden bald in sich zusammenfallen."

Demosthenes

Eine Zitatensammlung

4. Auflage

Da die Geschichte immer von den Siegern geschrieben wird,
gehört es zu den Aufgaben der Besiegten,
die notwendigen Korrekturen anzubringen.
Wer die Geschichte eines Volkes verbiegt, macht es krank.
Paul Schmidt-Carell

„Nur der Irrtum braucht die Stütze der Staatsgewalt –
die Wahrheit steht von alleine aufrecht."
Thomas Jefferson

„Was wir im deutschen Widerstand während des Krieges
nicht wirklich begreifen wollten, haben wir nachträglich
vollends gelernt: Daß dieser Krieg schließlich nicht gegen
Hitler, sondern gegen Deutschland geführt wurde.
Eugen Gerstenmaier, ehemaliger Bundesratspräsident, in der FAZ, 21. 3. 1975

„Die Welt weiß alles, was die Deutschen begangen haben,
sie weiß aber nichts darüber, was den Deutschen angetan wurde.
Patrick J. Buchanan, ehem. amerikanischer Präsidentschaftskandidat.

Alfred E. Zips, Diezer Str. 43a, 65624 Altendiez

„Deutsche Patrioten ringen um die Wahrheit."
Unterstützt von Dr. Hartmut Kluge und Klaus Grothjan.